铸牢中华民族共同体意识研究丛书

现代国家民族共同体建设国际借鉴

主编 王延中

中国社会科学出版社

图书在版编目(CIP)数据

现代国家民族共同体建设国际借鉴 / 王延中主编. -- 北京：中国社会科学出版社, 2025. 2

（铸牢中华民族共同体意识研究丛书）

ISBN 978-7-5227-3655-6

Ⅰ. ①现… Ⅱ. ①王… Ⅲ. ①民族问题—研究—中国 Ⅳ. ①D633.1

中国国家版本馆 CIP 数据核字（2024）第 110722 号

出 版 人	赵剑英	
责任编辑	宫京蕾	
责任校对	李　莉	
责任印制	郝美娜	

出　　版	中国社会科学出版社
社　　址	北京鼓楼西大街甲 158 号
邮　　编	100720
网　　址	http://www.csspw.cn
发 行 部	010-84083685
门 市 部	010-84029450
经　　销	新华书店及其他书店

印刷装订	北京君升印刷有限公司
版　　次	2025 年 2 月第 1 版
印　　次	2025 年 2 月第 1 次印刷

开　　本	710×1000　1/16
印　　张	11.75
插　　页	2
字　　数	201 千字
定　　价	68.00 元

凡购买中国社会科学出版社图书，如有质量问题请与本社营销中心联系调换
电话：010-84083683
版权所有　侵权必究

《铸牢中华民族共同体意识研究丛书》编辑委员会

主　　　任：高　翔
副 主 任：高培勇　　赵　奇
委　　　员：(按姓氏笔画排序)
　　　　　　丁　赛　　王立胜　　王延中　　王　锋
　　　　　　叶海林　　邢广程　　吕薇洲　　孙壮志
　　　　　　李国强　　宋月华　　郑大华　　郑筱筠
　　　　　　赵天晓　　赵剑英　　徐文华　　斯琴巴图
执 行 主 编：王延中
编辑部成员：丁　赛　　陈建樾　　张继焦　　彭丰文

目　录

第一章　现代国家民族共同体建设的国际比较及启示 …………（1）
　一　研究背景 …………………………………………………（1）
　二　现代国家民族共同体建设面对的主要问题及治理政策 ………（4）
　三　现代国家民族共同体建设的若干启示 ……………………（11）

第二章　苏联与俄罗斯的民族政策及经验教训 ………………（19）
　一　苏联构建统一多民族国家的理论与实践 …………………（19）
　二　当代俄罗斯构建多民族统一国家的理论与实践 …………（36）
　三　苏联和俄罗斯民族政策的经验教训及启示 ………………（44）

第三章　俄乌冲突与后苏联空间的民族国家建构 ……………（48）
　一　超越民族国家边界的"俄罗斯世界" ……………………（49）
　二　乌克兰民族国家构建的历程 ………………………………（56）
　三　俄乌冲突背景下的后苏联空间民族国家构建的道路选择 …（65）
　四　结论与启示 …………………………………………………（70）

第四章　俄乌冲突中的民族因素及启示 ………………………（72）
　一　乌克兰危机背后的民族因素 ………………………………（72）
　二　乌克兰民族事务治理的举措及后果 ………………………（74）
　三　乌克兰民族事务治理方面的主要教训 ……………………（78）
　四　若干启示与建议 ……………………………………………（79）

第五章　法西英三国民族凝聚力建设的理论与实践 …………（84）
　一　民族凝聚力的内涵与理念 …………………………………（85）
　二　法西英三国的政策及其实践 ………………………………（89）
　三　"团结"理论的多个面向 …………………………………（93）
　四　民族共同体建设的几点启示 ………………………………（99）

第六章　西班牙治理分离主义问题的经验及启示 (102)
　　一　西班牙治理分离主义问题的主要举措 (103)
　　二　西班牙治理分离主义问题的一些教训 (109)
　　三　借鉴与启示 (112)

第七章　美国国家特性的三重面相及当代困境 (115)
　　一　"自由帝国"：美国创始时期的国家面相 (116)
　　二　"自由主义公民国家"面相的艰难显现 (120)
　　三　向"盎格鲁—撒克逊新教国家"的再次转向 (127)
　　四　美国国家特性构建的当代困境 (134)

第八章　印度现代民族国家建设的理论及实践 (149)
　　一　种姓与印度的民族、宗教和语言问题 (150)
　　二　印度独立以来的民族理论和民族政策 (154)
　　三　莫迪时代印度教民族主义的强化及其影响 (158)
　　四　对印度建国以来民族政策的评价 (163)
　　五　结论与启示 (168)

参考文献 (170)

后记 (182)

第一章

现代国家民族共同体建设的国际比较及启示

一 研究背景

1648 年《威斯特伐利亚和约》的签订,打破了罗马教皇神权下的世界主权论,建立了以民族国家主权平等为基础的近代欧洲国际体系,世界开始进入民族国家时代。① 区别于封建王朝、绝对主义君主制国家等传统意义上的国家形态,主权、领土、居民和政权组织(政府)构成了现代国家或现代民族国家的基本要素。对于现代国家,人们往往还强调认同与忠诚,认为国家辖下居民的共有认同与对国家的忠诚,也是国家存在的必不可少的条件。② 与此相对应,维护国家领土、主权的完整性、统一性以及政权的合法性,打造国民对现代民族国家的普遍认同,强化国家民族凝聚力建设,成为现代国家建设与发展过程中所面临的重要议题。

当今世界上约有 3000 多个民族③,这些数以千计的民族分散于 200 多

---

① 夏立平:《近代欧洲国际体系与古代东亚国际体系比较研究》,《国际观察》2006 年第 3 期。

② 李少军:《国际政治学概论(第四版)》,上海人民出版社 2014 年版,第 106 页。

③ 关于中英文语境下的"民族"或"族群"概念的界定,近 20 年来学界一直存在着诸多争论。具体可参见马戎《关于"民族"定义》,《云南民族学院学报》(哲学社会科学版)2000 年第 1 期;徐杰舜《论族群与民族》,《民族研究》2002 年第 1 期;罗柳宁《族群研究综述》,《西南民族大学学报》(人文社科版)2004 年第 4 期;王东明《关于"民族"与"族群"概念之争的综述》,《广西民族学院学报》(哲学社会科学版)2005 年第 2 期;高永久、秦伟江《"民族"概念的演变》,《南开学报》(哲学社会科学版)2009 年第 6 期;常宝《"民族"、"族群"概念研究及理论维度》,《世界民族》2010 年第 3 期,等等。在概念处理上,基于中国话语,本章原则上将亚洲国家的族裔群体称为"民族"或"少数民族",并将根据具体语境,交替使用"少数民族"和"少数族群"或"少数群体"等概念。在国际法层面,这一概念大致与"种族或民族、宗教和语言上的少数人"、土著民或原住民以及一定条件下的移民群体相对应。

个国家和地区。由于民族的数量远远多于已经获得国际认可的主权国家数量，近代以来的绝大多数国家虽然具备了主权国家或民族国家的属性和特征，但在民族构成上仍是"多民族"的国家。现代社会发展进程中的多样性取向和民主政治对合法性无休止的追逐，使得现代国家民族共同体建设的宏图理想越来越难以企及。因而，尽管有着近4个世纪的历史，民族国家建构的路径及理念也发生了重要变化，时至今日，围绕"建构一个什么样的现代民族国家"或者"如何打造现代民族国家的国家认同"，仍然困扰着世界大多数现代（多）民族国家。

"国家建设"与"民族建设"是现代（多）民族国家建设的两个重要面向。在弗朗西斯·福山（Francis Fukuyama）看来，"国家建设的成功关键在于并行发生的民族建设"。① 如果民族建设不能为国家建设提供政治认同支持，那么国家政权、政治制度的合法性就会遭受质疑，甚至导致政治分歧和冲突。② 然而，现实表明，与此相关联所衍生出的各类"民族问题"，在世界各国的现代化进程或者现代民族国家建设中，都占据着十分重要的地位，在一些国家甚至成为一个核心问题。由于民族现象的复杂性和敏感性，民族事务治理在这个转型过程中的特点表现得更加突出。一个国家在转型过程中面临的很多政治、经济、社会、文化等国家层面的问题，往往通过"民族"的形式，在某一区域或某一部分人群（民族或族群）率先表现出来，成为这个国家的"民族问题"或者解决上述问题的"民族政策"问题。

由于历史、语言、文化等显而易见的差异乃至国情、发展阶段、政治制度等方面的不同，世界各国从传统国家体制转变为现代民族国家体制的道路、模式各不相同，采取的政策和取得的效果迥然有异。各个国家在各自的政治社会语境下采取各种积极的对策，这些政策措施既有依据不同社会条件的差异，也有共性与普遍意义。③ 因而，在现代国家民族共同体建设问题上，套用托尔斯泰的话来说，就是"幸福的国家是相似的，而不幸的国家则各有各的不幸"。凡是共同体构建比较成功的国家，总是在一

---

① ［美］弗朗西斯·福山：《政治秩序与政治衰败：从工业革命到民主全球化》，毛俊杰译，广西师范大学出版社2015年版，第168页。
② 严庆：《多民族国家建设的话语与方略——基于国家建设与民族建设关系的视角》，《民族研究》2022年第4期。
③ 石亚洲、张方译：《多民族国家建构国家认同的关键维度与政策路径》，《中央民族大学学报》（哲学社会科学版）2019年第4期。

些重要问题上,如国家凝聚力建设、民族(社会)团结、国家认同等方面做得比较成功。国内各民族及绝大多数国民具有较高的政治参与程度,经济社会发展水平比较均衡,共建共享意识和结果都比较好。相反,做得相对不成功或失败的国家,尽管可以找到一些共同的原因,但显然也各自存在着很难进行比较的个性化的根源。比如,有的是国家共同体建构的"先天"条件不足,缺乏统一的历史文化传统、缺乏超越民族层次可以凝聚国民意识、锻造现代国家认同的历史资源;有的是殖民包袱沉重——历史上殖民者造成的各族群之间的矛盾和冲突难以弥合;有的是种族、族裔和文化过分多元和碎片化,缺乏凝聚与整合的主干力量;有的则是政策选择或实施环节出现问题,导致国家整合措施失当,在跨民族整合和国家认同过程中不仅没有取得成效反而引发诸多新的问题。

由此可见,在分析现代民族国家建设或整合问题时,我们很难沿用一个标准,套用一个模式,而必须把政策分析放到每个国家具体的历史进程中,同时还必须根据该国实际存在的民族现象分析其民族政策,尤其是要针对该国在如何解决自己在民族领域存在的实际问题所采取的主要政策进行研究,而不是按照既定的民族理论与政策分析框架,去剪裁和评判该国的民族政策实践及效果。

基于上述考虑,我们按照研究主题的相关性和典型性,同时参照"世界大国""中国相关"和"他山之石"的原则,选择比较有代表性的美国、法国、西班牙、墨西哥、土耳其、印度等8个案例国家,主要围绕在现代民族国家建设过程中如何建构国家认同、强化国家民族凝聚力建设这个主线,通过梳理这些国家所面临的主要民族问题及其促进多民族国家的统一与国民身份、国家民族凝聚力建设的核心政策,从结果或成效方面分析其民族政策及治理举措的"得与失",总结其经验或教训,对我国现代国家民族共同体建设,特别是推进以"铸牢中华民族共同体意识"为主线的新时代民族工作提供某种借鉴或参考。[1]

---

[1] 学界对现代国家建构理论研究的有关成果不胜枚举,较具代表性的如:徐勇:《现代国家建构中的非均衡性和自主性分析》,《华中师范大学学报》(人文社会科学版)2003年第5期;徐勇:《"回归国家"与现代国家的建构》,《东南学术》2006年第4期;周光辉和彭斌:《构建现代国家——以组织化、制度化与民主化为分析视角》,《社会科学战线》2009年第6期;曾毅:《"现代国家"的含义及其建构中的内在张力》,《中国人民大学学报》2012年第3期;常士訚:《现代性与现代国家建构——比较视野中的中国现代性与现代国家建构》,《河北师范(转下页)

二 现代国家民族共同体建设面对的主要问题及治理政策

(一) 民族分离主义问题及其应对政策和效果

民族分离主义是多民族国家民族问题的极端表现，也是现代民族国家建设与发展过程中与领土、主权等要素相关联的重要问题。由于历史的、文化的、宗教的以及外部国际环境等因素的影响，现代民族国家在总体一致性的框架内或者前提下，也存在诸多边缘模糊地带。比如，一个公民的国民（国族）身份认同与民族（族裔）身份认同的非一致性问题，一些少数民族与该国绝大多数人口的文化特色或者宗教信仰的显著差异问题，一些地区与其他地区基础设施与经济社会发展差距过大的问题，一些民族与国外的民族具有天然相似性（跨边境县而居）而与国内其他民族人口民族身份不一致问题，等等。这些问题在一定程度上会导致国家不得不采取一些特殊的制度安排，或者赋予更大的自治权甚至自决权，或者采取更多的支持援助政策进行平衡及调节。然而，有时这些政策并不能有效弥合特殊地区和民族要求更大自治权乃至独立的诉求，进而形成"民族分离主义"。

民族分离主义不仅要求国家给予更多的自主权和特殊优惠政策，一旦国家无法满足其诉求，他们将提出脱离国家进行民族分离的主张甚至实践，以实现无法与国家统一或者从国家之中分离出去的最终目标。从其影响来看，民族分离主义对内影响到国家的发展战略、宏观政策及一系列具体政策的制定和资源配置。对于具有特殊性的地区和群体，国家不得不采

（接上页）大学学报》（哲学社会科学版）2009 年第 1 期；叶麒麟：《现代国家建构的多维度考量》，《南京社会科学》2009 年第 1 期等，这些研究主要是基于政治学分析框架下的对现代国家建构或治理理论的阐释与探讨。相形之下，本章将关注的重点聚焦于现代国家建构理论下的民族共同体建设问题，或者说国家认同、国家凝聚力建设问题。当然，就这一议题而言，林尚立在《现代国家认同建构的政治逻辑》（《中国社会科学》2013 年第 8 期）一文中对现代国家认同建构的政治逻辑作了较为深入的理论剖析，周平在《多民族国家的国家认同问题分析》（《政治学研究》2013 年第 1 期）一文中也论及了多民族国家的国家认同问题及其影响，这些成果对研究现代国家民族共同体建设问题具有重要的启发意义。所不同的是，本章在上述理论成果的基础上，将研究的视域拓展到了国际经验比较的层面，以期对现代国家民族共同体建设理论和实践问题作进一步的思考。

取非均质化的举措，从而制约了国家法制、政策的一致性，在一定程度上也影响了公民个人权益的公平性。如果处理不当，容易导致群体性事件甚至严重的社会冲突，对社会稳定和和谐社会关系带来不利影响。对外这些地区或者问题容易成为国际敌对势力进行干预、遏制、掣肘、破坏的薄弱环节，不得不在国内外拿出大量的人力、物力、财力和精力加以防范、进行对冲，消耗巨大的国家资源和外交力量。另外，这些问题一旦恶化将脱离一国控制的范围，成为关系到地区安全、国际关系乃至世界和平与发展的隐患甚至国际冲突的导火索。在争取实现所谓"民族自决权"及国际敌对势力的干预下，民族分离主义的问题并没有消除。不论是发达国家还是发展中国家，很多国家现今都面临着民族分离主义的问题。在这一方面，西班牙的加泰罗尼亚问题和土耳其的"库尔德问题"具有一定的典型性。

西班牙是较早完成现代民族国家建构的典型的"民族国家"，但其仍未真正解决中央集权进行国家治理与地方自治政治扩张之间的张力。中央政府加强统一进程的不断强化，使得西班牙固有的各类地方的、族裔的和文化的认同力量也开始反弹。在第一次世界大战前后民族自决权主张的刺激下，西班牙族裔的、地方的自主权主张被激发出来。这些区域性或族裔性的单位在不同时期提出不同程度的自治诉求。个别单位如加泰罗尼亚和巴斯克还不断提出分离主义的要求。2017年10月，加泰罗尼亚地区甚至在公然违宪的情况下，发起了对抗中央政府的独立公投活动。

西班牙国家虽然确立了维护国家统一方面的国家宪法的至上地位，但由于同时承认地方行使自治（决）权的合法性，使得西班牙政府在处理宪法主权权威与加泰罗尼亚地方（民族）自治（决）权之间陷于被动。一方面，通过宪法法院可以宣布地方公投独立的结果无效；另一方面，整个国家不得不接受地区民众一次又一次将分离主义政党推上执政地位的现实。不仅如此，由于加泰罗尼亚的新议会和新政府可能再次谋求独立公投，西班牙中央政府还只能通过修改宪法的具体条文加以应对。由于西班牙中央政府的统筹能力有限，也就是说，能够给予或者下放的权力空间有限，不可能长期通过放权或让利来化解分离主义问题。2020年1月起开始执政的桑切斯政府，更希望通过宽容的政治手段，而非诉诸法律的惩罚手段解决加泰罗尼亚问题。当然，西班牙现阶段的对策，离真正实现加泰罗尼亚"不会与西班牙政府迅速决裂"的目标还有不少问题。

从土耳其的民族国家建构和发展进程来看,防范分裂或分离主义既是土耳其民族问题的重要成因,也是这一问题的重要组成部分。[①] 现实中,"库尔德问题"构成了土耳其民族问题的根本和关键。从国内因素来看,土耳其拥有最多数量的库尔德人,他们主要居住在东南部和东部地区,历史上,这些地区出现过为数不少的以建立自己独立的民族国家为目的的库尔德人起义或叛乱。经过多年的镇压、平叛及各种军事和警察措施的并用,如今,这些地区分离主义的风险大大降低。然而,在系统解决库尔德民族问题方面,由于历史的和地缘政治等因素的影响,库尔德问题深受国际因素尤其是周边国家如伊拉克、伊朗、叙利亚和大国(如美国)、区域性组织(如欧盟)及非国家主体(如散居西欧各国的库尔德人组织、IS等)的影响,[②] 这一特点决定了库尔德问题很大程度上不是一个土耳其可以独立自主解决的内政问题,而是一个牵扯面非常广的区域乃至国际问题。

(二) 族裔平等问题及其应对政策和效果

现代化是从传统社会向现代社会转型的持续进程。现代化的进程不仅仅是经济增长和物质生活水平的不断提高,也包括公民权的不断发展以及全社会范围内各个地区、各个群体能够获得平等的政治、经济、社会、文化权利。在迈向公平、共享的现代国家和社会发展方面,哪怕已经采取了一些地区支持援助举措甚至民族优惠政策,没有哪一个国家不存在问题,也没有哪一个国家完全解决了地区与族群之间的公平发展问题。

在很大程度上,族裔平等的社会政策或公共政策是确保公民政治平等的社会支持体系。近代以来,每个公民获得平等的公民权尤其是政治权利的过程是不同的。资本主义社会尽管可以通过革命的方式取消特权阶级的传统"特权",比如法国大革命取消了国王和封建贵族的世袭权力,所有国民获得了公民权。但是在美国,"公民"范围的扩大和"公民权利"的提升却是相当漫长的渐进过程。以黑人获得公民权利为例,美国内战之后黑人才从奴隶的身份中解放出来,又经过一个多世纪的斗争才通过"平权法案"获得了平等的政治权利。但是,白人黑人之间的收入财富差距、

---

① 周少青:《土耳其民族问题析论》,《学术界》2019 年第 8 期。
② 周丽娅、周少青:《论土耳其库尔德民族问题的"外部性"》,《学术界》2020 年第 8 期。

教育健康水平等经济社会发展程度，离"公平"的目标是十分遥远的。至于无所不在的种族歧视、社会问题、文化认同等方面的共同发展，信奉自由主义价值观的美国似乎对此并没有真正采取有效的举措加以克服。西班牙、土耳其、墨西哥乃至印度，有的保留着封建王权的残余，有的存在着对少数族裔（库尔德人和印第安人）根深蒂固的歧视，有的还保留着十分古老的、法律上乃至政治上十分不平等的"种姓制度"。由此可见，仅从个人权利的角度分析现代民族国家的发展，我们研究的8个国家显然具有十分显著的差异性。

在不同民族和族裔公平、平等的集体权利建设方面，世界各国包括我们研究的8个国家，差异性则更加显著。首先是是否承认不同民族和族裔群体在一个国家内部拥有自己的集体权利问题，其次是采取什么样的方式承认或支持不同民族的平等权利。一般情况下，盛行自由主义的理念、主张公民个人拥有平等政治和法律权利的国家，一般不认可、不支持少数民族、外来移民（族裔）享有超越社会大多数人口（主体人群）的集体权利。以法国为例，伴随着移民数量的不断增加，整合新移民成为当代法国国家建设面临的重要任务。与美国等国家不同，法国政府刻意避免种族意识（race-conscious）政策，采取无种族意识（color-blind）政策，即法国没有直接针对种族或族裔群体的政策，而是把关涉少数民族的政策体现在国家的其他公共政策中。[1] 20世纪70年代，欧洲多国选择"多元文化主义"模式整合外来移民，相形之下，法国推行了独具特色的"共和模式"。"共和模式"与"多元文化主义"模式在"促平等"层面具有一致性，所不同的是，法国在"单一不可分"的宪法原则规制下每个公民的权利和义务是一样的，除此之外并不承认少数族裔群体的集体存在。鼓励移民无差别地融入是法国明确的政策基调，但为了促进和加强外来移民的国家认同，法国政府从20世纪80年代开始也陆续出台了一系列的"城市政策"，其中就包含对移民群体的一些优惠措施，还成立了多个反歧视与促平等的机构。从形式上来看，法国似乎维持了"单一不可分"的"法兰西民族"，但由于坚持不承认任何"少数民族或族群"的存在，因而无法采取有针对性的措施来促进移民少数族群的经济社会发展、强化他们的社会融入和国家认同。这些认知影响了法国采取针对性的政策支持新移民

---

[1] Erik Bleich, "Race Policy in France", May 1, 2001, https://www.brookings.edu/articles/race-policy-in-france/, retrieved on November 14, 2021.

的融入和发展。

从墨西哥的发展境况来看,墨西哥的政治精英认为文化与族裔多样性是阻碍构建民族国家的最大障碍。[①] 数百年的殖民和融合,最终给墨西哥留下两个近乎平行的社会文化集团(阶层):一个由西班牙殖民者、白人、克里奥尔人以及混血的梅斯蒂索人构成;另一个由人口占比不高的土著人和黑人构成。20世纪以来,墨西哥当局的一个重要任务就是,整合这两个有着文化和经济社会地位双重差异的群体,从而建构一个"民族一体化"或墨式"多元一体"的现代民族国家。进入21世纪,伴随着新自由主义政策和理念的日益兴盛,墨西哥的印第安人等群体在尊重"多元文化主义"及"新公民身份"的光环下,日益陷入贫困化和边缘化的境地。作为市场经济中的"自由和独立的主体",印第安人等群体失去了昔日政府干预及保护主义政策的庇护,他们中的大部分人失去了拥有土地的法律保障。多元文化主义的教育政策,不仅没有使他们融入主流社会,而且日益被锁定在封闭的社区中,成为时代和国家的弃儿。与此同时,宪法和法律层面承诺的土著人自治在实践中也无法真正落地。受新自由主义深刻影响的墨西哥社会,在市场化、私有化和自由化的重重作用下,土著人群体不论是在经济社会发展方面,还是在文化、社会融入方面,抑或是在政治参与方面,均处于不利地位。2018年,洛佩斯新政府对新自由主义的批判,在很大程度上仍然延续了20世纪墨西哥民族政策的左右摇摆之势,很难从制度上对墨西哥民族问题的解决产生实质性影响。

由于历史原因,西班牙中央政府对加泰罗尼亚人的历史文化权利予以尊重,并给予该地区高度的自治权。至于土耳其和印度,对于境内的少数民族(库尔德人、穆斯林)或低种姓人口,依然存在着歧视、偏见和不公正待遇。自20世纪初以来,土耳其力推"土耳其化"(Turkification)政策,不承认个人的族裔、民族和宗教自我认同的权利,规定"土耳其人"为土耳其唯一的"民族"。[②] 由于土耳其绝大多数人口信仰伊斯兰教,国家不承认任何其他"族性"的分类,即不承认任何"少数民族"或"少数群体"的存在,这使得"库尔德问题"很难得到有效解决。在国家根本制

[①] Muñoz, A. A., "Explaining the Politics of Recognition of Ethnic Diversity and Indigenous Peoples' Rights in Oaxaca, Maxico", *Bulletin of Latin American Research*, Vol. 23, No. 4, 2004.

[②] L. Almairac, "Turkey: A Minority Policy of Systematic Negation", *International Helsinki Federation for Human Rights (IHF) and IHF Research Foundation Report*, Vienna, 2006.

度设计理念上,印度则是坚持"一个民族(nation)、一个国家"原则甚至"印度熔炉"理念,不给任何"族性"分类留下政策和法律空间。①

(三) 国家价值观整合问题及其应对政策和效果

现代化进程开启以来,"熔铸一国之民为一族",也就是将族裔、语言、文化、宗教相异的国民群体熔铸为一个团结凝聚的"国家民族",作为时代主流的趋势越发鲜明。在这一过程中,全体国民共同的价值观和各民族共享的精神家园是提升国家凝聚力的根本和关键。现代"国家民族"共同体意识,本质上是"国家民族"认同,是对国家价值观和文化的认同,也就是个体对"国家民族"的直接关联意识和归属感。如何制定一个目标清晰、价值理念自洽和具有内在稳定性的国家价值观整合方案,增强这种国民间的关联意识和归属感,是摆在世界各国面前的又一重大任务。

在本尼迪克特·安德森(Benedict Anderson)看来,"国家认同不是与生俱来的,而是经过精心的社会构建而形成的"。② 美国人之所以在建国200多年之后,还在追问"谁是美国人",这与他们在国家价值观或国家认同建构问题上存在的构建目标模糊、价值理念冲突以及缺乏内在稳定性密切相关。美国在国家价值观整合或"国家特性"问题上一直存在着"名与实"、理想与体制或现实的矛盾和冲突。实践中,美国不同历史时期的政治精英在建国的价值取向和目标之间不停摇摆,其现代民族国家呈现出"自由帝国""自由主义公民国家"和"盎格鲁—撒克逊新教国家"三重面相。这种状况,不仅导致美国国家特性的长期不稳定,而且在不同历史时期造成程度不同的政治和社会危机。③

在国家价值观整合问题上,法国的有关政策实践为我们提供了重要参照。2010年前后,随着欧洲主要国家先后宣布"多元文化主义"失败,萨科齐治下的法国也发生了政策方针的渐变式转向。2015年《查理周刊》恐袭的发生,彻底结束了"鼓励融入"进程,强化法兰西的"共和国价值观"成为政府的核心对策。围绕强化"共和国价值观",法国锁定了两

---

① 和红梅、周少青:《印度民族国家构建中应对复杂多样性的政治策略及其效果》,《西南民族大学学报》(人文社科版)2019年第6期。

② Benedict Anderson, *Imagined Communities: Reflections on the Origin and Spread of Nationalism*, London and New York: Verso, 1991, Revised Edition.

③ 周少青:《美国国家特性的三重面相及其当代困境》,《美国研究》2022年第1期。

类重点群体，一是青少年，二是伊斯兰宗教组织。对于年轻人，法国内政部将教育与"反恐"相结合，"去极端化"教育进校园成为史无前例的新举措。对于第二类群体，法国政府越发明确地将伊斯兰宗教组织列为有待规范和整治的重点。2020年法国一个史地教师惨遭"斩首"后，法国关闭和解散极端伊斯兰宗教团体的行动尤为密集。到2021年4月，参议院通过了《加强尊重共和国原则法案》，各类措施得到明显加强。强化法国主流价值观的移民整合做法，取得了一定的效果。当然，也要看到，要实现这些移民真正的国家认同和国民团结目标还有一定的距离。

（四）宗教民族主义问题及其应对政策和效果

宗教民族主义是现代民族国家建设过程中面临的又一重要问题，同时也是一些国家打造现代民族国家的国家认同、推进国家建设的重要策略手段。印度、土耳其和美国是21世纪深受宗教民族主义影响的3个国家。

从传统的维度来看，由于印度在种姓、宗教、文化、地区、语言、人种、地理分布及生态环境的复杂多样性，加之其历史上大部分时间处于分裂状态，严重缺乏政治统一性，构成印度长期存在的以国家凝聚力缺乏、社会团结松散为标识的"民族问题"。印人党上台执政后，在政党利益逻辑指引下，加上国际性的民族主义浪潮的影响，印度解决民族问题的理念和路径发生了重大变化。为打造一个均质化的民族国家，执政党逐步放弃了沿用了近半个世纪的自由主义、公民主义和世俗主义的国家建构或整合理念，转用印度教民族主义塑造国家特性和认同。印度教民族主义代表了一种不同的国族理想，其核心思想，是把印度国民性与印度教画等号，认为自然构成印度国族的是印度教徒——严格地说是扩大意义上的印度教徒，即印度教加上起源于印度的其他几个本土宗教佛教、耆那教、锡克教的信徒，但其核心仍然是狭义的印度教徒。穆斯林和基督徒则被视为外来宗教的信徒，他们对印度国族和国家的忠诚不是天然的，因为他们的宗教圣地不在印度。印度教民族主义本质上是一种右翼文化民族主义，向外是宣扬印度教文化，但主要是向内的——向内制造他者，边缘化他者，以此来凝聚被种姓、语言、地区等分裂的印度教社群，建设一个"印度教徒民族国家"（Hindu rashtra）。

印度人民党的国族构建理念及方略，在客观上具有缩小印度教内部差异、强化印度教徒团结的作用。同时，这一进程也容易造成严重的族群冲突、暴力和骚乱，加深宗教社群之间的隔阂，极化社会关系，从而形成新的、更加棘手的民族问题。需要指出的是，尽管莫迪为首的印度人民党政府，也曾试图淡化印度教民族主义的色彩，拓宽现代印度民族国家的包容性。但是，由于浓厚的印度教文化及种姓制度等历史传统，加上现代政党竞争以及地缘政治（特别是巴基斯坦的存在）等因素的影响，印度在可见的未来，依然面临着严峻的民族问题或现代民族国家建构问题。

土耳其在应对库尔德问题上，颇为引人关注的一点即"强调伊斯兰特性"。为了寻找与库尔德人更多的共性，土耳其当局甚至不惜祭出"温和伊斯兰主义"①，试图在伊斯兰教相关教义中，找到与库尔德人和解的价值契合点。此举在吸引到相当数量宗教保守的库尔德民众的同时，亦在一定程度上危及土耳其现代国家治理的世俗主义根基。

美国的一个现实特征，即表面"世俗化"和内核的宗教化。② 如前所述，进入21世纪以来，美国国家（民族）主义的一个新表现即基督教福音民族主义的崛起。福音民族主义对内主张美国国家认同与基督教信仰相融合，宣称"美国是一个基督教国家"，对外奉行"美国优先"和孤立主义的外交政策。福音民族主义的崛起及其在特朗普主政时期的种种实践不仅导致美国国内政治和社会生活日益极化，而且引发大国关系及区域乃至全球安全形势急转直下。③

三　现代国家民族共同体建设的若干启示

（一）确立现代民族国家建设与国家整合的总体目标和长远战略

铸牢中华民族共同体意识是习近平总书记关于新时代民族工作提出的重大原创性论断，是新时代民族工作思想的主基调和主旋律，④ 也是习近平总书记关于加强和改进民族工作思想的精髓和灵魂，为做好新时代

---

① 当然，"温和伊斯兰主义"的提出，也是为了吸引主流民众中的宗教保守主义群体。
② 王延中：《美国文化的特性与悖论》，《山西师大学报》（社会科学版）2021年第4期。
③ 周少青：《美国国家特性的三重面相及其当代困境》，《美国研究》2022年第1期。
④ 王延中：《铸牢中华民族共同体意识 建设中华民族共同体》，《民族研究》2018年第1期。

民族工作"指明了方向、提供了遵循"①，具有重大的战略意义。在铸牢中华民族共同体意识问题上，我们首先需要确定一个目标清晰、价值理念自洽和具有内在稳定性的国家整合方案。虽然目前我们有"增强五个认同"和社会主义核心价值观作指导，也强调"加强各民族交往交流交融"和"促进各民族像石榴籽一样紧紧拥抱在一起"，但这些只是原则性的指导方针，我们似乎需要更具体、更清晰、更连贯的共同体规范表达。这种共同体规范既要包含鲜明的中国传统文化特质，又要体现社会主义核心价值观，同时还要反映人类共同价值。这种共同体规范也可以称为"中国信念"。我们选择通过56个民族建立了社会主义民族关系，奠定了各民族一律平等的政治法律地位。同时，我们还要进一步加强各民族的个人以公民身份建设，从个人维度铸牢中华民族共同体意识，提升"铸牢中华民族共同体意识"的整体效果。

（二）现代国家民族共同体建设是一项耗时久远的巨大的系统性工程

在现代化进程中，传统国家形态转向现代民族国家建设，不是一蹴而就的，也不是一次革命或者一项政策就能完成的，而是一个十分复杂而艰难的转型过程。这种转型与一个国家的现代化进程相生相伴，涉及政治改革、经济增长、社会发展、文化变迁、语言调整、心理认同、宗教政策调整、国家凝聚力建设等各个方面，同时受到世界格局、地缘政治、国际关系（或双边关系）、跨国民族（族群）、外来移民、外部宗教势力等多个外部因素的深刻影响。不论是传统的多民族国家还是外来移民为主组成的所谓新的国家，针对发展程度不同、历史文化传统差异巨大的不同民族群体采取什么样的政策，引导各民族共同建设一个现代化的民族国家，共同实现最大的进步和发展，受到区域差异、政治体制、国家财力、国家发展政策调整等复杂因素的制约，都是异常艰难的。在某种程度上，转型作为一个与"现代化"并列的动态演进过程，很难用哪一个时点去论证某一个国家的这个过程已经"完成"了。因而，不论是发达国家还是发展中国家，都面临国家建设的艰巨任务。

有着数百年民族国家构建历史的美国、法国至今还面临着"谁是美

---

① 闵言平：《以铸牢中华民族共同体意识为主线做好各项工作》，《中国民族》2020年第12期。

国人"和"法兰西价值观危机"的难题。19世纪末就已完成统一大业的西班牙,至今还面临着地方(民族)分离主义的严峻挑战。墨西哥虽不存在分离主义风险,但独立近200年,仍然没有解决主流——土著二元社会结构问题。建国时间相对较短的土耳其和印度同样面临着诸多问题。必须清楚,形成国族认同是一个长期历史积累的过程,是一个需要深耕细作、久久为功的系统工程。对此我们必须保持足够的耐心、信心和定力。站在中国特色社会主义进入新时代和开启中国特色社会主义现代化建设第二个百年新征程的时代背景下,我们可以更清晰地看出习近平总书记提出铸牢中华民族共同体意识重大论断的战略意义。铸牢中华民族共同体意识,为激励中华儿女团结奋进、开辟未来提供了力量源泉和精神旗帜。①

(三)现代国家民族共同体建设是一个争取人心、夯实共同利益和凝结共识的过程

现代国家民族共同体建设是一个争取人心、夯实共同利益和凝结共识的过程。在此过程中,国家不仅需要引导和塑造不同民族或族群民众的价值观,更需要采取切实可行的经济社会发展政策和有效的政治参与机制来保障各民族公民的平等地位。一个社会的团结与和谐关系的建构,需要在经济社会发展、平等政治法律地位、区域协调平衡发展等一系列举措共同发力。这是一个难度很大、不容易达成的目标,但也是人类社会前进的方向。

在当今世界许多国家,经济社会发展问题与民族问题或国家认同问题纠缠在一起,我们的基本看法是:单凭解决经济社会发展问题不一定能解决民族问题或国家认同问题,但是,不解决经济社会发展问题,则民族问题或国家认同问题会变得更加难以应对。如果没有国家对欠发达地区的强力支持,仅仅靠这些地区自主积累进行现代化、实现持续增长进而缩小地区发展水平差距是不可能的。针对欠发达地区和贫困人口的特殊帮助,包括对处于边疆落后地区的少数民族人口给予特定的支持与帮助,是现代国家的基本职责,也是政府获取绝大多数国民支持拥护的基本政策导向。在大多数情况下,经济社会发展是解决民族问题或国家认同问题的基本前提。发展经济的最终目的不只是单纯的经济发展,更是被赋予了国家政治

---

① 参见中共中央宣传部《习近平新时代中国特色社会主义思想三十讲》,学习出版社2018年版,第32页。

合法性和国家认同建构的重要使命。① 解决民族问题或者说国家认同建设本质上是一个价值观重塑的过程，没有强有力的价值观和信念的支撑，基于"物质"层面建立起来的国家认同，会随着经济社会状况的恶化而趋于弱化甚至逆转。这一点在当前美国表现得非常明显，不仅少数族裔群体如此，多数群体亦复如此，甚至情况更加严重。同样，仅仅注重价值观宣传不重视经济发展也会出现问题。法国由于在促进移民群体的经济社会发展方面措施乏力，主要突出强调价值观上的认同。从2010年开始，法国政府更是将整合政策从"促平等"转向"强调价值观认同"。这种举措由于在现实层面难以夯实共同利益，也无法有效地凝聚国民共识。

（四）警惕政党政治偏离多民族国家的大局和根本利益

资本主义国家的政党政治意味着很难实现全社会的真正共识。政党政治的初衷在于更好地整合一国国内各类政治和社会力量，从价值观和效率两个层面最大限度地实现国家整合及国家利益的最大化。然而，在资本主义的"市场政治"条件下，政党为了最大限度地实现自身利益，往往不惜损害国家的整体利益和长远利益。在印度，执政的印度人民党为了最大限度地获取印度教民众的选票，先后有计划、有预谋地挑起"巴布里清真寺事件"、颁布禁止屠牛令和限制改宗法案，发起"回家运动"（即要求伊斯兰教徒和基督教徒回归其祖辈的印度教）、推行"反爱情圣战法"② 等，印度人民党的这一系列操作，在极大地促进党派利益（成功获得执政和连续执政）的同时，也恶化了印度相对和谐的宗教和社会关系，给印度未来的社会团结和国家凝聚力建设留下了难以清理的负资产。因此，防范政党政治的发展偏离多民族国家的大局和根本利益，是国家民族共同体建设过程中必须高度关注的大事。

（五）警惕新自由主义和狭隘封闭性多元文化主义政策对现代国家民族共同体的侵蚀，尤其要妥善处理宗教问题

事实证明，现代国家民族共同体的建构离不开国家在经济社会发展上

---

① 石亚洲、张方译：《多民族国家建构国家认同的关键维度与政策路径》，《中央民族大学学报》（哲学社会科学版）2019年第4期。

② "Uttar Pradesh Legislative Assembly Passes 'Love Jihad' Bill Amidst Opposition Protest", February 25, 2021, https://thewire.in/communalism/uttar-pradesh-legislative-assembly-passes-love-jihad-bill-amidst-opposition-protest, retrieved on November 24, 2021.

的全面统筹能力。① 然而，由于社会制度的局限性，西方及大部分发展中国家的中央政府缺乏足够的资源统筹能力，无法有效干预族群或地区之间经济社会发展不平衡问题；同时，又由于这些国家大都采取自由主义的文化政策，导致它们也有足够的能力引导文化发展的方向，构建国家层面的共同体文化。在这一问题上，墨西哥的教训尤为惨痛。该国自 20 世纪 80 年代以来奉行的以私有化、市场化、自由化为特征的新自由主义政策，使国家丧失了对经济资源尤其是土地的控制权，结果导致作为农民的印第安人几乎完全失去土地和生活依靠。与此同时，国家放弃了文化上的整合责任，推行所谓"自由多元"的文化政策，更是导致印第安人困守在自身封闭的文化圈内，不利于其现代国家民族共同体的建设与发展。

关于宗教或宗教民族主义，我们从中可借鉴的教训之一是，要高度警惕宗教捕获主体民族民众的现象，谨防宗教成为影响和塑造国家认同的主导力量。宗教民族主义是一种高烈度的民族主义，往往具有更大的排斥性。上述 6 个国家中，有 3 个国家深受宗教影响——日益"复兴"的印度教对印度国家认同产生了支配性的影响，"温和伊斯兰"的崛起也严重威胁着土耳其确立了近一个世纪的世俗主义，全面政治化的福音基督教则挑战着美国国家特性或认同。这些国家希望借助宗教信仰来整合全体国民，但宗教信仰作为典型的意识形态，是界分不同群体的重要标志，特别是国家形态意义上的宗教民族主义，映射出的是一种"顶层文化的分裂"。将其作为国家认同和国民特性的核心构建因素，不仅可能导致非特定宗教的民众离心，而且严重违背了世界范围内的政教分离和世俗主义共识，最终不仅威胁一国国内民众的团结，也影响该国家的外部形象和国家软实力。

（六）要深刻地认识到资本主义意识形态和价值观对现代国家民族共同体构建的危害

资本主义国家讲究"国家中立""自由竞争"，不论是个体，还是群体（地区），都需要通过自身的努力去获得生存和发展所需要的必要条件。西班牙的分离主义者就认为，他们没有任何责任、义务"为国家养活、帮助贫困人口"，"贫困是贫困人口个人需要解决的问题"；经济发达

---

① 有关这方面的案例，参见周少青《中西比较视野下的中国民族交融发展道路》，《民族研究》2019 年第 3 期。

地区向国家缴纳的税收,"是需要取消的不公正的剥削",国家(中央政府)如果不取消这些政策,他们就将独立,建立"自己的国家"。这种利己主义意识形态和价值观,与社会主义中国的"共同富裕","奔小康的路上一个也不能少"的共同体精神形成鲜明对比。

在一个现代主权国家里,选择承认"少数民族"或"少数族群"存在的策略,并不必然损害国家凝聚力建设和社会团结;同样,选择否认他们存在的策略,也不必然促进国家共同体的建设。上述8个国家中,至少有3个国家选择不承认少数民族存在的策略,但它们的国家整合或共同体建设并没有因此而比其他选择承认策略的国家更轻松。事实上,在一些国家,如法国和土耳其,选择不承认少数族群(民族)的策略,还直接影响到这些国家采取有针对性的手段解决少数族群的边缘化、贫困化和社会融入问题。问题的关键还在于,尊重历史和国情,选择恰当的国家认同整合政策与方略。

(七)高度重视现代国家民族共同体建设中的历史文化因素

具体而言,在对待历史问题上,国家必须牢牢把控叙事的主导权,不允许民间或学界在重大历史问题上自行叙事,更要坚决防范(民族)地区擅自篡改历史的自我叙事,这方面西班牙加泰罗尼亚的教训显然可鉴。值得注意的是,即使西班牙中央政府发现加泰罗尼亚分离主义势力在大力宣传其"独特的历史和认同",故意夸大加泰罗尼亚人与西班牙人的差异,但由于制度和体制等方面的原因,也无法进行有效的干预。这方面,中国的优势尤为明显。

中华民族有着5000多年连绵不断的文明历史。在中华大地上,中华民族的各民族及其先民们,创造了辉煌灿烂的中华文明,为人类文明进步做出了不可磨灭的贡献。[①] 中华民族在几千年历史中创造和延续的中华优秀传统文化,是中华民族的根和魂,其中"最核心的内容已经成为中华民族最基本的文化基因"[②]。中华文化历来主张的"家国同构""家国一体""大一统"思想源远流长。"天下观念""大一统"思想浸润着各民

[①] 王延中:《扎实推进中华民族共同体建设》,《民族研究》2022年第1期。
[②] 习近平:《论党的宣传思想工作》,中央文献出版社2020年版,第82页。

族人民的思想情感，在国家统一、民族团结中发挥了强大的向心力作用。① 这些思想与传统，使中国无论经历多少磨难，在历史上都能够作为泱泱大国屹立在世界东方，成为世界上唯一保持文化传统不间断的文明古国，使中华民族成为连绵至今、不断发展壮大的伟大民族。

（八）采取积极稳妥的策略尤其是法治策略坚决打击民族分离主义

民族分离主义带来的威胁和挑战，是任何主权国家都无法容忍和承受的"国之大者"，也是现代国家建设的头等大事。对于具有民族分离主义威胁的国家来说，反分裂是国家建设的当务之急。鉴于地方（民族）分离主义已成为危害现代国家民族共同体建设的一个极为重要且长期存在的因素，制定以宪法为中心的反分离主义法治体系，以宪法画红线，坚决维护宪法权威，不容许任何政治势力挑战宪法体现的制度和价值安排已成为多民族国家维护国家领土主权完整的不可或缺的战略选择。只有完善立法，才能从程序到目的上完全压制民族分离主义的生存空间。②

（九）正确评估民族问题治理的国际经验教训

由于在历史文化传统、政治社会制度、族群结构及族群关系，特别是在建国基础或背景及历史经历（心理）上的巨大差异，各国在对待彼此"成功的经验"或"失败的教训"的时候，须抱有相当谨慎的态度。在解决民族问题或构建现代国家民族共同体问题上，有时"他山之石"可以"攻玉"，有时则会"玉石俱焚"。正确的思路或许是，本着"家家都有本难念的经"的理路，在充分尊重自己的历史、传统和现实国情的前提下，审慎地鉴取他国的经验和教训。特别是在对待西方国家的经验方面，必须充分关注到其族群政策或国家整合政策背后的社会制度、基本理论特别是意识形态因素。

在国家民族凝聚力和社会团结建设问题上，中国模式的最大特点在于，克服了长期困扰西方国家的政治认同与文化认同的二元对立，将政治价值观与传统文化的价值高度融合在一起，并在其政治及行政建制中进一

---

① 宋才发：《中华民族共同体意识是国家凝聚力的精神纽带》，《社会科学家》2021年第5期。
② 高辉：《当代西欧民族分离主义的成因及对策探析》，《大连干部学刊》2018年第5期。

步夯实这种结合，从而形成能够动员56个民族的强大凝聚力和社会团结。尽管由于种种原因（如地缘政治和国际分离主义的影响、渗透等），在个别地区也出现了"三股势力"，但总体上看，中国境内各民族的团结和中华民族的凝聚力处于不断上升之中，中国国家凝聚力和社会团结处于历史最好时期。[1]

---

[1] 周少青：《中西比较视野下的中国民族交融发展道路》，《民族研究》2019年第3期。

第二章

苏联与俄罗斯的民族政策及经验教训

中国与俄罗斯同为多民族国家，在民族构成、民族政策和实践方面也颇具相似性。中俄两国都是继承了帝国时代的遗产，广袤的疆域内生活着诸多文化多元、信仰各异的民族。历史上，为了维护国家的统一，两国都形成了多民族国家一体的整合机制。苏联时代，在民族理论和民族政策提出了多项创新性理念，新中国的民族政策也受到苏联的影响，尤其是民族区域自治制度影响至今。苏联解体与当时僵化教条且不合时宜的民族政策息息相关，俄罗斯吸取苏联解体的教训，制定了一系列新的民族政策、相关法律，并付诸实践。当前，我国的民族工作紧紧围绕着铸牢中华民族共同体意识而展开，在民族理论、政策和实践方面期待有新的突破。在这个背景下，苏联和俄罗斯的民族工作经验对我们有着极为重要的借鉴意义。"他山之石，可以攻玉"，本章系统总结苏联和苏联解体后俄罗斯的多民族国家建设的经验和教训，并在此基础上提出对我国民族工作的启示。

一 苏联构建统一多民族国家的理论与实践

（一）苏联民族政策的理论

截至20世纪初，俄罗斯帝国的面积是2180万平方公里（1913年），60%—65%的面积处于永久冻土带。20世纪俄国约25%的领土处于欧洲，其他75%处于亚洲。在俄罗斯帝国及苏联，俄罗斯都占国家领土面积的75%。19世纪初，俄国总共有48个省；到19世纪中期，其数量达到了52个；到19世纪末，增加到了97个。1850年，俄国有3个总督区，包括8个省；而20世纪初，俄帝国分成了10个总督区，78个省，18个边疆区。[①]

[①] Агаджанов С. Г., Мухамедьяров Ш. Ф., Трепавлов В. В. и др., 1997, *Национальные окраины Российской империи: становление и развитие системы управления*, М.: Слав. диалог, с. 10.

俄罗斯帝国民族宗教状况复杂。20世纪初，俄国共有200多个民族，操146种语言和方言。1917年前"俄罗斯人"这个术语包括大俄罗斯人、小俄罗斯人和白俄罗斯人这三个主要的东斯拉夫民族。根据1897年的人口普查，大俄罗斯人总共5540万人，占总人口的47.8%；乌克兰人2200万人，占总人口的19%，白俄罗斯人590万人，占总人口的6.1%。这三个民族的人口总数为8330万人，占国家人口绝对多数（72.9%），俄罗斯帝国境内的其他斯拉夫民族有波兰人、塞尔维亚人、保加利亚人、捷克人等。总人口数居第二位的是操突厥语各民族：哈萨克人400万人，鞑靼人370万人。包括波兰和芬兰的俄罗斯帝国，生活着当时世界上最多的犹太人，大约为600万人。此外，还有六个人口为100万—140万人的民族：拉脱维亚人、德意志人、亚美尼亚人、摩尔达维亚人、摩尔多瓦人和爱沙尼亚人。所列的这12个民族每个的人口都在100万人以上，他们的人口占帝国人口的90%。[①] 就宗教信仰来看，东正教为俄国第一大宗教。信众人数位居第二位的宗教是伊斯兰教。此外还有天主教、犹太教、路德派新教、基督教的格里高利派、佛教、基督教浸礼宗、门诺派。民族宗教的复杂多样也使俄罗斯语言的语种很丰富，各民族的语言分属于印欧语系、阿尔泰语系、高加索语系、乌拉尔语系、古亚洲语系、汉藏语系、亚非语系。

俄国民族宗教的复杂多样，也导致了随着现代化进程的加速、各地区交往的增多，民族矛盾日渐尖锐。20世纪初，民族问题成了俄国政治派别关注的问题。社会革命党主张联邦制和民族文化自治。列宁为俄国社会民主工党提出的解决俄国民族问题的理论原则就是民族自决权。列宁在1902年的《俄国社会民主工党纲领草案》中第一次明确提出了民族自决

[①] Щагина Э. М.，Лубкова А. В.，2004，*Новейшая отечественная история XX век*. Книга.1. Москва，с. 13. Яковлева А. Н.，2002，*Россия в начале XX века*. Москва，с. 88. 当然，1897年俄罗斯帝国人口普查是帝国的第一次人口普查，也是帝国的最后一次人口普查。当时的人口普查不包括赫尔辛基市以外的芬兰大公国。由于统计的方法不同，对当时各民族人口的统计也有其他一些不完全相同的数字：国家居民的主要部分——近80%，是由大俄罗斯人、乌克兰人、白俄罗斯人、波兰人和犹太人五个民族构成。大俄罗斯人占国家人口的44.3%（5570万人）；乌克兰人或小俄罗斯人占17.8%（2240万）和白俄罗斯人占4.7%（590万），这三个俄罗斯民族的人口加在一起共占全国总人口的66.8%。此外，在俄罗斯帝国境内还居住着790万波兰人（占总人口的6.3%）和510多万犹太人（占总人口的4.2%）。这些民族的主要部分相当集中地居住在固定的地区：俄罗斯族人居住在欧俄的中部；乌克兰人居住在小俄罗斯；白俄罗斯人居住在西部的一些省份；波兰人居住在波兰王国；犹太人居住在设有"犹太人居住区"的波兰和西部省份。同时，人口迁徙和对边疆的开拓导致了各民族的混居。在欧俄的50个省及西伯利亚，大俄罗斯人、乌克兰人和白俄罗斯人占那里全体居民的80%；在高加索他们占34%。

权问题，之后在各种论述中不断完善。

所谓的民族自决权，是指一个民族脱离多民族国家建立本民族国家的权利，就是成为独立的民族国家的权利。列宁提倡民族自决权，主要是从反对沙皇专制制度的角度考虑的，具有阶级性，也是同社会主义的革命斗争相关联的。联邦制实质上也是列宁实现民族自决的一种形式。

列宁主张民族自决，但其最终目的不是要分离，而是为了使各民族更好地融合，也是要在新的基础上自由联合，建立多民族的联合国家。这也是列宁在论述民族自决权的文章中反复强调的。这种分离的权利"并不就等于要求分离、分裂、建立小国，它只是反对任何民族压迫的斗争的彻底表现。一个国家的民主制度愈接近充分的分离自由，在实际上要求分离的愿望也就愈少愈弱"。他经常用"离婚权"来比喻民族自决权，认为"离婚权"并不要求投票赞成离婚！他认为，从一般民主派观点来看，恰巧相反，"承认分离权就会减少'国家瓦解'的危险"。要在承认分离后权力的基础上按照社会主义原则实现真正的自由联合。

列宁的民族自决权理论也是具有阶级性的，它是同争取社会主义的革命斗争相关联的，是为争取社会主义的革命斗争的目标服务的。列宁在1903年2月的《论"亚美尼亚社会民主党人联盟"的宣言》中指出民族自决权的阶级内涵："要求承认每个民族具有自决权，这件事本身仅仅说明我们无产阶级政党应当永远无条件地反对任何用暴力或非正义手段从外部影响人民自决的企图。我们一直履行着自己这种否定的义务（对暴力进行斗争和提出抗议），从我们这方面来说，我们所关心的并不是各民族的自决，而是每个民族中的无产阶级的自决。"[1] 在同年7月的《我们纲领中的民族问题》中，列宁对民族独立的阶级性表达得更明确了。他指出："社会民主党将永远反对任何暴力或任何非正义手段从外部影响民族自决的企图，但是，无条件地承认争取民族自决的自由的斗争，这丝毫也不意味着我们必须支持任何民族自决的要求。社会民主党作为无产阶级的政党，其真正的主要的任务不是促进各民族的自决，而是促进每个民族中的无产阶级的自决。我们应当永远无条件地努力使各民族的无产阶级最紧密地联合起来。"[2] 要求"使民族自决的要求服从的正是无产阶级阶级斗

---

[1] 《列宁全集》第7卷，人民出版社2017年版，第89—90页。
[2] 《列宁全集》第7卷，人民出版社2017年版，第218页。

争的利益"①。民族自决的阶级性观点,列宁在后来的《革命的无产阶级和民族自决权》及《社会主义革命和民族自决权》中都有进一步阐释。而且,列宁也不是在任何情况下都主张民族分离,分离是否合适要由党来决定。"决不允许把民族有权自由分离的问题同某一民族在某个时候实行分离是否适当的问题混为一谈。对于后一问题,无产阶级政党应当根据整个社会发展的利益和无产阶级争取社会主义的阶级斗争的利益,分别不同的场合完全独立地加以解决。"②

对民族自决权,早期就有波兰社会民主党领导人罗莎·卢森堡的反对,卢森堡主张民族文化自治,认为俄国和波兰在经济上已经形成复杂的统一体,作为独立的经济体已经不复存在。民族运动是少数人为追求不切实际的目的而搞的运动,实行民族自决不可能。十月革命前夕,俄国社会民主党内也出现了不同意见,捷尔任斯基、皮达可夫、马哈拉泽等也反对把民族自决权纳入党纲,认为在社会主义条件下不需要,从纯经济角度看民族独立是陈旧的、过时的。

十月革命后,党内又出现了关于民族自决权的争论。反对民族自决权的观点在党内占了上风。1919 年 8 月俄共(布)八大讨论党纲时,列宁是唯一支持民族自决权的人。最后通过的党纲中没有提民族自决权的口号。1921 年第十次代表大会的决议中也没有纳入民族自决权的要求,但是强调各民族有分离权。苏联时期的各部宪法中都有联盟成员有退出联盟的权利(1924 年宪法的第 4 条、1936 年宪法的第 17 条、1977 年宪法的第 72 条)。这是民族自决权的一种具体体现。实际上在制定 1936 年宪法时,就有人提出删掉"退出权"的规定,斯大林表示反对,并进行了解释。③

(二) 苏联民族区域自治制的特点及成就

十月革命后,民族自决权思想从理论问题变成了具体的实践问题。尽管党内有反对声,但列宁仍坚持被压迫民族的自由分离权,目的是消除被压迫民族中的劳动群众对于俄罗斯民族由来已久的不信任,使各民族在各

---

① 《列宁全集》第 7 卷,人民出版社 2017 年版,第 220 页。
② 《列宁全集》第 29 卷,人民出版社 2017 年版,第 431 页。
③ 中国社会科学院民族研究所编:《斯大林论民族问题》,民族出版社 1990 年版,第 431 页。

种苏维埃自治形式下自由自愿地联合为社会主义联邦制共和国或共和国联邦。十月革命后实行联邦制,是为了把革命后处于分裂的俄国重新统一起来而向少数民族做出的让步。当时列宁认为,"我们目前实行的和将要实行的联邦制,正是使俄国各民族最牢固地联合成一个统一的民主集中的苏维埃国家的最可靠的步骤。民主集中制决不排斥自治和联邦制"①。联邦制作为列宁倡导的民族自决的一种形式,换取了其他少数民族的支持,既保证了统一的俄罗斯国家在俄罗斯帝国的废墟上的重建,也保证了苏联的建立。

1. 苏联的区域民族自治制度

苏联实行的联邦制是一种民族联邦,联邦主体是各个民族共和国,按民族名称建共和国、自治州。苏联刚成立时只有4个加盟共和国,到1936年,已经增加到了11个,本来属于俄罗斯联邦的中亚经过民族识别也建立了5个加盟共和国。对此,英国著名的民族问题专家霍布斯鲍姆指出:"苏联的共产党政权在那些从未组建过'民族行政单位'的地方,或从不曾考虑要组成'民族行政单位'的民族,依据族裔语言的分布创造出一个个'民族行政单位',这在当时并非这些中亚部族想要追寻的目标。"② 苏德战争前夕,波罗的海三国并入苏联,原有的摩尔达维亚苏维埃社会主义自治共和国及新并入的比萨拉比亚,建立摩尔达维亚苏维埃社会主义共和国。苏芬战争后,1940年3月31日,卡累利阿自治共和国改为卡累利阿—芬兰加盟共和国,使得苏联的加盟共和国数量一度达到了16个。不过,1956年6月,卡累利阿—芬兰加盟共和国又改为卡累利阿自治共和国。苏联时期在各个共和国也划出了大量的民族地区。到1933年年底,苏联共有250个民族地区和5300个民族村苏维埃。③ 苏联的民族区域自治实体的数量在第二次世界大战期间也有过变动。苏德战争爆发后,以伏尔加河流域地区的德意志族居民中藏匿苏维埃政权和苏联人民的敌人为由,苏联政府于1941年8月28日下令迁移伏尔加河流域德意志族人,9月7日下令撤销伏尔加河流域德意志族自治共和国的建制。1943

---

① 《列宁全集》第34卷,人民出版社2017年版,第139页。

② [英]埃里克·霍布斯鲍姆:《民族与民族主义》,李金梅译,上海人民出版社2006年版,第162页。

③ Тишков В. А., 2013, *Российский народ. История и смысл национального самосознания*. М.: Наука, с. 274.

年，又因民族的部分成员与法西斯占领者合作，苏联政府对车臣人、印古什人、克里木鞑靼人、卡拉恰伊人、卡尔梅克族人、巴尔卡尔人进行集体"惩罚"，集体强迁，并撤销了这些民族的民族区域自治的建制。赫鲁晓夫上台后，为被强迁民族平反，恢复了车臣、印古什、卡拉恰伊、卡尔梅克、巴尔卡尔等几个民族的民族区域自治。1958 年，他又把布里亚特蒙古苏维埃社会主义自治共和国改为布里亚特苏维埃社会主义共和国，把卡尔梅克自治州改为卡尔梅克苏维埃社会主义自治共和国。1961 年，图瓦自治州改成图瓦苏维埃社会主义自治共和国。

苏联解体前夕，苏联国内总共有 15 个加盟共和国，20 个自治共和国（其中 16 个自治共和国位于俄罗斯苏维埃联邦社会主义共和国，1 个在阿塞拜疆苏维埃社会主义共和国，1 个在乌兹别克苏维埃社会主义共和国，2 个在格鲁吉亚苏维埃社会主义共和国）。8 个自治州，5 个位于俄罗斯联邦，10 个民族专区，全部在俄罗斯联邦境内。苏联总共有 53 个按照民族区域原则划分的行政主体。以俄罗斯联邦为例，该共和国有复杂的民族国家和行政建制的等级系统。俄罗斯联邦由 31 个民族国家和民族区域实体组成（16 个自治共和国、5 个自治州和 10 个自治区），在联邦内有 31 个命名民族（即自治实体以其名字命名）。同时，有四个自治实体的名称涉及了两个命名民族（卡巴尔达—巴尔卡尔苏维埃社会主义自治共和国、车臣—印古什苏维埃社会主义自治共和国、卡拉恰伊—切尔克斯自治州、汉特—曼西自治区）。布里亚特人和涅涅茨人各有三个自治实体。

2. 苏联民族区域自治制度的特点

苏联的民族国家结构形式是联邦制，在联邦制下实行民族区域自治。尽管在苏联时期按民族区域原则建立的行政主体有过增减和调整，但民族区域制度本身在苏联存在的整个时期都没有改变。不过，苏联的不同时期对民族的具体政策是有调整的。

苏维埃政权初期推行的"本土化"政策，与当时推行的新经济政策密切相关。当时提高了民族干部在党政机关中的比重，推广民族语言的学习，使所有加盟共和国的民族文化和国家建设空前繁荣。但也导致了逆歧视、地方民族主义等现象。而民族主义情绪的滋生导致了中央以地方民族主义为借口采用不正常的形式进行反民族倾向主义的斗争。

随着 20 世纪 20 年代末五年计划的开始，大规模工业化展开，在民族政策方面也放弃了"本土化"政策，加强中央集权，因一体化管理的需要，俄语的地位和影响不断加强，20世纪30年代末以后大力推广俄语。

赫鲁晓夫上台后，批判斯大林破坏苏维埃国家的民族政策，要回归列宁的民族政策原则，也像20世纪20年代一样实行本土化，按联邦制原则给各个共和国下放权力，推广民族语言。根据专家的评价，赫鲁晓夫在任期间赋予各个地区更大的自由。尤其是根据苏共主席团1953年7月全会的决议，扩大了加盟共和国权力机关在经济和文化建设方面的权限。这在1956年举行苏共二十大的决议中得到了证实。党的领导人在内政方面更多地脱离了无产阶级国际主义原则，纵容民族自身的发展。[1] 赫鲁晓夫在民族关系领域的"解冻"及本土化，也导致了20世纪20年代一样的结果，民族主义情绪滋生，出现了反俄、排俄现象。最后由"本土化"政策衍生的民族主义现象也像20世纪20年代一样又以"民族主义和沙文主义表现"为由受到了相应的处罚。

勃列日涅夫时期基本上是加强中央集权制，推广俄语，构建"苏联人民"共同体。而到戈尔巴乔夫改革时期，又要"回归列宁"，扩大共和国的权力，强调要更好地落实联邦制。

3. 苏联民族区域自治制度的成就

总体来讲，苏联的民族政策，促进了少数民族的发展。

第一，它改变了少数民族的文化面貌。在沙俄时代，100多个民族中只有19个民族有文字，其余数十个民族仅有口头语言，没有自己的文字。苏维埃国家曾先后为52种少数民族语言创造了文字。在1931—1932年间，为涅涅茨人等13个北方小民族创造了文字。对阿塞拜疆民族的以阿拉伯字母拼写的结构复杂、难写难认的文字进行改革，先把这些文字由阿拉伯字母改为拉丁字母，又改为俄文字母。这使从前无文字或文字复杂的民族的文化教育事业得以较快发展。20世纪30—40年代，十几个少数民族共和国建立了100多所高等学校。到1985年，中亚和外高加索地区的哈萨克斯坦、格鲁吉亚和亚美尼亚每万名居民中所拥有的大学生的数目依次为171人、169人和163人，超过了法国（159人）、日本（142人）、联邦德国（138人）、意大利（131人）和英国（112人）。阿塞拜疆、乌兹别克斯坦和吉尔吉斯斯坦超过了日本、联邦德国、意大利和英国。其他

---

[1] Бурмистрова Т. Ю., 1993, *Зерна и плевелы: Национальная политика в СССР 1917 - 1984гг.* СПб., с. 103.

两个共和国塔吉克斯坦和土库曼斯坦也超过了英国。① 就哈萨克斯坦而言，由于革命后开展了扫盲运动，根据1939年的人口普查资料，哈萨克斯坦居民的76.3%都能识字，1940年，基本消除了有劳动能力居民中的不识字现象。1928年，哈萨克斯坦共和国已经有3747所小学，而1914年只有1953所。②

第二，促进了民族地区的经济发展。以前落后的民族地区，特别是那些拥有丰富有益矿产的地区，比如阿塞拜疆和哈萨克斯坦，也迅速地发展自己的工业。在阿塞拜疆，石油开采的现代化使得1940年前"黑金"的开采量与1913年相比增加了近两倍，从770万吨增加到2220万吨。③ 在战前的五年计划期间，用于发展哈萨克斯坦国民经济的4/5的资金都是从全联盟的预算中划拨的。在这期间，用于发展工业的投资额全苏平均增长了23.1倍，在乌兹别克苏维埃社会主义共和国增长了32.3倍；土库曼苏维埃社会主义共和国增长了38.3倍；吉尔吉斯苏维埃社会主义共和国增长了39.8倍。如果说1922年在哈萨克斯坦工业和农业产量的对比关系是1∶15，那么到第一个五年计划结束前夕已经是1∶3了。④ 此外，苏联的民族政策也加快了中亚地区的世俗化进程。

（三）不利于苏联国家统一认同形成的民族政策方面的隐患

苏联的民族理论、联邦制的民族国家结构及民族区域自治制度对苏联的建立、苏联各民族地区经济文化的发展有积极意义的，但也存在着一些问题与隐患。

1. 苏联的民族联邦制不利于国家认同的形成

苏联是历史上第一个基于民族原则建立的联邦制国家。苏联实行联邦制，也是列宁对当时形势的一种让步。1917年俄国革命爆发后，俄国的许多民族纷纷独立，在这种背景下，列宁由原来的反联邦制转向了更易于为

---

① 赵常庆、陈联璧、刘庚岑、董晓阳：《苏联民族问题研究》，社会科学文献出版社2007年版，第100—102页。
② Абдулина А. Т., 2016, *История Казахстана. В вопросах и ответах*. Алматы, с. 166 - 167.
③ Трепавлов В. В., Бекмаханова Н. Е., Исмаил - Заде Д. И. и др., 2003, *Российская многонациональная цивилизация: Единство и противоречия*. Москва, с. 160.
④ Бурмистрова Т. Ю., 1993, *Зерна и плевелы: Национальная политика в СССР 1917 - 1984гг*. СПб., с. 76-77.

各民族接受的联邦制，建立了俄罗斯苏维埃联邦社会主义共和国（以下称"俄罗斯苏维埃联邦"），实行民族区域自治。俄罗斯苏维埃联邦下的民族区域自治为后来苏联民族区域自治奠定了基础，1922 年苏联的成立也是按该模式建立的。苏联时期的三部宪法中都为联盟成员保留了作为民族自决权体现的退出联盟的权利。在苏联成立的历史条件下，联邦制及退出权，确保了各民族对联盟的信任，是布尔什维克党赢得各民族支持，建立苏联的重要保证。但列宁的民族自决思想，是建立在世界革命思想基础上的，其前提是社会主义胜利后就不存在民族问题了，富有理想主义色彩。

苏联的民族联邦制，民族国家结构分为加盟共和国、自治共和国、自治州和自治区的等级性，使多民族国家本来就复杂的民族问题更为复杂。按民族特征进行区划和命名地区，强化了民族认同、民族意识和民族情绪，不利于民族融合的发展，导致社会意识民族化和民族间边界的固化，不利于统一苏联国家认同的形成，不利于"苏联人民"共同体的形成。不仅大民族有民族主义，小民族也有强烈的民族主义。当地的命名民族在反对中央、反对俄罗斯对自己权利的践踏的同时，自己也扮演着小的帝国民族的角色，比如，格鲁吉亚族人对阿布哈兹族人，阿布哈兹族人对自己境内的格鲁吉亚族人。

苏联成立之初，便有人对人为地把民族分成加盟共和国、自治共和国、自治州等各种等级的做法提出了质疑。1922 年 12 月 26 日，在全俄苏维埃第十次代表大会上，就有一些代表反对这种联盟方案。鞑靼苏维埃社会主义自治共和国人民委员会主席穆赫塔罗夫（К. Г. Мухтаров）就反对把俄罗斯苏维埃联邦社会主义共和国、乌克兰苏维埃社会主义共和国、外高加索联邦和白俄罗斯苏维埃社会主义共和国四个国家联合成联邦国家，认为如果不想把自决和独立的口号简单地变成民族自治，"就应当谈各个已经自决成民族自治共和国、自治州的民族单位必须直接地、不通过任何一级直接加入苏联、加入苏维埃社会主义共和国联盟的必要性"。鞑靼布尔什维克的杰出代表、民族事务人民委员部委员会成员苏丹—加利耶夫（М. Х. Султан-Галиев）也指出，根据新方案，一方面，在成立联盟中央执行委员会时，将会出现完全不需要的多余机关；另一方面，把苏维埃各个共和国的民族分为有权进入联盟中央执行委员会的民族和没有这一权利的民族，被分成"非亲生儿子"和"亲生儿子"。这种原则无疑是不正常的，因此，他完全同意必须取消阿塞拜疆、格鲁吉亚等共和国以及其他加入这个联盟的独立共和国的独立性的思想，要求让这些共和国作为共同联邦的权利平等的成员加入共同的俄罗斯苏维埃联邦，不建立任何联盟中央执行委员会和联盟人民委员会。① 皮达可夫和加米涅夫当时也都认识到按该方案建立起的体系很复杂，实际操作性很难。加米涅夫在1922年11月28日的俄共（布）中央委员会上甚至提出保留俄罗斯苏维埃联邦社会主义共和国这一名称作为联盟国家的名称，删去"苏维埃社会主义共和国联盟"这一名称。在之后就宪法草案致列宁的信中，加米涅夫指出：体系简化一点不好吗？我本人并不相信这一体系的优越性，不过但愿能引起您对此予以关注。

1927年，一位侨居国外的俄国法学家、欧亚主义代表人物之一的Н. Н. 阿列克谢耶夫（Алексеев）也曾对苏联的民族联邦制的危险性提出了警示："共产党人在联盟范围内建立了大量的民族共和国……有助于地方民族主义的觉醒，地方民族主义不可能没有变成独立力量的危险……这是非常可怕的现象。也许，不仅对苏联政府的命运，而且对未来的俄罗斯的命运都是最危险的现象之一。""苏联的政策应当致力于逐渐把它的联邦制从民族的联邦改革成区域联邦。应当成为联邦制原则的不是民族而是真正的以州或边疆区为形式的地理和经济整体。"②

苏联解体后，俄罗斯官方出版的历史教科书及大百科全书也都指出了苏联民族政策的这个问题。如2004年出版的俄罗斯大百科全书指出："随着苏联的建立，民族国家化的进程没有结束，1920年代在中亚进行民族区划，按民族边界为乌兹别克人、土库曼人、塔吉克人、吉尔吉斯人和哈萨克人建立共和国。1936年前它们的地位和疆域发生了几次变化。但并没有成功地使新共和国的民族变得单一。一部分乌兹别克人仍在吉尔吉斯和塔吉克斯坦，布哈拉和撒马尔罕及它们周围的塔吉克人地区被纳入了乌兹别克共和国，主要由俄罗斯人居住的北部地区成了哈萨克共和国的一部分。按民族构成特征划分共和国的原则本身实际上没有真正实现，还导致了严重的民族后果。"③

---

① Борисов Ю. С. и др., 1992, *Национальный вопрос на перекрестке мнений. 20 - е годы. Документы и материалы.* М. : Наука, с. 104.

② Вишневский А. Г. 2005, *Русский или прусский? Размышления переходного времени.* М. : ГУ ВШЭ, с. 118–119.

③ Осипов Ю. С., Кравец С. Л., 2004, *Большая российская энциклопедия*, Москва, с. 174.

新版俄罗斯中学历史教科书，在承认苏联对各民族发展的贡献的同时，也指出了民族识别、民族区域的问题。"在民族共和国形成的过程中没有明确确定边界线，不是所有的边界都是准确地按某些地区的民族构成划定的。比如，在纳入了乌兹别克苏维埃社会主义共和国的布哈拉和撒马尔罕，90%以上的居民都是塔吉克人。定居的吉尔吉斯人居住的一些地区划归了乌兹别克人和塔吉克人。后来，这一切为共和国之间的严重冲突打下了基础。"① "在其他共和国，民族政策也是矛盾的。1920年代是乌克兰文化和语言前所未有的繁荣时期。乌克兰语在共和国成了各个机关和法院必须使用的国语。要担任国家公职，其他民族的人也要掌握乌克兰语。各个中学都强制学乌克兰语言、历史和文学。这引起了俄罗斯族和犹太族居民的不满。白俄罗斯也有类似情况。"②

西方的一位民族问题专家也指出："苏联及其境内各多民族共和国的民族不和，毋宁是莫斯科诸多政策的结果而非原因。"他认为，列宁从威尔逊手上接收过来的"民族"定义及民族渴望，却自动创造出一条条裂缝，日后共产党所建立的多民族国家，就是沿着这些裂缝崩解开来。③

最近俄罗斯学者的一篇文章也认为："如果说专制制度有时是不自觉地促进了帝国各民族自我意识的发展，那么共产党自觉地在民族自我意识的基础上在苏联框架内建立了民族国家。"文章的核心观点就是，苏联的民族政策具有双重后果。一方面促进了加盟和自治共和国民族国家的发展，它为销蚀合法性及苏联体制的垮台创造了制度和心理前提。另一方面，它的方向是消除俄罗斯认同，并要以苏联认同取代俄罗斯认同，这赋予了俄罗斯认同以帝国特点。作者也指出了俄罗斯民族政策的观念基础和实践与"苏联民族政策"的理论与实践紧密联系与继承性。如果说共产党自觉在苏联框架内构建了一批民族国家，那么在当今俄罗斯这个进程仍因惯性在继续。④

---

① Торкунова А.В., 2016, История России. 10 класс. Учеб. для общеобразоват. М.: Просвещение, с. 152.

② Торкунова А.В., 2016, История России. 10 класс. Учеб. для общеобразоват. М.: Просвещение, с. 107.

③ ［英］埃里克·霍布斯鲍姆：《民族与民族主义》，李金梅译，上海人民出版社2006年版，第162、164页。

④ Ачкасов В.А., 2018, 《Национальная революция》 большевиков и 《национальная политика》 современной России, Вестник СПбГУ. Политология. Международные отношения. Т.11. Вып.1.

2. 俄罗斯在联盟中的地位问题始终没有得到很好的解决

苏联解体前，俄罗斯苏维埃联邦的领土面积占苏联的76%，它拥有独一无二的经济和科技潜力。在其境内居住着联盟一半以上的人口，确切地说，是51.2%的人口。俄罗斯苏维埃联邦在苏联国民收入中的比重约为60%。燃料能源、水和森林资源、矿产储量主要集中在俄罗斯。俄罗斯苏维埃联邦生产92%的石油和木材，84%的载重汽车，74%的天然气，62%的电力，大约60%的水泥、塑料、合成树脂、国防产品的主要部分。通过俄罗斯苏维埃联邦产品的出口创汇满足了苏联国内所需的进口的大部分。[①] 作为苏联最大共和国的俄罗斯苏维埃联邦实际上是苏联的支撑结构，但它在苏联中的地位始终没有得到很好解决。

在苏联成立时列宁和斯大林的分歧，实际上就涉及了如何对待俄罗斯的问题。列宁反对斯大林的"自治化"计划，强调俄罗斯与乌克兰、白俄罗斯、外高加索地位的平等性。但他忽视了作为俄罗斯苏维埃联邦社会主义共和国基础的"自治化"，在否定斯大林的"自治化"计划之时，他没有意识到要对当时面积占联盟的90%、人口为联盟的72%的俄罗斯苏维埃联邦的"自治化"进行改变的问题。而斯大林恰恰关注的是这个问题，他意识到了按"一起平等地加入"的原则建立民族共和国联盟形式的统一国家不符合逻辑，担心列宁的建立苏联的计划可能会导致俄罗斯问题的尖锐化，即导致俄罗斯族人的国家组织及其在联盟中的地位问题。他在1922年9月27日答复列宁并致政治局委员的信中就警告说，按列宁同志的修改意见所作的其他任何决定，都会导致一定要建立俄罗斯中央执行委员会，而把加入俄罗斯苏维埃联邦的八个自治共和国排除在外，并宣布这些自治共和国同乌克兰和其他独立共和国一起独立（即宣布它们也是新联邦独立、平等的主体——引者注），导致在莫斯科建立两院（俄罗斯院和联邦院），总之导致深刻的改建[②]。

俄罗斯苏维埃联邦在苏联中的地位一直没有很好地解决。按俄罗斯学者的话说："真正成为前俄罗斯苏维埃联邦社会主义共和国的中央国家机

---

① Яник А. А., 2012, История современной России. Истоки и уроки последней Российской модернизации（1985—1999）, с. 165.

② 《斯大林答列宁致加米涅夫的信》，载郑异凡主编《苏联历史档案选编》第5卷，社会科学文献出版社2002年版，第359—360页。

关的继承者的不是加入联盟的俄罗斯苏维埃联邦社会主义共和国，而是苏联。"① 所有的苏联权力机构都是建立在俄罗斯各个机构的基础之上的。形式上俄罗斯苏维埃联邦与其他加盟共和国处于同等地位，但在现实中俄罗斯苏维埃联邦与其他加盟共和国不同，联盟管理机关与俄罗斯苏维埃联邦机关不分离，使俄罗斯苏维埃联邦的独立性受到侵蚀，令俄罗斯联邦感到不满。1949 年的列宁格勒案件，实际上就是俄罗斯苏维埃联邦不满这种状况的一次体现。根据一些资料来看，列宁格勒案件的参加者讨论建立俄罗斯共产党及把俄罗斯苏维埃联邦政府迁到列宁格勒，而且竭力要提高俄罗斯苏维埃联邦的独立性②。莫洛托夫（В. М. Молотов）也承认，列宁格勒案件使人看到的是俄罗斯民族主义的迹象③。赫鲁晓夫为消除俄罗斯在加盟共和国中残缺不全的地位，曾于 1956 年设立俄罗斯苏维埃联邦社会主义共和国中央局，1966 年又被取消。俄罗苏维埃斯联邦在苏联的地位不明确，也是造成苏联解体的隐患之一。

（四）戈尔巴乔夫应对民族分离主义的政策失当

苏联的民族国家结构存在的问题、俄罗斯联邦地位问题在苏联成立时就存在，但苏联还是存在了近 70 年，在 1991 年才解体。这也说明了这些隐患并不一定必然导致苏联解体。苏联之所以会在 1991 年解体，是因为维系苏联存在的一些重要因素在戈尔巴乔夫改革时发生了变化，导致苏联存在的结构性隐患得以爆发。

1. 戈尔巴乔夫上台后面临的民族形势

戈尔巴乔夫上台后，面临着复杂的国内国际形势。承担阿富汗战争重担的经济上出现的系统性危机、军备竞赛和石油出口收入的下降。在这种大背景下，苏联民族关系领域也不断出现问题，民族问题也是戈尔巴乔夫面临的棘手问题之一。

说民族问题引发了戈尔巴乔夫改革当然不够全面，但至少可以说，是

---

① Шейнис В. Л., 2010, Образование СССР и его первая конституция. *Российская история*, №1, с. 79.

② Барсенков А. С., 1991, Русский народ в межнациональных отношениях（к преодолению стереотипов）. *Вестн. Моск. Ун-та. серия.* 8, *история.* №5. с. 82.

③ 刘存宽等译：《莫洛托夫秘谈录——与莫洛托夫 140 次谈话（菲・丘耶夫日记摘编）》，社会科学文献出版社 1992 年版，第 446 页。

民族问题使改革变得更加积极了。戈尔巴乔夫上台后就遇到了一系列民族事件。第一个事件就是1986年的哈萨克斯坦事件。在哈萨克斯坦共产党中央第一书记 Д. А. 库纳耶夫去世后，俄罗斯族人 Г. В. 科尔宾被推荐接替他政治局的位子。尽管俄罗斯人占哈萨克苏维埃社会主义共和国人口的一半以上，地方精英还是把这视为违反了不成文的本土化法规，表达对莫斯科在任命地方干部时的"强制政策"的不满。这一切发展成为阿拉木图、卡拉干达及其他一些城市广场上的群众性骚动。此后，1987年中期又发生了克里米亚鞑靼人要求恢复他们在克里米亚的自治权的运动。同一年，车臣—印古什苏维埃社会主义自治共和国和北奥塞梯苏维埃社会主义自治共和国之间爆发了民族间的冲突。1988年2月，在纳戈尔诺—卡拉巴赫自治州发生了冲突，该州的亚美尼亚族人不愿意听命于巴库，宣布自己是亚美尼亚不可分割的一部分。随后在苏姆盖特发生了流血事件。在费尔干纳和新乌津（哈萨克语：扎瑙津即为新乌津之意）发生了屠杀。立陶宛的民族主义运动"萨尤吉斯"要求立陶宛退出苏联。1988年发生了第比利斯事件，1989年5月，波罗的海三国在所谓的莫洛托夫—里宾特洛甫条约签订50周年之际，谴责莫洛托夫—里宾特洛甫条约，实际上宣布它们加入苏联是不合法的。在语言政策领域，戈尔巴乔夫改革时期，各个共和国利用苏联法律中语言地位模糊不明确的情况，开始通过法律，确定命名民族的语言在苏维埃共和国中的国语地位。1989—1990年上半期，15个加盟共和国中有14个颁布了语言法。俄罗斯苏维埃联邦是最后一个通过语言法的（1991年8月）。各共和国通过语言法，破坏了苏联统一的语言政策，强化了民族认同，击毁了正在形成的苏联认同。

民族问题也是苏共中央关注的一个重点。1987年，中央成立了民族关系分部，设在党组织工作部内，而后设在国家法律部内。1989年9月改为苏共中央民族政策部。1988年7月召开的第19次苏共代表会议，民族关系问题也占特殊地位。1989年5—6月举行的第一次苏联人民代表大会也对民族政策问题进行了激烈讨论，但在当时的形势下很难形成任何具体决议。

2. 俄罗斯苏维埃联邦地位和权力的变化

俄罗斯苏维埃联邦地位和权力的变化是影响苏联存在的关键因素之一。俄罗斯苏维埃联邦在苏联一直是维持苏联存在的支撑结构。戈尔巴乔夫改革时期推行的民主化和公开性，为自由谈论民族问题和成立民族主义团体提供了可能。当时既出现了民族共和国精英对构建单一民族国家观念的迷恋，出现了反俄罗斯的民族主义，也出现了俄罗斯分离主义。作家瓦连京·拉斯普京在1989年初召开的苏联人民代表大会上的发言，反映了当时的情况："自'二战'以来，我国强大而牢固的根基没有任何一个时期像现在这样受到如此强烈的动摇与威胁。我们俄罗斯族人一贯尊重苏联各民族的民族感情，理解各加盟共和国的民族问题，当然，我们也同样希望得到各民族的理解和尊重。亲爱的兄弟们，那些指责俄罗斯族人具有沙文主义和盲目自高自大的说法，纯粹是一些玩弄民族感情的人散布的谣言。可以说，他们玩弄的手段相当巧妙，仇俄思想不仅在波罗的海和格鲁吉亚蔓延，而且扩展到全国其他地区。虽然仇恨思想在各地的程度不同，但却遍及全国，他们将反苏和反俄的口号混为一谈。"① 面对强大的反苏、反俄情绪，戈尔巴乔夫已经意识到了俄罗斯苏维埃联邦在苏联中的决定性作用。1989年7月14日，戈尔巴乔夫指出："关于俄罗斯苏维埃联邦社会主义共和国，这是今天最难的问题。我们已经不能忽视俄罗斯人的进逼了，不能不做出反应。目前应当维持对俄罗斯民族的信心，加上乌克兰人和白俄罗斯人，联盟的一切都将围绕着这个轴心转。这里一切都很清楚。这是现实。大俄罗斯人——不是沙文主义者。他们本身就包含历史上形成的一体化的特点。与此相关联的既有国家的领土，也有国家的经济。应当说俄罗斯民族的贡献、它的一体化作用。这是众所周知的。而且，不谈这个问题，很难认清俄罗斯苏维埃联邦社会主义共和国是如何组建的、如何考虑它的特点的问题。它是苏联整个联邦制的中心。"②

戈尔巴乔夫在解决俄罗斯问题方面采取的措施反而强化了俄罗斯的分离情绪。1990年4月10日，通过了《关于苏联、加盟共和国和自治共和国的经济关系原则》。根据该法令，为加盟共和国和自治共和国同时确定了保证经济独立性的所有权限和保障。加盟和自治共和国获得了向苏联总统要求停止与共和国经济利益相违背的苏联政府的法令的平等权利，而它们的最高管理机关可以向苏联部长会议提出抗议，抗议其下属机关的法令。1990年4月26日通过了《关于划分苏联和联邦主体之间权限》的苏联法令。在法律上加盟共和国被确定为"自愿联合成苏联的主权国家"，

---

① [俄] 罗伊·麦德维杰夫：《苏联的最后一年》，王晓玉、姚强译，社会科学文献出版社2009年版，第151—152页。

② Черняев А. С. и др., 2007, *Союз можно было сохранить. Белая книга: документы и факты о политике М. С. Горбачева по реформированию и сохранению многонационального государства.* Москва, с. 85.

而自治共和国是"作为联盟—苏联的主体的国家"。这个也被称为"自治化计划"法令。该法令的本质就是打算通过联盟结构的"重组"防止"各个共和国离散",消除体制危机条件下维持苏联内部稳定的机制和机构客观上的软弱无力状况。不再是由每个共和国都有自由退出苏联的权利的 15 个加盟共和国组成的国家,而是要建立一个由更多联邦主体组成的国家(通过提高自治体的地位),同时也排除了脱离权。实际上,这意味着真正把自治体从加盟共和国中"划出来"。

正是这个法令成了俄罗斯苏维埃联邦社会主义共和国内部离心进程的催化剂。因为这对苏联最大的加盟共和国的俄罗斯苏维埃联邦的利益损害最大。当时在俄罗斯苏维埃联邦社会主义共和国有 16 个自治共和国,由于它们的"划出"俄罗斯就会丧失 51% 以上的领土和 2000 多万人口及几乎全部的战略资源和自然资源。而且《关于划分苏联和联邦主体之间权限》的苏联法令准则,除了自治共和国外,还提到了"自治实体",这意味着总共 30 多个主体在法律上和政治上有可能"离去"。在这种情况下,俄罗斯人民代表大会通过了俄罗斯苏维埃联邦社会主义共和国国家主权宣言,目的就是要抵制"自治化计划"的消极后果。但这也开启了苏联解体的进程。俄罗斯的独立及权力机构变得强大而有威信,就使相应的苏联机构形同虚设,失去了存在的意义。俄罗斯苏维埃联邦社会主义共和国最高权力机关开始承担起越来越多解决民族问题的责任。

3. 苏联共产党地位的变化

苏联共产党地位的变化是导致苏联解体的另一个关键因素。苏联共产党威信的丧失,取消共产党在政治生活中垄断地位的宪法条款,使作为苏联国家管理机构基础的统一的苏联共产党丧权,使苏联失去了维系其存在的最根本纽带。

苏联是一个民族多样、宗教多样、地理多样的国家,为它确立一种统一的意识形态极为困难,这个国家能联合在一起并不是依靠民族命运和传统的共性,而是靠社会主义思想发挥统一意识形态的作用。共产党的机构不可避免地成为统治国家的国家机构,共产党的兴衰将不可避免地影响到国家的兴衰。苏联在宪法上是联邦制,在党这个层面是集中制。正如格鲁吉亚的 Ф. 马哈拉泽在 1923 年的俄共(布)第十二次代表大会上所说的:"人们在这里谈论独立,谈论自主的苏维埃共和国。大家都清楚,这是什么样的自主性,是什么样的独立性。要知道,我们有一个党,一个中央机关,中央机关最后要为各个共和国,甚至是最小的共和国无条件地决定一切。"① 这实际上也说明,正是党这个层面的集中制、党的强大组织能力化解了苏联民族联邦制带来的民族化倾向,保证了统一国家的维持。1977 年的苏联宪法确立了苏联共产党在国家政治生活中的领导作用。但苏联共产党在几十年的发展中,由于所犯的错误及理论上不创新,党的威信不断下降。在戈尔巴乔夫改革年代,苏联共产党内部民主派和保守派展开的斗争几乎导致了党的分裂,很难通过任何具有建设性的法令。戈尔巴乔夫及其身边的人在民族领域实际推行的是消极的政策,在必须有政治意志和果断性的地方表现出的是明显的萎靡不振和不作为。在这种背景下,主要管理机构——苏共中央各部的影响和威信迅速下降。而 1990 年 3 月苏联第三次非常人民代表大会,修改了宪法中确定苏联共产党在国家政治生活中垄断地位的条款,使维系苏联统一的最后一根纽带也丧失了。在取消了苏联共产党的宪法地位后,俄罗斯联邦的苏共党员不仅在 6 月 12 日的独立宣言表决时全力支持俄罗斯独立,而且还要求脱离苏共成立独立的俄共。俄罗斯共产党 1990 年 6 月的成立使统一的苏联共产党联邦化。共产党的联邦化是列宁、斯大林都坚决反对的。在 1990 年讨论成立俄罗斯共产党时,苏共党内也有人提出反对,比如在 1990 年 4 月在筹备成立俄共的一次会议上,党内就有人指出:"成立俄罗斯共产党导致苏联共产党的联邦化是不能允许的。这是把苏联变成无形邦联的直接途径。把联盟变成真正的共和国联盟绝不是与党的联邦化相关联的,而是相反。党的统一是建立真正的联邦国家的条件和保证。"② 戈尔巴乔夫当时也指出:"建立俄罗斯共产党,这是出现两个政权的威胁。这意味着把苏联共产党变成'各共和国共产党的联盟'。这是以联盟的名义分裂苏联,不管你怎么想,这都是现实。"③ 但当时苏共的宪法地位已经丧失,威信尽失,已经难以对局势产生影响了。

从构建多民族国家的角度来看,苏联一直是处于矛盾中,政策反复不

---

① Шейнис В. Л., 2010, Образование СССР и его первая конституция. *Российская история*. №1, с. 78.

② Черняев А. С. и др., 2007, *Союз можно было сохранить. Белая книга: документы и факты о политике М. С. Горбачева по реформированию и сохранению многонационального государства*. Москва, с. 145.

③ Черняев А. С. и др., 2007, *Союз можно было сохранить. Белая книга: документы и факты о политике М. С. Горбачева по реформированию и сохранению многонационального государства*. Москва, с. 153.

定。宪法上强调民族自决权、承认加盟共和国的分离权，而在实践上则是中央集权、党的集中统一领导、推广俄语。戈尔巴乔夫在民族关系领域的改革也是要通过进一步放权来维持苏联的统一。他在苏联民族政策问题上提出回归真正的联邦制，即所谓列宁的联邦制，而没有意识到苏联当时的民族问题在很大程度上是这种联邦制造成的。正如莫斯科大学历史系教授弗多温（А. И. Вдовин）所说的，赫鲁晓夫时期和戈尔巴乔夫时期对"列宁的民族政策原则"的回归，实际上就是试图恢复 20 世纪 20 年代的观念和实践，似乎当时列宁的原则得到了彻底的推行。这种非斯大林化的方式没有、也不可能导致任何好的结果。这实际上是"现代革命者在重复布尔什维克在民族问题上的旧错误"。

二 当代俄罗斯构建多民族统一国家的理论与实践

（一）俄罗斯各民族基本状况

苏联解体前后，独立的俄罗斯联邦仍是多民族国家，有 193 个民族，主体民族是俄罗斯族。根据 2010 年人口普查数据，俄罗斯人口总数为 1.429 亿人①。其中，俄罗斯族为 1.11 亿人，占俄罗斯总人口的 77.71%；其他民族人口为 2620 万人，占总人口的 18.35%；另外还有 560 万人不确定自己的民族身份，占总人口的 3.94%。除俄罗斯族以外，人口较多（人口超过 100 万人）的民族依次是：鞑靼族人占 3.72%；乌克兰族人占 1.35%；巴什基尔族人占 1.11%；楚瓦什族人占 1.01%，车臣族人占 1.00%，亚美尼亚族人占 0.83%。在民族分布上，俄罗斯族人主要分布在欧洲部分的西北部和中部等按地域原则划分的州和边疆区，其他民族则大部分聚居在俄罗斯北部、南部和东部等以本民族名称命名的民族自治地方（共和国、自治区）内，也有一些民族处于散居状态。此外，还有 47 个人口较少土著民族（人口少于 5 万人）分布在西伯利亚、北高加索、远东以及高加索地区。

俄罗斯各民族共有 277 种语言和方言。这些语言分属印欧语系（俄语、乌克兰语、白俄罗斯语、亚美尼亚语、奥赛梯语、德语）；阿尔泰语

---

① 根据 2010 年人口普查结果，俄罗斯人口为 142856536 人。2016 年为 1.465 亿人。

系（鞑靼语、楚瓦什语、巴什基尔语）；乌拉尔语系（乌德穆尔特语、马里语、科米语）；高加索语系（车臣语、阿尔瓦语、格鲁吉亚语）。还有人口较少民族语言属于古亚细亚语系、爱斯基摩阿留申语系（爱斯基摩语、阿留申语）、闪含语系（亚述语）和汉藏语系（东干语）。目前，俄罗斯境内有136种语言处于濒危状态。

民族的多样性也使得俄罗斯境内的宗教信仰多样。俄罗斯境内有东正教、伊斯兰教、佛教、犹太教、萨满教、多神教等。东正教是俄罗斯的第一大宗教，大约有5880万俄罗斯人（占人口41%）信仰东正教。主要的信徒为俄罗斯族、乌克兰族、白俄罗斯族，北部的卡累利阿族、萨阿姆族、科米族，伏尔加河中下游的摩尔多瓦族、马里族、乌德穆尔特族、楚科奇族等各民族的人。伊斯兰教是第二大宗教。信徒主要是伏尔加河中下游的巴什基尔族、鞑靼族、高加索的卡巴尔达族、阿塞拜疆族、生活在俄罗斯的中亚各族（包括塔吉克人、吉尔吉斯人、乌兹别克人、土库曼人、卡拉卡尔帕人、哈萨克人以及东干人）人民。俄罗斯大多数伊斯兰教徒都是逊尼教派。目前，俄罗斯的穆斯林约为940万人，占人口的6.5%。俄罗斯佛教徒多为布里亚特人、卡尔梅克人、朝鲜族人和蒙古族人。此外还有犹太教、萨满教等。目前俄罗斯境内的犹太人已经从180万人减少到53万人。萨满教是原始宗教，主要特征是多神崇拜。在俄罗斯信仰萨满教的主要有西伯利亚和北部的涅涅茨人、曼西人、汉特人、埃温克人、雅库特人、楚科奇人、科里亚克人、北阿尔泰人以及西布里亚特人等。

民族宗教的复杂性特点，也导致了俄罗斯存在各种各样的民族问题。从苏联继承下来的民族联邦制不利于统一多民族国家的构建，民族自治地方存在严重的民族分离主义情绪；各联邦主体法律上的平等地位和事实上权力的差别也导致了各种不满的存在；既存在俄罗斯民族主义，也存在地方民族主义。语言问题在图瓦、鞑靼斯坦、巴什基尔和楚瓦什等地区也引出过不同程度的冲突。俄罗斯联邦仍存在分裂的隐患。

（二）俄罗斯为构建统一的多民族国家认同所采取的举措

苏联解体后，面对苏联留下的民族问题遗产，俄罗斯联邦吸取苏联的经验教训，在构建统一的多民族国家认同方面采取了一系列措施，力求淡化民族特征，以建立俄罗斯国家认同，逐步克服苏联的遗产。

1. 确立俄语的国语地位与保护民族语言的多样性

俄罗斯法律法规强调维护国家的统一和完整，强调公民的社会属性而不是民族属性。1993年12月12日通过的俄罗斯宪法的第3、26条都强调多民族人民的权利："俄罗斯联邦的多民族人民是俄罗斯联邦主权的拥有者和权力的唯一源泉"；"每个人都享有确定和指明自己的民族属性的权利。任何人都不能被强制确定和指明自己的民族属性。每个人都享有使用本族语言，自由选择交际、教育、学习和创作语言的权利。"

俄罗斯从法律上确定了俄语的国语地位。2020年最新修改的《宪法》第68条第1款规定："俄语作为构成俄罗斯联邦平等的各民族的多民族联合体的国民的语言，在俄罗斯联邦全境是俄罗斯联邦的国语。"《俄罗斯联邦各民族人民语言法》（1991年颁布，1998年更新）第3条第1款明确规定："在俄罗斯联邦全境俄语是俄罗斯联邦的国语。"《教育法》（1996年颁布，2012年更新）和《俄罗斯联邦国语法》（2005年）都明确了俄语在俄罗斯联邦的国语地位。

当然，在明确俄语的国语地位的同时并不否定各民族使用母语的权利。如《宪法》第68条第2款、第3款规定："共和国有权规定自己的母语。在共和国的国家权力机关、地方自治机关和国家机构中，共和国国语和俄罗斯联邦国语一起使用。""俄罗斯联邦保障俄罗斯联邦各族人民享有保留本族语言、建立学习和发展本族语言条件的权利。"第69条规定："俄罗斯联邦根据公认的国际法原则和准则以及俄罗斯联邦签署的国际条约保障土著的少数民族人民的权利。"作为俄罗斯联邦组成部分的共和国，大多数都规定了自己的正式语言，在共和国的权力机关和地方自治机关、国家机关中，共和国国语和俄罗斯联邦国语一起使用。

2. 民族区域自治制度的延续与变化

俄罗斯联邦继承了苏联按民族划分行政区域的办法，这是苏联民族政策的惯性。为了维持民族地区和边疆地区的稳定，俄罗斯联邦保留民族自治共和国、自治州、自治区等区划的做法。苏联解体之初，在民族分离主义的鼓动下发生的车臣战争以及其他民族共和国的独立运动让俄罗斯联邦开始重新审视民族区域自治制度，通过不断调整，逐渐淡化民族自治地方的民族性，使其与其他联邦主体具有同等的地位。

民族自治地方的法律地位也发生了变化。1993年，俄罗斯联邦宪法确定的89个联邦主体中有21个是民族共和国，1个自治州和10个民族自治区，都是以当地的主体民族冠名。与苏联时期不同的是，所有的共和国、边疆区、州、自治区、自治州和联邦直辖市都是俄罗斯联邦平等主体，这就改变了苏联时期民族国家结构的等级性。

民族自治地方的数量逐渐减少。这主要是通过联邦主体合并等的改革方式，减少了民族区。使原有的10个自治区变成了4个。阿加—布里亚特自治区2008年3月1日与赤塔州合并成外贝加尔边疆区；科米—彼尔米亚克自治区与彼尔姆州2005年合并成彼尔姆边疆区；科里亚克自治区2007年7月1日与堪察加州合并成堪察加边疆区；泰梅尔（多尔干—涅涅茨）自治区根据2005年4月17日举行的全民公决的结果，2007年1月1日该自治区撤销，并入克拉斯诺亚尔斯克边疆区；乌斯季—奥尔登斯基布里亚特自治区2008年1月并入伊尔库茨克州；埃文基自治区根据2005年4月17日举行的全民公决的结果，2007年1月1日并入克拉斯亚尔斯克边疆区。

3. 民族文化自治制度的推行

民族文化自治是指少数民族在语言、教育等文化领域不受区域限制而享有自治权。1996年6月15日，俄罗斯联邦通过的《俄罗斯联邦国家民族政策构想》确定了实行民族文化自治的措施，保证俄罗斯国家完整和发展联邦关系，发展俄罗斯各民族语言和文化，巩固俄罗斯公民的精神统一。在《构想》中提及"俄罗斯各民族的民族文化自决（民族文化自治）"，在这里，"自决"实质上就是"自治"，仅限于文化领域。在俄罗斯，"民族自决权"不再包含政治独立的意味，而是保证公民民族文化自主发展的权利。

1996年6月17日，总统叶利钦签署《俄罗斯联邦民族文化自治法》[①]。该法规定："俄罗斯联邦民族文化自治是一种民族文化自决的形式，由生活在相应辖区内，且属于某个族群共同体的俄罗斯联邦公民，为了独立自主地保护本民族特性和发展本民族语言、教育及文化，自愿成立的一种社会团体。""民族文化自治是社会联合组织的一种形式。从法律组织形式上看，民族文化自治是一种社会组织。"民族文化自治机构与民族区域自治机构在法律地位上是不同的，前者属于社会组织，是民众自愿

---

① 该法于2002年3月21日、2003年11月10日、2004年6月29日和8月22日、2005年11月30日、2007年12月1日、2009年2月9日、2013年7月2日、2014年11月4日、2020年12月8日进行了修改和增补。

参加的，不具有强制性；后者是国家行政机构，履行国家政权机关的职能。截至 2021 年 8 月，哥萨克协会 2576 个；人口较少民族协会 1638 个；民族文化自治协会 1243 个。

4. 国家民族与国家认同的构建

对于俄罗斯而言，最为重要的是在民族认同的基础上建立统一的国家认同，将民族身份转化成为公民身份是其民族政策的优先方向。在具体的实践中，最具标志性的做法便是取消护照上的民族栏以及构建"俄罗斯人民"和加强公民认同。

取消了身份证上的"民族"一栏。苏联时期身份证上有"民族"一栏。在赫鲁晓夫时期，公民们还就民族政策和民族国家的建设问题向宪法委员会提出了大量的建议，认为必须取消"民族"这个概念和在各种文件上（公民证、调查表和其他文件上）设的这一栏。① 1997 年 7 月 8 日，俄罗斯联邦政府通过了《关于批准俄罗斯联邦公民身份证条例、俄罗斯联邦公民身份证表格样式和表格说明》的№828 决议。根据该决议，在新的身份证中取消了"民族"栏。2005 年旧式身份证换新的改革结束。在新式身份证中没有"民族"一栏，这是它与旧身份证的根本区别。取消身份证中的"民族栏"属性的规定，也主要是出于消除歧视的考虑。1997 年取消身份证中的"民族"一栏，但后来由于一些民族的反对又以非强制的方式实行。2000 年巴什基尔的代表提出恢复在身份证上指明民族的要求，两年后鞑靼斯坦的代表也提出了类似的动议（而且如今这一栏已经以身份证插页的形式在鞑靼斯坦实行）。2010 年，俄罗斯联邦宪法法院做出决定，在身份证中不设"民族"一栏与基本法不矛盾。2011 年，俄罗斯联邦共产党的代表提出了恢复身份证中的"民族"一栏的动议，要求只根据身份证持有者的意愿填写这一栏，使对这个问题的争论进一步升温。此后，俄共几乎每年都向国家杜马提交这一法案，但一直没有通过。

"俄罗斯人民"共同体的构建。普京在俄总统民族关系委员会第十次会议②上指出了"公民认同"的重要性："为了解决当今国家面临的挑战，

---

① ［俄］亚历山大·佩日科夫：《"解冻"的赫鲁晓夫》，刘明等译，新华出版社 2006 年版，第 331 页。

② Заседание Совета по межнациональным отношениям. http：//www.kremlin.ru/events/president/news/65252.

重要的不仅是高效的经济和有能力的管理。对于庞大的多民族国家俄罗斯而言，人民的团结、祖国命运的归属感、对祖国的现在和将来的责任，也就是通常说的全俄罗斯的认同、公民意识，才是最具根本性的、决定性的、唯一性的。在许多国家中，民族认同和国家认同存在竞争关系，我认为这是不正确的。一个人可能属于一个或另一个民族，但我们所有人都属于一个国家——大俄罗斯。"俄罗斯著名民族学家季什科夫也认为，俄罗斯公民认同问题十分关键："这涉及谁和我们是一个民族，如何在公民意识中形成国家的形象，如何将公民统一为一个整体。公民身份强调对国家的归属感和责任，这确保了国家的合法性、主权完成，普遍的团结和民族之间的和解。2000 年以来的学术研究表明，全俄罗斯的爱国主义在集体身份中最为明显。公民身份必须要得到法律的支持，要有官方文件、护照等确认，更为重要的是一种属于国家公民的认同感。有关于民族身份和公民身份的讨论很有益，我们要认识到，俄罗斯族人是俄罗斯公民的基础，俄罗斯公民认同是国家战略的基础，没有俄罗斯族人就没有俄罗斯公民，没有俄罗斯公民就没有俄罗斯。"

苏联时期，赫鲁晓夫在 1961 年苏共二十二大上提出了"人们的新的历史共同体——苏联人民"的概念。勃列日涅夫时期进一步明确了"苏联人民"共同体是多民族的苏联人民，实际上明确"苏联人民"共同体的国族含义。苏联解体后，俄罗斯联邦也要构建多民族的"俄罗斯人民"（Российский народ），也就是俄罗斯联邦的国民，强调公民认同。普京担任总统后，多次谈到俄罗斯人就是把全体国民视为一个民族。通过各种爱国主义教育活动增强国家认同。

（三）俄罗斯民族地区的治理实践

俄罗斯是多民族国家，在构建俄罗斯国家认同的同时，也要充分考虑各民族的历史、文化特点。在民族地区有效治理的探索方面，俄罗斯积累了比较成熟的经验。

1. 加强国家统一和完整的民族政策出台

近年来，俄罗斯出台了一系列政策加强俄罗斯的国家统一和完整，保护俄罗斯各民族的民族文化特性，确保公民的宪法权利和自由的政策。

2012 年 12 月 19 日，由普京签发的第 1666 号总统令发布了《2025 年前俄罗斯联邦国家民族政策战略》，该战略确定了实施国家民族政策的优先事项、目标、原则、基本方向、任务和机制。① 该战略旨在加强俄罗斯各民族全面合作、民族语言和文化的发展。2019年1月4日,《2019—2021年俄罗斯联邦国家民族政策战略实施规划》② 出台,该规划是2012年制定的《2025年前俄罗斯联邦民族政策国家战略》③ 的实施细则。

2. 加强民族事务管理机构的建设

苏联解体后,俄罗斯联邦处理民族事务的机构不断变化。1994—1996年处理民族事务的是俄罗斯联邦民族事务与区域政策部;1996—1998年先是俄罗斯联邦民族事务与联邦关系部,然后是俄罗斯联邦区域与民族政策部;1998—1999年是俄罗斯联邦民族政策部;1999—2000年是俄罗斯联邦联邦及民族事务部;2000—2001年是俄罗斯联邦联邦、民族及移民政策事务部;2001—2004年民族事务由不管部部长负责;从2004年起,民族事务由俄罗斯联邦区域发展部主管;2014年又撤销了区域发展部,职能分派到不同的部门。

随着俄罗斯对民族政策的制定和实施工作更为重视,已经被弱化的民族事务管理机构重新得到加强。2015年3月13日,总统命令组建民族事务署。4月18日,俄联邦民族事务署正式成立,这是国家民族政策的制定和执行机构。它的主要职能是:加强多民族团结,确保各民族间的和谐,民族文化发展,保护人口较少民族和土著民族权利的实施;与民族文化自治组织、哥萨克协会和其他民间机构互动;在民族间和宗教间关系领域实施监督;防止出现种族、国籍、宗教和语言等任何形式的歧视;制止煽动种族、民族和宗教的仇恨和敌意。④

除了处理民族事务的国家机构外,2012年5月7日,普京签署《加

---

① Указ, Президент Российской Федерации, 19 декабря 2012, № 1666《Стратегия государственной национальной политики РФ на период до 2025 года》http://fadn.gov.ru/documents/8837-strategiya-gosudarstvennoy-natsionalnoy-politiki-rf-na-period-do-2025-goda.

② 《План реализации в 2019—2021 годах Стратегии государственной национальной политики》.

③ 《Стратегия государственной национальной политики Российской Федерации на период до 2025 года》.

④ Постановление Правительства РФ от 18 апреля 2015 г. N 368 О Федеральном агентстве по делам национальностей (с изменениями и дополнениями от 16.12.2017 №1569) https://fadn.gov.ru/agency/polozhenie-ob-agentstve.

强民族和解》①总统令,要求成立俄罗斯总统直属民族关系事务委员会。该委员会是俄罗斯总统下属的咨询和协商机构,加强联邦政府机构、各联邦主体、地方自治机构、社会组织、科学和其他组织在处理有关国家民族政策时互动。委员会由总统办公厅、俄联邦政府、联邦政府机构、社会组织、科学和其他组织的代表组成。委员会至少每六个月举行一次,必要时可以召开临时会议。该委员会的主要任务是:考虑俄罗斯国家民族政策的基本概念、目标和目的,确定其实施的方法、形式和阶段;讨论执行国家民族政策的做法;向俄罗斯总统提出建议,以确定俄联邦民族政策的优先方向。

2020年11月13日,俄总统普京签署关于建立全俄社会—国家组织"俄罗斯各民族联合会"的总统令②。俄罗斯各民族联合会（Ассамблея народов России）的组织性质是全俄社会—国家组织,成立该组织的主要目的是为了改善国家的民族政策,促进全俄公民认同和民族和谐。俄罗斯各民族联合会的创立机构是俄联邦民族事务署。最高管理机构是俄罗斯各民族联合会的理事会,常设管理机构是俄罗斯各民族联合会主席团。俄罗斯各民族联合会的主要活动包括:参与执行《2025年前俄罗斯联邦国家民族政策战略》;保护俄罗斯联邦各民族的民族文化和语言的多样性;促进保护俄罗斯联邦人口较少土著民族的权利;吸引公民社会组织参与解决民族(族群)间和谐关系问题,防止极端主义和预防民族和宗教领域的冲突;制定和执行民族(族群)间关系领域的项目和方案;在实施国家民族政策领域向非营利组织、俄罗斯联邦公民,同时也包括外国公民提供信息、咨询和方法上的帮助;参与向外国同胞提供支持的工作,促进同胞与俄罗斯联邦的关系。从该组织要完成的任务来看,它是具有吸引、协调、监督非营利组织等公民社会组织和各级政府机构的职能,在领导机构的构成上,也增强了政府机构的参与度,体现了民族政策领域的国家在场。

3. 保护人口较少土著民族的利益

俄罗斯一直非常重视土著民族权益的保护。1999年4月30日通过的

---

① Владимир Путин подписал Указ《Об обеспечении межнационального согласия》http：//www.kremlin.ru/catalog/keywords/26/events/15240.

② Указ о создании организации Общероссийской общественно－государственной организации《Ассамблея народов России》.http：//www.kremlin.ru/acts/news/64412.

联邦法《保障土著人口较少民族权利》①明确了"人口较少土著民族"（коренные малочисленные народы）的定义：居住在自己祖辈传统的居住地，保持着传统生活方式、生计模式，在俄罗斯联邦境内不超过5万人且自认为是独立的民族共同体的民族。俄联邦和各个联邦主体也出台了诸多解决当地人口较少土著民族问题的法律。土著人口较少民族在俄罗斯具有独特地位和优待条件：优先使用生物资源的权利、较早退休、有条件地免除兵役、免除土地使用费用等。

近年来，亚马尔—涅涅茨自治区在人口较少土著民族权利保护方面探索出诸多有益经验。当地政府投入了大量资金支持人口较少土著民族的发展，支持他们保护文化遗产和传承传统生活方式，支持游牧民族教育事业。"亚马尔系统"开始在全俄推广，俄民族事务署和俄杜马民族事务委员会推动建立全俄人口较少土著民族名册，保障人口较少土著民族居民的经济和社会权益。

保护传统与融入现代生活并举。人口较少土著民族的生产生活状态引人关注。首先，平息冻土苔原带土著民族和能源企业的利益冲突。亚马尔—涅涅茨自治区政府设立了专门的社会听证的法律程序，让能源企业在自然资源开发中倾听公众的意见，了解他们的需求，并致力于进行建设性对话。其次，发展旅游业的同时保护驯鹿牧民生活不受影响。为了避免旅游对民族生态的破坏，当地政府监督旅行社，调节客流流量，以便游客不会干扰土著民族的正常生活。最后，土著民族居民居住条件得以改善，弱势群体得到照顾。当地政府为游牧人口中领抚恤金的人、残疾人和无法从事传统生计的人提供新公寓。

保护民族语言和重视土著居民接受教育。亚马尔—涅涅茨自治区设立了区长基金，保护人口较少土著民族的语言、文字、传统文化和栖息地，支持传统手工艺人、培养母语教师、为在校大学生提供奖学金。

三 苏联和俄罗斯民族政策的经验教训及启示

中国和俄罗斯以及苏联都是多民族国家，当代俄罗斯和中国也都面临着多民族共同体的整合问题。在铸牢中华民族共同体意识成为当前民族工

---

① Федеральный закон от 30 апреля 1999 года N 82-Ф3 "О гарантиях прав коренных малочисленных народов Российской Федерации". http://www.kremlin.ru/acts/bank/13778.

作主线的形势下，苏联民族政策、苏联解体的经验教训以及当代俄罗斯的民族政策与实践对我们都具有十分重要的启示。

第一，我国的民族工作要坚定不移地坚持以党的领导为核心。苏联的教训告诉我们，因放弃共产党的领导而失去了维系联盟存在的组织纽带和思想纽带。我们应当以苏为戒，吸取苏联的教训，坚持中国共产党对各项工作的坚强领导。中国共产党领导是中国特色社会主义最本质的特征，是中国特色社会主义制度的最大优势，是党和国家的根本所在、命运所在，是全国各族人民的利益所系、命运所系。只有牢牢坚持党的领导，我国民族团结在政治上就有充分保障。

第二，要把马克思主义的基本原理与中国的具体实际相结合、与中华优秀传统文化相结合，而不是拘泥于马克思主义经典作家在特定历史条件下、针对具体情况作出的某些个别论断和具体论述，推进在民族理论政策方面的创新。在民族政策的实践中，在民族国家建设方面要有通盘考虑各种因素，简单的让步放权不能真正解决问题。我国在制定民族政策时也要综合考虑新时代具体的国际国内环境，不能拘泥于原有的民族理论和政策，要在民族政策方面勇于创新以解决当代现实中的问题。

第三，构建国族意义上的中华民族共同体十分必要。苏联曾提出构建"苏联人民"共同体理论，该理论的提出主要是为了构建类似"美国人"那样的"苏联人"，以巩固多民族国家的统一，使各民族形成对苏联国家的认同，而不是族裔认同，力求以公民认同巩固多民族国家。因为在各个时期、在法律理论和现行国际文件中，"人民"一词始终表示地域共同体。遗憾的是，苏联的"苏联人民"共同体没有最后建立起来。无论是沙皇俄国还是苏联始终都没有转变成一个各个民族有统一的公民和文化认同的国家。苏联解体后，俄罗斯联邦要构建多民族的"俄罗斯人民"，即俄罗斯联邦的国民，也就是要构建有统一的公民和文化认同的国家。当前，我国提出的铸牢中华民族共同体意识，是要在尊重差异的情况下增进共性，强调中华民族的历史文化认同。这在新的历史条件下对形成国家认同、巩固多民族国家的统一是非常必要的，也是现代化发展到一定阶段的必然结果。

第四，构建完备的民族政策和民族事务相关的法律体系，及时填补现行法律、政策的漏洞，使在处理民族关系问题时有法可依，有据可循，避免授人以柄，陷于被动。政策、法律是社会关系的体现，社会关系发生变化，政策法律自然也要随时代的变化而不断修订和完善，堵住漏洞，防患于未然。当前铸牢中华民族共同体意识是民族工作的主线，也是民族地区各项工作的主线，应当寻找已有法律的漏洞和问题，进行完善、修补和理论创新，以便为铸牢中华民族共同体意识工作的推进提供政策和法律保障，也使法律更能反映现实的变化。苏联在这方面为我们提供了深刻的教训。苏联时期民族关系领域存在的一些问题党内早就有人意识到了，但在局势可控时由于没有及时填补漏洞，结果到后来陷于被动。比如苏联的三部宪法中都有联盟成员退出联盟的权利。在20世纪20年代它起到了确保各民族对联盟信任、巩固联盟的作用。但到了戈尔巴乔夫时期，局势失控，退出权就变成了提出独立要求的合法依据。苏联当局面对加盟共和国的退出要求，在1990年上半年通过了《关于加盟共和国退出联盟的程序》，由于对退出联盟限制太多，反而激化了矛盾。当今俄罗斯非常关注民族国家建设中的法律完善问题。仅就俄罗斯联邦的语言政策而言，受宪法及一些主要的规范性法令的约束：《俄罗斯联邦各族人民语言法》（1991年，1998年更新）、《教育法》（1996年，2012年更新）和《俄罗斯联邦国语法》（2005年）。《2016—2020年联邦教育发展专项纲要构想》（2014年）和旨在推动俄罗斯及其境外的俄语的进一步发展的《俄语：2016—2020年联邦专项纲要》，是落实国家语言政策的重要手段。

第五，要强化国家通用语言文字在全国的地位和作用。语言是形成国家认同的重要因素，曾经指责苏联语言政策不平等地从苏联中独立出来的前苏联加盟共和国，现在实际上也像苏联时期一样都在宪法中规定了以某一种民族语言作为国语。俄罗斯将"俄语在世界上的地位下降"视作对文化领域国家安全的威胁，并将俄语作为后苏联空间发展一体化进程的基础。美国在2006年5月18日也以立法形式确立英语为官方语言。这些都说明，从国家治理的角度来看，对一个统一的多民族国家来说，从国家层面要求每个人除本民族语言外还要懂得民族间交往的语言，是很正常的现象，无可厚非。语言问题是民族问题的一部分。统一的交往语言的存在有助于各民族交往、交流、交融和发展，也更有利于牢固的国家认同的形成。而且，随着现代化进程的加速，经济的发展，统一市场的发展，统一的行政体系的完善，也要求鼓励民族间交往语言的普及。因此，通过法律确定国家通用语言文字在全国的地位和作用及其与民族语言的关系极为重要。当然，这个问题不是一下子就能解决的，不宜急于求成，应加强政策的解释和正面引导。

  第六，在权利保护方面，既要强调各民族不论大小、人数多少一律平等，更要强调作为国家公民的各民族人民一律平等。因为民族权利是一种集体权利，按俄罗斯著名的民族学家、科学院院士季什科夫的看法，"族群权利可能被少数人用来获取不合理的特殊优待、篡夺政权，甚至破坏共同的国家，因为族群的权利不断滋生着国家民族主义的极端形式，包括武装分立主义"。① 所以更要强调保护个人权利，集体权利不能替代个人权利，避免利益绑架。

---

  ① ［俄］B. A. 季什科夫：《民族政治学论集》，高永久、韩莉译，民族出版社 2008 年版，第 165 页。

第三章

俄乌冲突与后苏联空间的民族国家建构

2022年2月24日，俄罗斯在乌克兰展开"特别军事行动"。由此开始的俄乌冲突成为2022年全球影响最为深远的地缘政治事件，极大地改变了欧亚地区乃至全世界的秩序。追溯俄乌冲突的原因，主流的观点认为：俄认为北约东扩对俄地缘安全造成重大威胁，乌克兰是不能逾越的"红线"；在俄罗斯提出的重塑欧洲安全格局的要求没有得到回应的情况下，展开"特别军事行动"，促成乌克兰的非军事化和中立化。要理解俄乌冲突背后深层次的原因，还应该从后苏联空间各国在20世纪90年代开始的民族国家构建进程中找寻。

此次俄乌冲突可以视作2014年乌克兰危机和俄归并克里米亚事件的延续。在这两次俄乌冲突中，俄罗斯始终以保护对克里米亚和乌克兰东部俄语区居民为由，认为乌克兰对当地俄罗斯族人实施纳粹化行径和种族灭绝。而在乌克兰看来，归并克里米亚、策动乌东两州独立、"特别军事行动"是俄罗斯对本国领土和主权的侵犯。这种认知上的差异，凸显了俄乌两国民族国家建构上不同的理念。与其他后苏联空间国家不同，俄罗斯仍将维系大国地位和空间、构建超越国家边界的"俄罗斯世界"为己任。这在其他后苏联空间国家看来，是帝国意识和思维的延续，是对独立的民族国家的干涉和威胁。这说明后苏联空间民族国家构建的复杂性，存在着道路之争、利益之争，这些争端与地缘政治、地区安全等议题搅动在一起，最终催生冲突甚至战争。

俄乌冲突为我们提供了一个观察后苏联空间民族国家构建的道路选择的机会。俄罗斯在积极构建以俄罗斯族（包括境外俄罗斯人）为核心的共享俄语、俄罗斯文化的共同体——"俄罗斯世界"。同为东斯拉夫民族、有着深刻历史渊源的乌克兰是其重要部分，视"俄罗斯人与乌克兰人历史统一"。而以乌克兰为代表的后苏联空间国家积极构建以主体民族为国族的民族国家,是在独特的民族语言、文化和民族性基础上建立的,这必然会是一个去俄化的过程。俄化还是去俄化?是摆在后苏联空间国家面前的难题。选择前者,始终会受到俄罗斯的钳制与约束,当前俄式的发展道路对后苏联空间国家并不具有吸引力;选择后者,与俄罗斯进行切割,但后苏联空间国家无法摆脱苏联(俄国)留下的遗产,以及俄罗斯在该地区政治、经济、安全领域的影响力。

后苏联空间国家一直在俄化和去俄化之间找平衡点,从对俄乌冲突的态度中便可表现出来,除少数国家持挺俄和反俄的"一边倒"政策,大多数国家持中立态度。研究发现,坚持走独立自主的民族国家建设道路是大多数后苏联空间国家的愿望;俄乌冲突后,后苏联空间国家去俄化的倾向会更加明显,会更加倡导多元平衡的战略,后苏联空间国家的民族国家构建能走向深入。

一 超越民族国家边界的"俄罗斯世界"

苏联解体以后,俄罗斯以西方国家为模板建立以民主政治、市场经济和公民社会为基础的现代民族国家。但这种"转型"未获得成功,反而引起政治和社会的失序和混乱。普京上台伊始,便开始探索适合本国国情的发展道路,从"新俄罗斯思想"到"主权民主",再到"理性保守主义",形成了"普京主义"的治国理念,其核心在于强国主义、爱国主义和民族主义。在此背景下,"俄罗斯世界"概念逐渐形成,并从学术概念、文化概念演变成为政治概念。俄罗斯将"俄罗斯世界"视为苏联以及俄帝国的领土范围内(甚至超越领土范围)的俄罗斯化的统一民族—文化空间,并以此作为恢复帝国空间的地缘政治工具。

(一)"俄罗斯世界"概念的源起与流变

"俄罗斯世界"(русский мир)的概念出现于苏联解体以后,主要是地缘政治的变化使得数千万俄罗斯人的命运发生了变化,苏联的加盟共和国成为新的民族国家,而这些俄罗斯人在新的国家变成了"他者"。

在20世纪90年代,谢德罗维茨基(П. Г. Щедровицкий)基于当时的社会—文化现实提出了"俄罗斯世界"的概念:"在20世纪历史转折、世界大战和革命的影响下，形成了俄罗斯世界——大大小小的用俄语思考和交流的群体形成网状结构。"[1] 在他看来，俄罗斯世界是俄罗斯的资源，这是文化的、知识的、人力的和组织的资源综合，体现在语言思维和俄语传播（人文）的资源。[2] 世界经济进程已经超越了民族—国家的边界[3]，俄罗斯世界将俄罗斯和西方社会之间建立起技术和商业联系，他们将会成为全球化经济和世界政治的主要节点。

俄罗斯民族学家季什科夫认为，"俄罗斯世界"是一个国际的跨越地理边界的共同体概念，这个共同体与俄罗斯密切相关并服膺于俄罗斯文化。[4] 在这里，"俄罗斯"（русский）一词是指这种共同性的源于古俄罗斯的历史根源，而不是指它的民族构成。[5] 俄罗斯世界被认为是在历史上罗斯形成的"文明空间"[6]。季什科夫认为，俄罗斯（Россия）是俄罗斯世界的核心，共同的特点是使用俄语。

在谢氏和季氏提出的"俄罗斯世界"的概念看来，"俄罗斯世界"是具有开放性的文化（文明）、经济的交往共同体，而非政治性的。正因如此，"俄罗斯世界"是超越民族国家边界的。俄罗斯世界，不是一个超级的民族，而是一个超民族的共同体。这是一个跨国的、全球性的存在，它以俄罗斯文化和俄语为认同标准，有着精神性的和思想的俄罗斯风格的标志。俄罗斯世界的构成基础——俄罗斯（Россия）和境外俄罗斯人。俄罗斯世界的发展和巩固与俄罗斯联邦的力量和声望相关。俄罗斯世界的各个层次——民族政治的、多宗教的、意识形态的、多社会族群的、地理分布的——都统一于将俄罗斯视为母国的意识，对俄忠诚，关切其在世界上

---

[1] Щедровицкий П. Г. Русский Мир. Возможные цели самоопределения//《Независимая газета》, 14 февраля 2000.

[2] Щедровицкий П. Г. Русский Мир. Возможные цели самоопределения//《Независимая газета》, 14 февраля 2000.

[3] Щедровицкий П. Г. Русский Мир и Транснациональное русское// Электронная публикация: Центр гуманитарных технологий. http://gtmarket.ru/laboratory/expertize/2006/2508

[4] Тишков В. А. Русский мир: смысл и стратегии//Стратегия России. 2007. №7.

[5] Заместитель председателя ОВЦС:《Русский мир — это цивилизационная общность, образованная общими ценностями и общим опытом общественного строительства》http://www.patriarchia.ru/db/text/26208.html.

[6] Выступление Святейшего Патриарха Кирилла на торжественном открытии III Ассамблеи Русского мира http://www.patriarchia.ru/db/text/928446.html.

的命运和地位。①

随着俄罗斯民族国家构建路径的转向，从"转向西方"到"恢复大国空间"，"俄罗斯世界"的概念不可避免地进入政治场域，在政治实践中，"俄罗斯世界"用以指代相应的群体，从"境外俄罗斯族人"到"境外同胞"，再到"说俄语的人"。这些群体的范围不断扩大，其共同体被赋予的意义也被再生产，从文化（文明）共同体到政治共同体。

境外俄罗斯族人。"俄罗斯世界"概念的提出首先是要解决境外俄罗斯族人的问题。苏联解体以后，由于国界线的重新划分，在俄罗斯境外的大量俄罗斯族人和具有俄罗斯文化归属感的个人被动地成为其他加盟共和国的公民或者无国籍人士，后苏联空间出现了大量的"境外俄罗斯族人"，多达2500万人。与此同时，境外俄罗斯族人和当地人争夺资源，爆发民族矛盾。在中亚和摩尔多瓦的俄罗斯族人陷入了领土争端的动荡；在拉脱维亚和爱沙尼亚等新独立的民族国家中受到歧视性的公民法的约束；在这些国家中，主体民族开始竞争优越的工作、住房和土地。俄罗斯将自己视为"境外俄罗斯族人"利益的保护者。

"境外侨胞"。20世纪90年代以来，与"俄罗斯世界"的概念伴生的是"同胞""境外侨胞"等概念。据统计，境外的俄侨将近3000万人，② 侨民数量占世界第二位，仅次于华侨华人（5000万—8000万人）。在俄罗斯，"境外侨胞"（соотечественники за рубежом）这个表述最早由叶利钦提出并使用，1994年，俄罗斯成立了境外侨胞事务政府委员会（Правительственная комиссия по делам соотечественников за рубежом），"境外侨胞"作为政治词汇，开始出现在俄罗斯的国家法律、国家计划和具体政策中。③

1999年5月，俄罗斯联邦颁布了《俄罗斯联邦境外侨胞国家政策法》，为国家的侨胞政策实践提供了法律基础。2010年7月，俄罗斯国家杜马和联邦委员会通过和批准了《俄罗斯联邦境外侨胞国家政策法》的修订案，该修订案重新规定了境外侨胞的概念："同胞（соотечественник）是指出生在一个国家，现居住在该国家或曾经在该国家居住，并拥有该国家的语言、历史、文

---

① Батанова, О.Н. Русский мир и проблемы его формирования: дис.... канд. полит. наук, М., 2009.
② Карасин Г. Б. Россия и соотечественники // Международная жизнь. 2007. №12.
③ 蒲公英：《俄罗斯软实力政策研究》，博士学位论文，北京外国语大学，2016年。

化、传统特征的个人以及其直系后代。'境外侨胞'（соотечественники за рубежом，通常简称 соотечественники）是指长期居住在俄罗斯联邦境外的俄罗斯公民。境外侨胞还包括现居住在俄罗斯联邦境外，且曾经居住在俄罗斯境内的个人及其后代；现居住在俄罗斯联邦境外，并自愿选择同俄罗斯联邦保持精神、文化和法律关系的个人，且其直系亲属曾经在俄罗斯联邦境内居住，这其中包括：曾经是苏联公民，且现居住在前苏联加盟国家境内，且已获得该国家国籍或者无国籍的个人；从俄国、俄罗斯共和国、俄罗斯苏维埃联邦社会主义共和国、苏维埃社会共和国联盟和俄罗斯联邦迁出并曾经拥有其公民属性，且现已成为他国公民或无国籍的个人。"[1] 从这个定义来看，境外侨胞的概念超越了公民身份、文化身份、民族身份，只要历史上与俄国、苏联和俄罗斯有关联的人及其后代便可被纳入"境外侨胞"的范畴，这是更为广泛的"俄罗斯世界"。

近年来，普京政权十分重视俄侨工作，不断修正境外同胞立法，出台俄侨归国办法。至今，俄已经举办了七次世界俄侨大会。从境外散居者到俄罗斯侨胞，俄罗斯官方赋予了"离散群体"的政治身份，更加突出与母国的联系。

"说俄语的人"。"说同一种语言"历来被视为同一民族的重要标准。由于俄帝国和苏联时期的俄化政策、俄语推广，俄语成为后苏联空间使用者最多的语言，使用俄语的居民被俄官方称之为"说俄语的人"（русскоязычные）。在此背景下，"俄罗斯世界"的范畴不断扩大，不仅包括俄罗斯族人，"说俄语的人"也被纳入其中。据估算，全世界有3亿多俄语人口，占世界人口近4%。后苏联空间是"说俄语的人"最重要的分布区域。2019年，乌克兰"说俄语的人"有2800万人（占70%）；哈萨克斯坦约1500万人（占84%）；白俄罗斯800万人（占85%）；吉尔吉斯斯坦300万—500万人（占50%—80%）。"说俄语的人"被俄罗斯视为与后苏联空间国家加强联系、发挥影响力的桥梁，是国家"软实力"的重要指标。

俄语是团结"俄罗斯世界"的要素，俄语书写俄罗斯和苏维埃文化、

---

[1] Федеральный закон от 23 июля 2010 г. N 179 – ФЗ "О внесении изменений в Федеральный закон " О государственной политике Российской Федерации в отношении соотечественников за рубежом" https：//rg.ru/2010/07/27/sootech-dok.html.

历史记忆、与俄罗斯的联系，对祖国的忠诚。① 在2007年度国情咨文中，总统普京提及"俄罗斯世界"与俄语的密切关系："我们的国家历史上形成了多民族联盟和多元文化。自古以来同一世界的思想就是俄罗斯民族的精神基础，这种共同性是对各个民族和各个宗教而言的。今年是俄语年，我想再强调一遍，俄语是历史上各个兄弟民族共同的语言，也是国际交往的语言。俄语不只是真正的世界性的载体，而是有着亿万人的'俄罗斯世界'的活着的空间，俄罗斯世界要比俄罗斯本身范围更大。所以，这是各个民族的共同财富，俄语永远不会成为仇恨的、排他和孤立主义的语言。"②

保护和发展俄罗斯世界的策略，最为重要的就是推广和巩固俄语。为此，俄罗斯成立了一系列的机构和非政府组织。在各种组织中，"俄罗斯世界"基金会发挥的作用最大。该基金会创立于2007年夏，以推广作为俄罗斯民族文化财富和俄罗斯文化、世界文化重要组成部分的俄语，同时提出加强俄罗斯境外学习俄语的各种规划③。该组织并非完全意义上的非政府组织，其经费部分来自俄罗斯国家预算。2011年6月6日，俄罗斯设立了"俄语日"，每年的6月6日都要庆祝这个节日，这一天是俄罗斯诗人、现代俄语标准语的创立者普希金的生日④。保护"说俄语的人"的语言权利、文化权利也成为俄罗斯与后苏联空间国家关系的优先方向。

境外"俄罗斯人"和"讲俄语的人"显然已经超越学术的概念，在当今世界它们已经成为有特定意义的政治标签。"俄罗斯人的利益和生存遭到威胁"与"讲俄语的人的利益和生存遭到威胁"是绝不能等同起来的，因而"维护和保障俄罗斯人的利益与生存"和"维护和保障讲俄语人的利益与生存"也绝不是一回事。⑤ 但在俄乌冲突前后，我们看到俄罗斯竭力地论证二者的一致性，以争取"特别军事行动"的合法性。

---

① Тишков В. А. Россия-это нация наций/Этническое и религиозное многообразие-основа стабильности и развития российского общества: статьи и интервью. -М.: Московское бюро по правам человека, Academia, 2008.

② Послание Президента Российской Федерации от 26.04ю2007 г. http://www.kremlin.ru/acts/bank/25522.

③ Указ Президента Российской Федерации от 21.06.2007 №796 О создании фонда 《Русский мир》 http://www.kremlin.ru/acts/bank/25689.

④ Указом Президента установлен День русского языка-6 июня http://www.kremlin.ru/events/president/news/11481.

⑤ 闻一：《会讲俄语的米勒先生》，《读书》2014年第6期。

（二）"俄罗斯世界"视域下的乌克兰民族地位问题

从"境外俄罗斯族人""境外侨胞"，再到"说俄语的人"，"俄罗斯世界"所表征的人群范围不断扩大，"俄罗斯世界"超越了俄罗斯联邦的领土边界。2014 年乌克兰克里米亚事件以后，俄罗斯将"俄罗斯世界"作为整合后苏联空间的地缘政治工具。2022 年，俄罗斯对乌克兰的"特别军事行动"，其理由便是乌克兰政府对顿巴斯"生活在那里的数百万人进行种族灭绝"，主要指的是生活在那里的俄罗斯族人和"说俄语的人"受到威胁，而北约国家"对乌克兰民族极端主义者和新纳粹分子助纣为虐"。

从两次俄乌冲突来看，乌克兰成为具有地缘政治意义的"俄罗斯世界"在俄联邦以外的第一个试验场。俄罗斯大力宣传将俄罗斯民族主义、东正教结合起来的"俄罗斯世界"理念，将之视为乌克兰亲欧选择之外的一个选择。

普京时代的俄罗斯继承了自俄帝国时代以来的历史观。在历史上，乌克兰人被称作"小俄罗斯人"，是俄罗斯人的一部分，将乌克兰人视为俄罗斯民族之一的部分观点可以上溯"俄罗斯万城之母"基辅的起源神话。在帝国时代的大部分时间里，乌克兰人都被称为"小俄罗斯"，与"大俄罗斯"和"白俄罗斯"一起称为"罗斯三兄弟"，这也是一种历史话语的神话。正是在这种历史观之下，俄罗斯官方不断抛出"俄罗斯人和乌克兰人同属一个民族"的说法。普京在 2021 年 7 月 12 日发表的《论俄罗斯人和乌克兰人的历史统一》一文中有着最直接的表达："俄罗斯人和乌克兰人同属于一个民族，我们是一个整体。同一种语言（现在称之为古俄语）和共同的经济联系，我们都曾在留里克王朝的统治下，也都信仰东正教（在罗斯的洗礼之后）。"[①] 在这种认知下，普京将突出乌克兰和白俄罗斯的独特身份视为是外国操纵的产物，西方国家将乌克兰（和白俄罗斯）作为"反俄项目"的一部分。

在这个历史话语的另一个面向是否定乌克兰的独立民族国家地位。俄罗斯一直声称乌克兰是人为创造的国家，乌克兰东部领土和克里米亚是苏联赠送给乌克兰的礼物。普京在不同的场合都表达了相似的观点，尤其是

---

① Статья Владимира Путина Об историческом единстве русских и украинцев http://www.kremlin.ru/events/president/news/66181.

在 2022 年 2 月 21 日承认顿涅斯克共和国和卢甘斯克共和国独立的讲话①中表达得更为明确:"现代乌克兰完全由俄罗斯,或更准确地说,由布尔什维克、共产主义俄罗斯创造的。列宁和他的战友们以一种非常粗暴的方式分离了俄罗斯的部分历史领土。在伟大卫国战争前夕和之后,斯大林将一些属于波兰、罗马尼亚和匈牙利的土地并入苏联,并移交给乌克兰。1954 年,赫鲁晓夫从俄罗斯手中拿走了克里米亚送给乌克兰。苏维埃乌克兰的领土就是这样形成的。"普京还认为,正是列宁主义的邦联式国家结构和关于民族自决权的思想,构成了苏联国家地位的基础,"将巨大的、往往不相关的领土转移到新形成的、往往是任意形成的行政单位——联盟共和国,这是对最热心的民族主义者最慷慨的馈赠。"普京还通过历史的梳理指出:"只有在与俄罗斯的伙伴关系中,乌克兰才有可能获取真正的主权。""近年来俄罗斯和乌克兰之间出现了嫌隙,这使我们之间原本同质的历史与精神空间出现裂痕。在我看来这是巨大的不幸和悲剧。他们试图利用所谓的'民族问题',挑拨离间两国人民。"苏联解体以后,俄政治和知识精英仍怀疑乌克兰国家的合法性。最具代表性的便是作家索尔仁尼琴提出,"自 9 世纪以来存在的一个独立的乌克兰人民是最近发明的谎言。"

苏联的崩溃和超级大国地位的丧失让俄罗斯精英阶层普遍感到失落,特别是在与西方关系逐步恶化以后,重塑大国地位的帝国意识逐渐增强。在这个背景下,俄罗斯帝国和苏联的历史成为俄罗斯对后苏联空间保持扩张心态的话语体系。具有帝国意识的历史话语逐渐转变成为官方的政策导向,乌克兰人是俄罗斯人的一部分成为一种根深蒂固的观念。而这种观念带入到两个现代的独立主权国家的关系中便会出现问题,尤其是对民族国家主体民族独立性身份提出挑战,这对于乌克兰而言是绝对不会接受的。

正因如此,"俄罗斯世界"在乌克兰的试验并不成功。根据基辅社会学国际研究所提供的数据,俄罗斯族占乌克兰总人口的 17%,而调查对象中仅有 5% 的人认为自己是"俄罗斯人",其余则认为自己"既是俄罗斯人,也是乌克兰人"。"乌克兰是我的祖国,俄语是我的母语"是很多人的选择。这就可以解释为什么在当下的俄乌纷争之下,俄罗斯的举动没有得到俄军直接控制地区之外的俄罗斯族居民的支持,这与克里姆林宫

---

① Обращение Президента Российской Федерации http://www.kremlin.ru/events/president/news/67828.

的期待不同。

俄历史学家费尔曼认为,"俄罗斯世界"是"后帝国空间,建立的是俄罗斯帝国,所有这些在这个空间保持统一性的因素,都是因共同的历史、所有的独联体和波罗的海国家附属于俄罗斯帝国和其继任者苏联的事实上而形成的"①。乌克兰东正教会基辅牧首认为,"在俄罗斯世界这个漂亮的幌子下是帝国意识,它吞噬了乌克兰的国家主权和独立性"②。同时,乌克兰希腊天主教会(Украинская грекокатолическая церковь)认为,俄罗斯世界有偷换概念之嫌,"俄罗斯世界(русский мир)成为'俄罗斯人'世界(российский мир),并计划建立一个确定性的文明空间,而乌克兰人应该形成一个强制的不可分割的统一体,这会出现很多问题。"③乌克兰最高拉达(议会)通过立法在乌克兰禁止使用"俄罗斯世界"的概念,并批评"俄罗斯世界"是国家社会主义(纳粹主义)的一种形式,是俄罗斯新帝国主义的地缘政治、文化—历史思想的体现。④ 与"俄罗斯世界"针锋相对,乌克兰最高拉达(议会)建立了跨派系联盟"库班",该联盟致力于制定"乌克兰族回归乌克兰民族领土以及乌克兰文化和社会空间"的政策。

二 乌克兰民族国家构建的历程

苏联解体以后,俄罗斯和乌克兰同为多民族国家,俄罗斯有190多个民族,乌克兰有130多个民族。俄罗斯人和乌克兰人在两国分别占人口的大多数(70%以上)。俄罗斯和乌克兰面临着民族国家构建的任务,这其中最重要的问题便是塑造"俄罗斯人"和"乌克兰人"的问题。显然,乌克兰民族国家构建的道路并非是服膺于"俄罗斯世界",而是走独立自主的道路。苏联解体前后,乌克兰民族主义再次兴起,寻求建立独立自主

---

① Дмитрия Фурмана От Российскойимперии до распада СНГhttps://polit.ru/article/2005/10/05/furman/.

② УПЦ КП не советует патриарху продвигать русский мир/ Релігія в Україні, 1.07.2010 https://religion.in.ua/news/ukrainian_news/5086-upc-kp-ne-sovetuet-patriarxu-prodvigat-ideyu-russkogo-mira.html.

③ Глава УГКЦ про російський світ і червонийпрапорhttps://www.unian.ua/culture/486969-glava-ugkts-pro-rosiyskiy-svit-i-chervoniy-prapor.html.

④ Киев убивает 《русский мир》, зная, что Москва не ответит. https://svpressa.ru/politic/article/212011/.

的民族国家成为乌克兰国家发展的目标。但身处西方和俄罗斯之间的乌克兰的民族国家构建历程困难重重，在西方国家和俄罗斯之间的平衡一旦被打破，对于乌克兰来说必然是灾难性后果，2014年和2022年两次乌克兰危机便是最好的例证。乌克兰危机让乌克兰民族国家构建有了新的路径，去俄化成为唯一的选项。乌克兰危机之后，乌克兰和俄罗斯的分裂开始向纵深发展。

（一）乌克兰的民族主义：历史与现实

在乌克兰一直存在着争取民族和国家独立的实践，这与俄罗斯的认知构成了巨大的张力。乌克兰民族主义自19世纪便已出现，认为乌克兰人应该拥有自己国家，在俄帝国和奥匈帝国的夹缝之间寻求独立。这种努力一直延续到20世纪20年代直至第二次世界大战期间。苏联解体后，乌克兰获得了独立国家的地位，在语言、教育、宗教、历史记忆、媒体、立法等方面推行乌克兰化政策，塑造"乌克兰性"。

1. 乌克兰民族主义的产生

乌克兰民族主义形成于19世纪中叶。历史学家格鲁舍夫斯基提出了"没有国家的民族"的概念。他认为，乌克兰国家的源头是基辅罗斯及其继承者加利西亚—沃伦公国。其领土后被立陶宛、波兰和莫斯科公国占领，之后又被俄罗斯帝国和奥匈帝国瓜分，乌克兰民族没有自己的国家。得益于奥匈帝国宽松的政治制度和书籍印刷自由，乌克兰民族主义运动逐渐发展起来，利沃夫成为乌克兰民族运动的中心。作家和诗人在该运动中发挥了重要作用，诗人舍甫琴科被认为是现代乌克兰文学的创造者。

第一次世界大战让俄罗斯帝国和奥匈帝国崩溃，乌克兰再一次进行建国尝试，但终以失败告终。1921年，今天的乌克兰领土实际上被苏俄和波兰瓜分。争取乌克兰独立战争的失败导致了乌克兰社会的民族主义走向激进化。1929年，乌克兰民族主义者组织成立，倡导"整体民族主义"的意识形态，主张"民族的利益高于个人利益"、排外主义和权力崇拜。该组织的意识形态是在法西斯主义的巨大影响下形成的，甚至接受了法西斯主义的思想、象征和仪式。

2. 班德拉：纳粹同谋还是民族英雄？

20世纪30年代，乌克兰民族主义者组织逐步分裂为由梅尔尼克领导的保守派和由班德拉领导的激进派。1941年6月30日，班德拉在利沃夫宣布乌克兰独立。同年，纳粹德国占领当局逮捕了班德拉，直到1944年才将其释放。

1942年，乌克兰民族主义者组织组建了游击队"乌克兰起义军"。1943年，乌克兰起义军参与了在沃伦对波兰人的种族清洗。"二战"以后，班德拉成为乌克兰西部反共抵抗运动的领袖，这场战争持续到1950年。1959年，班德拉被克格勃特工杀害。

"二战"后，苏联媒体将班德拉塑造成为"地狱般的邪恶凶手"。而当代乌克兰将班德拉视为致力于乌克兰独立的战士。2010年，乌克兰总统尤先科追授班德拉"乌克兰英雄"。根据乌克兰社会学调查机构的调查结果，全乌肯定和否定班德拉的民意几乎是均等的，而乌克兰西部民众对班德拉普遍持积极态度。

3. 苏联解体后现代乌克兰民族主义的走向

现代乌克兰激进民族主义以乌克兰民族主义组织的思想为指导，苏联解体和乌克兰独立以后开始复苏。

这一运动最为著名的政治力量是1991年在乌克兰出现的社会—民族党，2004年更名为自由党。班德拉一派在乌克兰政治中仍发挥影响，其追随者在20世纪90年代初从国外回到乌克兰，他们甚至建立了准军事部队"班德拉三叉戟"。2000年初，该派系的组织失去了政治影响力和声望。20世纪90年代初，乌克兰民族大会和它的战斗翼乌克兰人民自卫队成立，该组织的意识形态结合极右翼和极左翼的思想，"东正教圣战主义"结合欧亚主义，反对莫斯科的新帝国主义的同时，还有让乌克兰成为后苏联时代新领袖的愿望。21世纪初，该组织内部发生分裂。

20世纪90年代到21世纪初，后苏联时代的乌克兰民族主义政党的地位相当边缘，乌议会最高拉达几乎没有民族主义者的代表。这些政治力量的意识形态专注于20世纪30年代和40年代的民族主义理论和实践，诉诸过去，诉诸历史，力求在过去中为现实寻找答案。这无法为现代乌克兰社会提供一个有吸引力的未来。此外，仇外心理和暴力倾向并不利于乌克兰融入欧洲的进程。

2010年以后情况发生了变化。亚努科维奇上台以后奉行亲俄外交政策，在国内政治中减少乌克兰化，推升了国内民族主义情绪。2008年以后，经济衰退加剧了社会和政治分歧，右翼民粹主义开始抬头。2012年，极右翼的自由党在议会选举中获得了10.4%的选票，该党在最高拉达获得 35 个席位。2013—2014 年独立广场抗议运动中间，激进的民族主义者被证明是一股引人注目的力量。

4. 2014 年后新一代民族主义力量

2014 年"广场革命"导致了以右翼运动为导向的新一代民族主义政治势力出现。亚罗什是"班德拉运动"的积极参与者，后成为"班德拉三叉戟"领导层成员。在广场革命后创立了右翼民族主义运动"右区"，很快成为整个乌克兰极右翼政治势力的领军人物。比列茨基是具有种族主义倾向的极右翼组织"乌克兰爱国者"领导人。顿巴斯战争开始以后，比列茨基组织了"亚速营"，发挥了重要作用。2014 年，亚速营被编入内务部国民警卫队系统。

极右翼激进分子是广场革命积极参与者，并在顿巴斯战争中发挥重要作用，但极右翼的意识形态在乌政坛并未占据主流。2014 年和 2019 年乌议会选举中，极右翼组织均告失利。乌社会对极右翼的态度是矛盾的：一方面被视为国家利益的守护者；另一方面，民众不接受其屠杀和暴力的方式。[1]

（二）去俄化：当代乌克兰民族国家构建的路径

苏联解体以来，乌克兰面临着民族国家重建的任务。历史学家浦洛基认为："作为一个国家，乌克兰正位于东西方分界线上。这是东正教与天主教的分界线，是中欧帝国和亚欧大陆帝国的分界线，也是这些帝国的不同政治实践与社会实践之间的分界线。这种地处几大文化空间交界地带的状况让乌克兰成为一个接触区，在这里持不同信念的乌克兰人可以学会共存。这种状况也催生了各种地区分界，使之为当下冲突的参与各方所利用。"[2]

乌克兰是多民族国家，有 110 多个民族。当前，其人数最多的民族是乌克兰族，占总人口的 77%；俄罗斯族是第二大民族，占总人口的 17%。实际上，"说俄语的人"所占比例远超俄罗斯族人的比例。在 20 世纪 90

---

[1] От Бандеры до 《Азова》: отвечаем на главные вопросы об украинском национализмеhttps: //meduza.io/feature/2022/04/17/ot-bandery-do-azova-otvechaem-na-glavnye-voprosy-ob-ukrainskom-natsionalizme.

[2] ［美］浦洛基：《欧洲之门：乌克兰 2000 年史》，曾毅译，中信出版社 2019 年版，第 490 页。

年代中后期，乌克兰人口中约 23% 是俄罗斯族人，但 36% 的人是说俄语者。换句话说，占人口比例 73% 的乌克兰族人中，只有 64% 的人说乌克兰语。在国家层面，这同以家庭为单位的比例是大致平衡的：36% 是说乌克兰语的家庭，33% 是说俄语的家庭，不到 30% 是双语家庭。语言使用的地区分布也很复杂。在西乌克兰，只有 3% 的人是说俄语者；在乌克兰的中部地区，这一比例上升到了 16%；在东部和南部地区，说俄语者占多数，分别占 55% 和 56%。①

乌克兰的宗教信仰以基督教为主（88% 以上居民），绝大部分是东正教徒。在 2019 年独立的乌克兰东正教会（ПЦУ）成立之前，乌克兰主要有三个东正教会：莫斯科牧首区乌克兰东正教会、基辅牧首区乌克兰东正教会和乌克兰自主东正教会。截至 2019 年 1 月 1 日，乌克兰共有 19209 个东正教堂区。其中，12437 个属于莫斯科牧首区乌克兰东正教会，5363 个属于基辅牧首区乌克兰东正教会，1171 个属于乌克兰自主东正教会。在乌克兰的东部和南部，莫斯科牧首区乌克兰东正教会占有绝对优势，莫斯科牧首区乌克兰东正教会成为该地区与俄罗斯保持联系的实际纽带，尤其是语言问题上。

实际上，19 世纪之初，乌克兰就将乌克兰语和乌克兰文化视为身份认同的宝贵遗产，同时也将来自不同族群和宗教背景的人纳入乌克兰民族范畴。1917 年十月革命之后，乌克兰人开始被承认为一个文化意义上（不是政治意义上）的独特民族。在苏联时期，各民族深度融合，俄乌两族互相通婚、组成民族混合家庭现象极为普遍，在 20 世纪七八十年代，乌克兰的混合家庭占 30%。苏联解体之初，乌克兰出台了鼓励各民族平等发展的政策，如《乌克兰各民族权利宣言》（1991）、《乌克兰少数民族法》（1992），保障乌克兰各少数民族的权利，保证乌克兰公民自由使用俄语。

苏联解体后头十年，乌克兰的"去俄化"尽管逐渐加速，但并不激烈和急剧。新独立的乌克兰并没有获得新生，在政治动荡、经济寡头化的局面下，政权在亲俄与亲西方之间摇摆。民众普遍对西方世界有着美好生活的想象和迷恋，期待加入欧盟。如果政权没有处理好俄—西方之间的关系，便会产生危机。尤先科掌权后形势发生了改变。2004 年"橙色革命"

---

① ［俄］德米特里·特列宁：《帝国之后：21 世纪俄罗斯的国家发展与转型》，韩凝译，新华出版社 2015 年版，第 251 页。

后，尤先科和季莫申科反对俄罗斯文化和乌克兰文化共存，乌克兰当局加大了乌克兰化的力度。2005年春，乌克兰当局出台法令，要求各个司法和权利保护机关的活动只能用乌克兰语开展，其中包括在俄罗斯居民聚居地区。俄语学校的毕业生被禁止用俄语参加高校的入学考试。亚努科维奇2010年就任乌克兰总统后，试图解决乌克兰的俄语地位问题。2012年7月3日，乌克兰议会通过了《国家语言政策基本原则法》，8月8日亚努科维奇签署了该法律，8月10日生效。该法令得到了乌克兰东部和南部地区的支持，使俄语在乌克兰27个州中的13个州成为地区官方语言。但是，这引发了乌克兰中部和西部地区的抗议。2014年2月23日，乌克兰最高拉达废除了《国家语言政策基本原则法》，取消了俄语的地区官方语言地位。这一举措根本无助于危机的解决。语言问题也是克里米亚脱乌入俄及顿巴斯地区大规模冲突的重要原因。①

2014年，乌克兰爆发了亲欧的革命。俄罗斯绝不会允许"俄罗斯世界"成为威胁自己安全之地。而"俄罗斯世界"的理念并没有为一个独立的乌克兰民族留出空间。克里米亚留下的伤痕不仅将大多数乌克兰人团结起来，战争的冲击、失败的耻辱以及国土沦陷的伤痛都曾被当作增强民族团结和塑造强烈民族认同的工具。同时，还让乌克兰在感情上更倾向于西方。在这个背景下，2014年以后，乌克兰弥漫着极端反俄的民族主义情绪，乌克兰出台的一系列政策在民族宗教、语言文化方面上实施去俄化措施。

2018年，东正教世界围绕乌克兰东正教的管辖权问题展开激烈争斗。4月，多名乌克兰东正教会主教（包括"莫斯科牧首区乌克兰东正教会"的主教）联合签名写信给君士坦丁堡牧首巴尔多茂禄一世请求赋予乌克兰教会自主地位。10月11日，君士坦丁堡东正教会同意赋予乌克兰教会自主权利，2018年12月，乌克兰三个主要的东正教会召开"统一会议"，把乌克兰现有的三个教会合并为一个新的"乌克兰东正教会"（ПЦУ）。2019年1月君士坦丁堡教会"普世牧首"巴多罗买签署了确认和宣布"乌克兰东正教会"获得自主地位的官方文件——牧首教令。此举遭到俄罗斯东正教会的激烈反对，被视为"侵吞俄罗斯东正教会教规领地"的挑衅行为。此举是2014年乌克兰危机以来俄乌之间的政治冲突延续至宗

---

① 刘显忠：《历史与认同碎片化：乌克兰国家建设的困境与镜鉴》，《统一战线学研究》2022年第5期。

教领域的结果。乌克兰东正教会的成立与乌克兰前总统波罗申科积极斡旋密切相关,乌克兰当局将教会独立与国家独立、民族独立联系起来,要求乌克兰教会自主权。① 实际上,俄罗斯与乌克兰围绕着东正教会的纷争已经大大减少了莫斯科牧首区对乌克兰教会的影响,在此后的几年民调结果显示,认为自己是莫斯科牧首区东正教徒的比重持续下降。

2021年7月1日,乌克兰出台《乌克兰土著民族法》。生活在乌克兰的俄罗斯族人(830万人,占总人口的17.2%)被排除在土著民族名单。俄罗斯认为该法是对俄罗斯族人的歧视,认为基辅可能会采取措施限制认为自己是俄罗斯族人的公民权利。②

在语言方面,2019年4月,波罗申科在自己掌权的最后阶段通过了《关于保证乌克兰语作为国语作用》的法律。就实质而言,该法中俄语和少数民族语言的作用被最大限度地压缩。根据该法,只有乌克兰语是乌克兰的国语和官方语言。从2020年9月1日起,乌克兰的所有俄语学校都改用乌克兰语教学。在少数民族居住的地区,只有小学五年级之前在教乌克兰语的同时允许教母语,而在中学要开始使用各种不同的学习乌克兰语的方法。2021年7月,乌克兰通过《确保乌克兰语作为国语发挥应有效用》的法律修正案,在乌克兰限制使用俄语。在乌克兰境内播放的电影(包括苏联电影),必须用乌克兰语配音,音乐会、娱乐节目、展览、巡回演出、戏剧表演只能用乌克兰语。成为乌克兰公民以及申请公务员都必须通过乌克兰语熟练度考试。乌克兰政府为了执行这种语言政策还专门设置了有关机构。乌克兰设置了一种职务——语言巡视官,负责"监督保护国语的语言法要求的执行"。在民族主义气氛下,很多人害怕称自己为俄罗斯族人和讲俄语的人。

"乌克兰法西斯主义"是当前俄罗斯对外宣传的重要话语,这是俄向国外解释其针对该国行动的唯一意识形态王牌。一方面,我们可以看到乌克兰极端民族主义的影响力。另一方面,"俄罗斯世界"的理念和行动在乌克兰社会中复活了民族主义情绪。2014年的乌克兰事件导致了乌克兰社会民族主义情绪的增加以及极右政治家的合法化。

---

① 刘博玲:《俄乌教会纷争引发的东正教世界的危机与应对》,《世界宗教文化》2021年第3期。

② 《Новые способы дискриминации》: к чему может привести принятие закона 《О коренных народах Украины》 https://russian.rt.com/ussr/article/880860-zakon-korennye-narody-ukraina-russkie.

（三）俄乌冲突造成乌克兰人与俄罗斯人进一步分裂

俄乌冲突根源于后苏联空间民族国家构建问题。自我定位为继承俄国—苏联历史、文化传统的俄罗斯与寻求建立独立民族国家的乌克兰出现了分歧。俄罗斯延续"神圣罗斯"的传统，坚持认为"俄罗斯人和乌克兰人的历史统一"。乌克兰在语言、民族、文化甚至宗教领域推动"乌克兰化"，创造国族意义上的乌克兰人。俄乌冲突并没有让这个分歧得以弥合，反而是加剧了分离趋势，乌克兰人和俄罗斯人出现了更为深层次的分裂。

1. 2014 年后乌克兰性凸显

自 2014 年乌克兰危机以来，乌克兰公民身份得到进一步巩固。乌克兰公民首先将自己视为乌克兰人，在独立后乌克兰长大的一代多将国家的前景视为欧洲化而非俄罗斯化。以下几个指标和现象也说明了 2014 年以后乌克兰公民身份的巩固。[1]

首先，在语言方面，超过三分之二的乌克兰公民声称乌克兰语为母语，即使在东部地区，也有多人用乌克兰语和俄语双语。这与 2019 年出台的《语言法》有密切关系，该法将乌克兰语作为官方语言，要求所有媒体使用乌克兰语。

其次，政治投票可以作为重要风向标。2014 年以来两次乌克兰总统大选中，东西分立的政治格局发生了变化，亲西方候选人波罗申科（2014）和泽连斯基（2019）在乌东西部所有州都赢得了多数。

最后，宗教归属同样表明乌克兰人与俄罗斯人的区隔。乌克兰独立以后，多数信东正教的乌克兰人一直效忠莫斯科教宗的乌克兰东正教会。2018 年君士坦丁堡普世牧首承认乌克兰东正教会的独立地位。当年，29%的乌克兰东正教信徒支持自治的乌克兰东正教会，而支持莫斯科教宗乌克兰东正教会的只有 13%的信徒。

在发动"特别军事行动"之前，俄政权、智库并没有察觉乌克兰发生变化的严重性，仍固执地指责北约和欧盟操纵乌克兰的民族情绪，认为开战后有足够多的乌克兰人，至少是乌东部的乌克兰人会因为与俄罗斯的

---

[1] Russia's War in Ukraine: Identity, History, and Conflict https://www.csis.org/analysis/russias-war-ukraine-identity-history-and-conflict.

共同文化、语言、宗教和其他关系而接受重新融入俄罗斯势力范围。

2. 俄乌冲突后的去俄化造成深层分裂

在乌克兰，俄乌冲突团结了来自所有地区、语言、宗教背景的乌克兰公民，同时，更为严厉的去俄化措施也造成了俄乌之间进一步的、更为深层的分裂。

俄乌冲突以后，乌克兰通过法律禁止俄公民在乌克兰境内出版书籍，禁止进口在俄、白和被占领的乌领土上出版的书籍，进口俄文书籍需特别申请；禁止播放1991年后俄罗斯公民在媒体或公众场合上弹奏、演唱的音乐，增加电视、广播上乌克兰语内容比例。俄乌冲突以来，基辅的数百个地点已经被重新命名，摆脱与俄罗斯（苏联）的联系。

乌克兰社会学研究机构在俄乌冲突半年、独立日（8月24日）之际公布的民调①显示，乌社会爱国主义气氛浓烈，去俄化的态度明显。在公民认同方面，绝大多数受访者（94%）认为，自己是乌克兰公民。一半受访者认为，自己是欧洲人；年轻人更倾向于认为自己是欧洲人。

乌克兰人对乌克兰语的使用和认知也发生了变化，乌克兰人越来越多地使用乌克兰语来抗议俄罗斯的干预。在过去半年中，经常使用乌克兰语沟通交流的受访者从51%增加到64%。更多的受访者认为，乌克兰语是母语（76%）和唯一官方语言（86%）。

乌克兰人对俄罗斯居民的态度进一步恶化。81%的受访者对俄罗斯持消极态度，但对居住在乌克兰的俄罗斯人的态度大多是中立的（42%）。约有一半的受访者认为，乌克兰人和俄罗斯人无法和解，即使选择可以和解的受访者也多认为需要几十年的时间。

在教会归属的议题上，在乌克兰进行的社会学调查②结果显示，2014年乌克兰危机以及俄乌教会纷争以来，乌克兰民众受到强烈的民族主义、爱国主义情绪影响，更倾向于认同"独立自主"的乌克兰东正教会（ПЦУ）的信徒。实际上，莫斯科牧首区乌克兰东正教会控制了更多的堂区和拥有更广泛的信徒。随着俄乌冲突不断持续，乌克兰逐渐切断了与俄

---

① Идентичность. Патриотизм. Ценности（17–18 августа 2022）https：//ratinggroup.ua/ru/research/ukraine/s_mnadcyate_zagalnonac_onalne_opituvannya_dentichn_st_patr_otizm_c_nnost_17–18_serpnya_2022.html.

② Прес‐реліз за результатами соціологічного дослідження 《Україна напередодні президентських виборів 2019》. https：//socis.kiev.ua/ua/2019-03/. 此项社会学调查是在除了克里米亚共和国以及顿涅茨克和卢甘斯克不受控制地区之外的乌克兰所有地区进行的。

罗斯的联系，包括精神生活领域。莫斯科牧首区乌克兰东正教会最终走向独立，宣布与莫斯科牧首区脱离关系。

三 俄乌冲突背景下的后苏联空间民族国家构建的道路选择

2022年的俄乌冲突对后苏联空间国家的震动可谓是最大的。在俄乌冲突中，"俄罗斯世界"的意涵从文化（文明）共同体转变为地缘政治共同体。在俄罗斯看来，"俄罗斯世界"的理念成为治疗苏联解体带来的"20世纪最大的地缘政治灾难"的良药，也是重振大国雄风的强心剂。而对于后苏联空间国家而言，"俄罗斯世界"的实践会对其领土和主权造成侵害，是具有帝国扩张性质的学说，这必然引起后苏联空间各国的恐慌。乌克兰的遭遇很可能会发生在自己身上，乌克兰的命运是后苏联空间国家竭力避免的。俄乌冲突之后，如何处理苏联（俄国）的遗产、与俄罗斯的关系成为关键问题。后苏联空间国家对"特别军事行动"的表态便是这些国家对俄态度的晴雨表：挺俄还是反俄，抑或保持中立的态度？这是后苏联空间国家的艰难选择。以后苏联空间国家对俄乌冲突的态度为棱镜，观察后苏联空间民族国家构建的路径。

（一）后苏联空间遗留的民族问题

追溯俄乌冲突的内部原因，俄罗斯将俄罗斯族聚居的克里米亚和乌克兰东部地区视为俄历史领土和势力范围，是"俄罗斯世界"的核心区域。而乌克兰将其视为神圣不可分割的领土。在后苏联空间，还存在多处因民族问题而产生的领土争端，或隐性存在的风险。

1. 格鲁吉亚和摩尔多瓦与俄罗斯的领土争端

格鲁吉亚和摩尔多瓦都存在受到俄罗斯支持的有争议的领土。俄罗斯和格鲁吉亚关系紧张，源自南奥塞梯和阿布哈兹问题。俄国内战争期间，奥赛梯人建立了苏维埃政权，要求与苏俄合并。后在苏联时期，奥赛梯人聚居区以高加索山脉划分为两个部分，南部归属格鲁吉亚，成为其自治州。苏联解体时，南奥塞梯自治州宣布脱离格鲁吉亚，爆发流血冲突。1992年，俄、格和南奥塞梯各方达成协议，各自在该地区驻扎军队维持和平。阿布哈兹在苏联时期是格鲁吉亚的一部分，苏联解体以后，阿布哈兹寻求独立，阿布哈兹人和格鲁吉亚人爆发了民族冲突，导致1992—1993年的阿布哈兹战争。1994年，联合国和独联体派驻维和部队，实质上获得了独立地位，但冲突不断。2003年，格鲁吉亚"玫瑰革命"后与俄关系恶化。2008年，俄格战争爆发，俄格双方在南奥塞梯爆发冲突。同时，阿布哈兹人与格鲁吉亚人再次对峙。俄格战争后，阿布哈兹和南奥塞梯从格鲁吉亚独立出来，俄罗斯承认其为独立国家。

俄罗斯与摩尔多瓦之间的关系存在的最大障碍就是俄支持寻求独立的德涅斯特河左岸地区（简称德左地区）。苏联时期，大批俄罗斯人迁居德左地区进行大规模工业化建设。1990年9月，"德涅斯特河沿岸共和国"宣布独立，从摩尔多瓦分离。俄罗斯支持该共和国，并在此驻军，与摩关系紧张。

2. 纳卡冲突

几十年来，亚美尼亚和阿塞拜疆一直在纳戈尔诺—卡拉巴赫地区发生冲突（简称纳卡冲突）。纳卡冲突是苏联时代遗留的民族问题，纳卡地区本是一个以亚美尼亚人为主的地区，在苏联时期划分给阿塞拜疆，成为其西南部的一个自治州。纳卡地区的亚美尼亚人一直谋求将纳卡并入亚美尼亚。苏联解体后，阿亚两国为争夺纳卡爆发战争，亚占据了纳卡及其周围原属阿的部分领土。1994年，两国就全面停火达成协议，但交火事件一直不断，纳卡地区实际处于"不战不和"状态。2020年9月，围绕纳卡地区的归属问题，阿塞拜疆和亚美尼亚爆发战争，双方最终在俄斡旋下达成停火，阿夺回了部分领土。在纳卡战争中，俄为同属集安组织成员国的亚美尼亚仅提供了有限支持，阿塞拜疆则得到土耳其大量军事援助。停火后，俄在纳卡地区部署维和部队，俄驻军行为被阿视为"俄站在了亚美尼亚一边"。

3. 哈萨克斯坦北部俄罗斯族聚集区

赫鲁晓夫时期的垦荒运动，导致哈萨克斯坦北部成了俄罗斯族聚居区，说俄语人口在当地占有主导地位。由于历史遗留的原因，在1900万哈萨克斯坦公民中有340万俄罗斯族人（根据2021年初的数据，占人口的18%），是第二大民族。哈萨克斯坦北部的巴甫洛达尔、彼得罗巴甫洛斯克、库斯塔奈和科克切塔夫等城市是俄罗斯族人聚居地，在这一地区，俄罗斯族人占50%。哈萨克斯坦的"俄语化"程度是最高的，俄语在哈萨克斯坦也具有较高的地位，宪法规定，俄语是第二官方语言，在国家机构和地方自治机关中与哈萨克语共用。2021年人口普查结果显示，哈萨克斯坦以俄语为口语的人口占94%（以哈萨克语为口语的人口占74%）。

哈萨克斯坦独立以来，在哈俄罗斯族人急剧减少。1991年，哈萨克斯坦境内的哈萨克族人和俄罗斯族人几乎相当，分别占40%和37%，俄罗斯族人有620万；2009年，哈萨克族人占63%，俄罗斯族人占24%；到了2021年，俄罗斯族人只占18%。从绝对数量上看，哈萨克斯坦减少了近300万俄罗斯族人。主要原因是贫困、社会混乱和民族分离运动下俄罗斯族人聚居地逐渐"哈萨克化"。①

哈萨克斯坦"仇俄"的民族主义情绪一直存在。视频博主艾哈迈托夫于2021年8月成立"语言巡逻队"②，在哈各大城市市场要求卖家说哈萨克语，让不会说哈萨克语的人道歉。这些民族主义分子把视频发布在油管网站上，在其主页上写着"俄罗斯族人是外来的，因为他们不懂所住国家的语言"。该视频在哈影响很大。莫斯科大学信息分析中心主任齐若娃称，在哈萨克斯坦社会内部，哈萨克人被分为"说俄语的哈萨克人"和"说哈语的哈萨克人"。后者认为，说俄语的哈萨克人对保护和传承哈萨克文化构成威胁。2022年1月初，哈萨克斯坦因液化天然气价格上涨引发部分城市民众集会抗议，进而引起骚乱，骚乱者冲击政府机构、攻击警察等情况。骚乱让哈萨克斯坦和俄罗斯的民族主义情绪有所抬头，并付诸行动。

（二）后苏联空间国家对俄乌冲突的态度

俄罗斯向乌克兰发动"特别军事行动"引起了邻国，特别是后苏联空间国家的密切关注。后苏联空间遗留的民族问题，让很多国家面临着与乌克兰相似的问题。后苏联空间国家对俄乌冲突感同身受，又"各怀心腹事"，表达不同的态度。对俄乌冲突的反应成为各后苏联空间国家与俄罗斯远近亲疏关系的晴雨表，也是各国试图摆脱苏联（俄国）遗产以及俄罗斯的影响力、选择民族国家构建道路的反映。

---

① К чему привели протесты в Казахстане? Как там живут русские? И чем старший жуз отличается от младшего? Отвечаем на стыдные вопросы о стране, которую в начале 2022 года обсуждал весь мирhttps://meduza.io/feature/2022/01/21/k-chemu-priveli-protesty-v-kazahstane-kak-tam-zhivut-russkie-i-chem-starshiy-zhuz-otlichaetsya-ot-mladshego.

② Кто и зачем возрождает "языковые патрули" в Казахстане https://ru.sputnik.kz/20220216/kto-i-zachem-vozrozhdaet-yazykovye-patruli-v-kazakhstane-22833501.html.

在后苏联空间各国中，白俄罗斯表达了坚定地支持俄罗斯的态度。苏联解体以后，俄白通过各种政治和经济联盟机制彼此最为靠近。特别是卢卡申科在俄的帮助下平息了2020年8月白俄总统选举之后的政治危机和社会动荡，之后，俄白两国的一体化进程进入"快车道"。俄白建立联盟国家不仅意味着经济上的一体化，双方还将在包括政治和国防在内的所有领域加强协调。当然，我们不能忽视白俄罗斯独立民族国家构建的努力。苏联解体以后，白俄罗斯民族主义思潮复兴，民族意识觉醒。当代白俄罗斯政府加强身份认同相关的立法；加强爱国主义教育，设立民族团结日，塑造统一独立的历史观。

与白俄罗斯呈现另一个极端态度的是波罗的海三国。波罗的海三国自20世纪90年代初独立以来就和克里姆林宫和后苏联空间保持距离，并加入了欧盟。俄乌冲突发生以后，波罗的海国家立场鲜明地支持基辅。

格鲁吉亚和摩尔多瓦也表达反俄的立场。2月21日，普京宣布承认卢甘斯克共和国和顿涅茨克共和国时，摩尔多瓦总统和格鲁吉亚总统便对俄罗斯进行谴责，将其与2008年俄格战争相提并论。俄乌冲突让两国（特别是摩尔多瓦）不安全感上升。6月23日，欧盟宣布正式将摩尔多瓦和乌克兰列为候选国。摩总统表示愿为加入欧盟付出一切政治代价，这意味着摩尔多瓦或将成为反俄的一枚棋子。两国反俄的态度还是有限度的，北约和乌克兰呼吁格鲁吉亚和摩尔多瓦开辟对俄作战的"第二战场"，但格、摩两国并没有接受。

除了格鲁吉亚外，另外两个高加索国家没有直接支持乌克兰，也没有公开反对俄罗斯。亚美尼亚在谴责俄罗斯侵略的联合国表决中投了弃权票，阿塞拜疆代表根本没有出席表决。阿塞拜疆支持乌克兰的领土完整，捐助人道主义援助物资。

中亚国家表现出更为中立的立场。目前，中亚国家普遍在外交上面临较大压力。多位中亚国家领导人明确表示不会承认"顿涅茨克人民共和国"与"卢甘斯克人民共和国"独立，尊重乌克兰领土完整，给予乌人道主义援助，且对国内亲乌集会持宽松态度。同时，这些国家也不愿意制裁俄罗斯。中亚国家的总体态度是，既对俄依赖，同时又不愿意陷入国际孤立之中，在某种意义上保持向西方开放。

总之，后苏联国家在俄乌冲突中呈现出总体的对俄态度是：既对俄依赖，确保该国的政治和社会稳定，享受俄罗斯主导的"俄罗斯世界"带来的红利；同时，又十分警惕"俄罗斯世界"影响其独立自主，对该国主权和领土完整带来侵害，不愿因挺俄而陷入国际孤立之中，在某种意义上保持向西方开放。

（三）亲俄还是去俄：俄乌冲突后后苏联空间国家的道路选择

"后苏联空间"是指原苏联加盟共和国组成的地理空间。各国不仅是苏联时期的加盟共和国，很多在苏联之前便被纳入俄帝国的版图。在同一政治共同体的经历以及俄化措施，让后苏联空间国家具有形成共同政治文化空间的基础。苏联解体以后，俄罗斯曾将后苏联空间国家视为包袱，但俄政权很快调整方向。特别是到了普京时代，普京在各个重要场合强调俄罗斯与后苏联空间各国通晓一种语言（俄语），拥有共同的历史，实质上是一个共同的文化空间。无论是"实质上的"还是"想象的"共同体，俄罗斯积极与后苏联空间国家建立各种合作机制：军事上的集体安全条约组织，经济上的欧亚经济联盟。后苏联空间被俄罗斯视为天然的势力范围，后苏联空间也是"俄罗斯世界"的核心区域。后苏联空间中的俄罗斯是各国维系国家安全、经济发展、政治社会稳定的关键因素。苏联虽然已经解体，但俄罗斯在后苏联空间国家的"硬实力"和"软实力"依然存在。

俄罗斯为后苏联空间国家政权稳定与安全提供保障。后苏联空间被俄罗斯视为天然的势力范围，大多数国家也将俄罗斯视为国家安全、经济发展、政治社会稳定的保障者。2020年8月，卢卡申科在俄的帮助下平息了白俄总统选举之后的政治危机和社会动荡。2020年9月，在俄的调停下，纳卡冲突双方停火。2022年1月，哈萨克斯坦爆发内乱，在俄罗斯的支持下，集安条约组织向哈萨克斯坦派驻维和部队，并迅速稳定了哈政局。此外，在传统与非传统安全领域后苏联空间国家对俄罗斯高度依赖。

欧亚经济空间让各国与俄罗斯联系紧密。除了俄罗斯在后苏联空间倡导的欧亚经济联盟，中亚国家（主要为乌兹别克斯坦、塔吉克斯坦、吉尔吉斯斯坦）还因移民劳工问题与俄罗斯有着密切的经济联系。2021年，乌、塔、吉三国在俄罗斯分别有450万人、240万人和90万人的移民劳工，三国源自俄罗斯的侨汇分别占国内生产总值的11%、30%和28%，是三国极为重要的经济来源。俄乌冲突爆发以来，俄受到西方国家严厉经济制裁，导致来自中亚等国的劳务移民大量失业。对这些国家而言，侨民汇款减少引发经济下滑，从俄回流的劳动力也对本国就业市场造成压力。对这些国家而言，去俄化会带来最为直接的不可估量的经济损失。

与此同时，后苏联空间各国又走上了独立的民族国家构建的道路，如何处理苏联（俄国）的遗产、与俄罗斯的关系成为民族国家构建的关键问题。构建独立的民族国家，"去俄化"是关键要素：各国要确立主体民族语言为国语，俄语的地位下降，还表现在文字从基里尔字母改为拉丁字母，哈萨克斯坦和乌兹别克斯坦便在进行字母拉丁化；重新书写本民族的历史，将民族—国家的历史追溯到并入俄帝国之前，将本国的文明纳入更为古老的民族、宗教文明体系之中；在后苏联空间各国国内进行主体民族为中心的民族共同体构建，俄族地位下降，甚至被边缘化，这在波罗的海三国和哈萨克斯坦北部表现明显。后苏联空间国家的去俄化与美西方国家分化政策密切相关。后苏联空间国家的恐俄或反俄情绪的形成，与美西方国家通过颜色革命、非政府组织渗透、亲西方的教育、文化输出等分化政策密切相关，这是非常重要的外部因素，在某些场合甚至具有决定性作用。

四 结论与启示

同在俄罗斯帝国、苏联的经历，以及民族融合、俄化政策形成了后苏联空间各民族你中有我、我中有你的格局，这种格局一直延续到今天，成为俄罗斯在后苏联空间实施影响力的抓手。苏联解体前后的民族主义浪潮，让后苏联空间各民族国家兴起。以人口占多数的民族为核心建立的民族国家都不同程度地面临着主体民族和少数民族的冲突、独特的民族性（民族语言、文化等）的塑造和俄罗斯化的紧张关系。后苏联空间发生的诸多冲突、战争都与此密切相关，当前的俄乌冲突最为典型。从俄乌冲突出发，以民族问题和民族国家建构的视角观察其对后苏联空间国家的影响，这对我国的民族事务和处理与后苏联空间国家的关系有诸多启示。

第一，对民族问题、民族主义的情绪要始终提高警惕，不能放松。从后苏联空间国家的经验来看，这些国家独立已经有三十余年，民族问题仍能成为外部势力挑起内部争端的路径，成为不断流血的伤口。民族问题具有很强的传导效应，中亚国家与我国接壤，同时存在着大量的跨界民族，中亚国家的民族问题很容易影响到我国的政治和社会稳定。中亚国家以主体民族为基础进行民族国家建构，其历史叙述、民族语言政策、身份认同政治等都会对我国新疆地区的跨境民族产生外溢性的影响，值得充分关注。

第二，俄罗斯推动的"俄罗斯世界"与后苏联空间民族国家构建产生了冲突，也对以民族国家领土和主权完整为价值观的世界秩序构成了破坏。"俄罗斯世界"包含着以俄罗斯文化同化其他民族的意蕴，作为对外的地缘政治工具，便会引发后苏联空间的冲突、动乱和不安。在欧亚大陆，与"俄罗斯世界"具有相似性的"突厥世界""伊斯兰世界""哈萨克人的历史家园"等概念背后隐藏着泛突厥主义和泛伊斯兰主义，对我国的边疆民族心理、边疆安全具有威胁性，我们应密切关注。在这个意义上，我们应坚决反对通过民族议题来干涉他国内政的做法，甚至是分裂主权国家领土的行为。

第三，符合国情的民族政策是民族国家建构的核心。从俄罗斯帝国、苏联到今日之俄罗斯，民族问题都没有完全解决。如何统合190多个语言、宗教、文化各异的民族，并没有一个公认的有效的方案。显然，"俄罗斯世界"并非最优选项，不只是在后苏联空间，在俄罗斯联邦也没有获得广泛的认同。这给了我们深刻的教训，我国在推动铸牢中华民族共同体意识工作中，做到共同性和差异性的辩证统一、民族因素和区域因素有机结合，才能把新时代党的民族工作做好做细做扎实。

第四，俄乌冲突以后，大多数后苏联空间国家都会奉行更加多元平衡的外交政策。如中亚国家，即与俄保持传统友好关系的同时，发展与西方国家的合作关系，同时与其他欧亚大国加强经贸往来，深化多领域合作。对我国而言，这对于推动"一带一路"倡议和传播人类命运共同体意识，都是巨大的机遇。我国在与后苏联空间国家合作中，应充分尊重对方领土和主权完整，肯定其文明成果，将其视为平等的伙伴，传递文明交融互鉴、合作共赢的理念。

第四章

俄乌冲突中的民族因素及启示

2022年2月下旬,俄乌冲突正式爆发。三个多月来,随着俄乌冲突的发展,整个欧洲形势乃至世界格局都发生着剧烈的变化。俄乌冲突也成为世人关注的热点。俄乌冲突的国际国内背景十分复杂。虽然民族因素并非俄乌冲突危机爆发的根本原因,但民族因素也是不能忽略的重要问题。特别是乌克兰作为这次冲突的一个方面,在苏东解体、冷战结束后国家建设能力不足,不仅没有处理好国内民族之间,主要是乌克兰民族与俄罗斯民族之间的关系,而且实施了一系列不利于民族和解和提升国家治理能力的举措,激化了民族矛盾、地区矛盾,为最终酿成国内民族冲突进而演化成俄乌战争埋下了祸根。研究俄乌冲突背后的民族因素,分析乌克兰处理本国民族关系举措的成败得失,对于准确把握民族因素对国家治理甚至国际关系的影响具有重要意义。同时,乌克兰作为处理民族关系问题的失败案例,对于多民族国家民族事务治理,也有很多经验教训,值得研究和借鉴。

一 乌克兰危机背后的民族因素

(一)民族利益凌驾于国家利益之上导致民族关系日益恶化

乌克兰是一个多民族国家,境内民族数量约有130个,其中,乌克兰族占73%,俄罗斯族占22%,其他少数民族占5%。乌克兰的民族矛盾主要表现为乌克兰族与俄罗斯族的对立长期存在,并呈趋多渐强态势。乌克兰东西部地区在文化和宗教领域的差异比较显著。东部居民以俄罗斯族人口为主,主要受俄罗斯文化的影响,自17世纪以来东部各族居民基本讲俄语，主要信仰东正教，着重发展重工业，与俄罗斯关系紧密；西部居民主要以乌克兰人为主，主要受欧洲文化的影响，居民多以讲乌克兰语为主，主要信仰天主教，着重发展农业和轻工业，与俄罗斯的历史积怨一直存续。两族之间的抵触和不满主要表现如下。

一是乌克兰族与俄罗斯族历史积怨久存难消。首先，作为两族矛盾表现形式之一，乌克兰东、西部对峙意识长期传承。从总体上看，俄罗斯族主导的东部在历史文化方面与俄罗斯接近，乌克兰族主导的西部自信为"罗马正统文化"继承者，有别于东部"蛮族"俄罗斯人。在反歧视心理驱动下，乌克兰东部在1654年与俄罗斯合并，西乌克兰随后也被俄罗斯纳入版图。两族的敌视意识随之加深。其次，两族冲突在苏联时期进一步恶化。从俄罗斯民族主义利益出发，苏联领导人对苏联境内的乌克兰族进行了多方面的打压。"二战"前，苏联撕裂、吞并乌克兰国家的举措，造成乌俄两族敌对关系在"二战"中进一步恶化。"二战"中，大量的乌克兰人投靠德军，以期依靠德军打击苏军获得民族独立，并为日后两族的冲突延续埋下伏笔。"二战"后，乌克兰族的民族主义情绪又重新抬头。苏联当局为打压乌克兰族的民族主义诉求，采取了一系列具有浓烈俄罗斯主义的民族主义色彩手段，包括将大量俄罗斯族移民至乌克兰地区，在"民族融合""创建苏联人民"等口号下推行一系列"俄罗斯化"政策。乌克兰人对所经历的"大饥荒""大清洗"和"切尔诺贝利核事故"等过往，均以"难以磨灭的被压迫民族的历史记忆"被乌克兰族记忆传承，两族的对立也因此进一步加剧。

二是两族在现实中的利益抵触长期存在。在乌克兰社会经济快速转型、境外政治势力不断冲击的条件下，两族之间的矛盾冲突日渐加剧。当俄罗斯和乌克兰两国关系危机出现时，相关的抵触或不满随之被激发和放大。两族从各自利益出发对国家政策采取的不同态度，随着"向东"还是"向西"政治诉求对立的加剧，逐渐演化为乌克兰国家危机爆发的导火索。随着国家认同陷入危机，国家政权受到威胁，以及克里米亚被俄罗斯占据，顿涅茨克和卢甘斯克也宣布脱离乌克兰成为"独立国家"。

（二）乌克兰独立后国家建设不平衡导致区域差距扩大和民族撕裂

乌克兰历史上的民族积怨和地区对立，因为政治操作等原因被接续下来，为其东西部区域国家认同差异与冲突不断积累和发酵埋下新的祸根。两族之间的矛盾推动了东西部差别的日渐凸显，宗教观念、民族成分比例的不同与经济发展状况的差异相互作用，导致乌克兰东西部之间的分歧频仍。

独立后，乌克兰政府所采取的"去工业化"，对乌克兰东部经济发展漠不关心，以及融入欧盟体系等策略，导致东部地区和乌克兰政府的冲突不断。在俄罗斯乘机介入东部事务，这被乌克兰政府视为"侵略行为"，"反俄罗斯"在乌克兰遂成为一种"政治正确"，包括允许纳粹组织"亚速营"参加乌克兰军事行动，以及借助西欧各国和美国力量收复"失地"等。曾任"右翼"组织领导人的尤里·门杜克告诉媒体："我们在议会中有代表，我们在乌克兰东部有一个与分离主义分子作战的军营。"两族的历史积怨和现实冲突，随着俄罗斯对乌克兰民族关系治理的不断参与，遂成为东西部分歧加剧，克里米亚、德涅斯克、卢甘斯克分裂势力滋生蔓延的推手。

国家转型过程中市场经济的发展，导致乌克兰社会出现地区差异扩大和社会分化。西部地区将农业作为主要产业，难以有效推动经济发展。东西部地区经济差距日益拉大，东部将俄罗斯作为合作的首选，而西部则将欧洲作为首选。在经济利益面前，东西部在有关国家利益认同、国家未来发展道路等方面的认识不断分化和对立，极大地削弱了国家认同。根据乌克兰民意调查机构进行的调查显示，乌克兰东部81%的受访者认为，俄罗斯是友好国家，乌克兰中部66.9%的受访者和南部46%的受访者认为，俄罗斯是友好国家，而乌克兰西部55%的受访者则认为，俄罗斯是敌对国家。

二　乌克兰民族事务治理的举措及后果

（一）"去俄罗斯化"政策导致境内不少俄罗斯族居民无法形成国家认同

独立后的乌克兰政府长期奉行"去俄罗斯化"政策，试图对历史上的外来政权强加给乌克兰社会的非乌克兰特征加以矫正，以期实现从"大俄罗斯民族文化"到乌克兰民族文化的转变，从民族、文化、历史和语言等多方面重新构建民族国家的认同。从理论上讲，相关路径选择对于新近建立的多民族国家而言，不失为一种比较理性的政策措施安排。但是，乌克兰政府所实施的相关举措并未从各族人民利益和乌克兰社会现实出发，而是将政府领导人所代表的利益集团的利益置于国家利益之上，建构的是"乌克兰人"的乌克兰，推行其他民族的"乌克兰人"化，而不是建构包容性的乌克兰"国家民族"。这导致乌克兰人与其他民族的分裂，增加了各族居民之间的裂痕，尤其是俄罗斯民族与乌克兰民族两族之间的积怨。在这种情况下，建构各族居民共同的国家认同成为空想。

（二）重构乌克兰历史方面的失误

乌克兰独立后，政府采取"去俄罗斯化"建构乌克兰民族历史和身份的政策，割裂了乌克兰各族人民的共同记忆，以及乌克兰文化传承的纽带。乌克兰历届政府对乌克兰文化的传承造成了不尽相同的冲击。事实上，乌克兰语言和文化虽一直存在，但已基本被俄罗斯化。为削弱俄罗斯文化的影响，独立后的乌克兰政府采取了一系列带有民族积怨、不切实际的措施，试图建构乌克兰民族文化认同。除了确立乌克兰语作为国家语言的地位外，还通过打造国民共同的"苦难记忆"，割裂乌克兰与苏联的历史文化联系，以期建构国民共同的国家意识。比如，推倒列宁塑像，将苏联历史描写得一团漆黑，将20世纪30年代发生的"大饥荒"定性为俄罗斯人针对乌克兰人的"种族灭绝"行为等。围绕如何重新认识乌克兰历史问题的争论，也演变为对乌克兰国家历史进行重新评价问题。"橙色革命"后，授予有争议的著名历史人物斯捷潘·班德拉（反对苏联"占领"，呼吁乌克兰独立）"民族英雄"的称号，成为引发乌俄两族矛盾的导火索。2014年4月，乌克兰国家学界提出了"胜利纪念日"的新概念，取代了一直使用的"纪念伟大的卫国战争胜利"的提法。2015年4月，乌克兰议会通过法案，把抵制苏联共产主义和德国纳粹主义等同起来。乌克兰政府宣称，乌克兰的领土从"二战"开始就已变成了两个极权势力的战场，希特勒和斯大林都是占领乌克兰领土的帝国主义领袖。为了强调乌克兰在"二战"中做出的巨大贡献，政府改变了纪念"二战"胜利的民族象征，将红色罂粟作为新的乌克兰民族纪念标志，以区别于俄罗斯的黄黑纪念丝带。

(三) 民族政策缺乏持续性、稳定性和公正性

乌克兰独立后，在政治制度建设方面完全抛弃了苏联模式，向三权分立的资本主义制度转型，但是这种转型缺乏稳固的政治、经济、社会、文化基础，往往顾此失彼、左右失据。"相关政策的制定和实施充满投机性。"①

乌克兰民族政策的制定，基本以执政党领导人的意志为准。有时选择乌克兰民族主义，有时亲近俄罗斯，有时与俄罗斯、白俄罗斯两国一起投身东斯拉夫民族主义。为了建构独立国家、重建乌克兰民族认同，第一任乌克兰总统克拉夫丘克在独立伊始，便强推乌克兰民族主义，在推广乌克兰语的同时，限制俄罗斯族的地位，甚至邀请斯大林时期被流放到中亚的克里米亚鞑靼人回到克里米亚居住，用以拉低东乌克兰的俄罗斯族的人口比例。

依靠颜色革命在2005年上台的乌克兰总统尤先科为抵制俄罗斯文化，掀起了"对俄语的战争"，要求官方文件用乌克兰语颁布，所有中学生在高考时只得使用乌克兰语，并反复强调乌克兰大饥荒的历史，煽动国内仇俄情绪，让乌克兰国内的俄罗斯族陷入困惑和纠结之中，本就比较有限的对乌克兰的国家认同感被这些政策几乎消磨殆尽。2010年上台的俄罗斯族总统亚努科维奇，则不断亲近俄罗斯，宣称东斯拉夫人是一家，应当紧密合作。他一方面宣称要继续进行"去俄罗斯化"政策，另一方面则借助欧盟新通过的《欧洲区域或少数民族语言宪章》，维护俄罗斯族使用俄语的权利。2013年年底，亚努科维奇因为拒绝与欧盟签署自由贸易协定，引发乌克兰政治危机，反对派发起大规模示威，最终被乌克兰议会革除总统职务，逃亡俄罗斯。

现任总统泽连斯基没有治国经验，却很会政治操弄。他煽动乌克兰人的民粹主义、种族主义获得大多数民众的政治支持，却无法建立民族之间的和谐关系。他本人在乌克兰民族主义和东斯拉夫主义之间反复跳槽。他在上任伊始试图亲近俄罗斯，甚至将乌克兰东部分裂武装的头目邀请到谈判的框架中去。随着乌克兰东部局势的逐渐严峻，泽连斯基发现不能再奉行亲俄主义了，便转而投身乌克兰民族主义，甚至准备放弃母语俄语转而

---

① 文龙杰：《政治国家有效性缺失：乌克兰国家建设的教训与镜鉴》，《统一战线学研究》2022年第3期。

"带头"开始学习乌克兰语,实际上,把统一的国家变成了乌克兰族的国家,境内的"俄罗斯人"更加离心离德。

(四) 民族矛盾导致社会撕裂和国家认同危机

因为复杂的历史、民族、文化等多种因素的影响,乌克兰独立后建构国家认同的难度确实很大。不同民族之间一直存在着"国家认同"的差异,在政治精英的操弄下演化成为国家认同危机,对乌克兰作为民族国家的主权完整和社会稳定产生了深层影响。

最直接和最明显的表现,是对乌克兰国家利益认同的缺失,或者说乌克兰国民对于"什么是乌克兰的国家利益"概念模糊。在2004年乌克兰的总统大选中,两位候选人不同的国家发展道路引发了乌克兰东西部选民的对立和冲突,并最终演化为激烈的街头斗争。在2010年总统大选前,许多乌克兰国内政治分析人士认为,严重的经济危机应当是影响乌克兰选民投票的最主要因素。但是,计票结果显示,俄罗斯族占多数的州都支持亚努科维奇,而乌克兰族占绝对多数的州则都支持季莫申科。可见,乌克兰国内缺乏以民族国家利益为目标的统一的国家性政党,主要政党实际上已经沦为地区性利益集团的代言人,影响选民最主要的因素仍然是民族性和地域性因素。选举反映出来的不仅仅是政党政治主张的差异,实质上是乌克兰国内潜在的国家认同危机。同样,在2010年乌克兰与俄罗斯签署优惠天然气换取黑海舰队基地续约协议后,来自乌克兰东部的民众拥堵在议会外表达支持,而来自西部的民众则在政府大楼前表达抗议和不满。

事实上,乌克兰政府采取的相关举措,在一定程度上刺激了乌克兰社会两极化和冲突性政治认同的出现。事实上,乌克兰族与俄罗斯族在300多年的历史过程中不断融合,已经形成了密切的民族关系,两族之间有着难以割舍的血缘关系。据俄罗斯学者不完全统计,在乌克兰以俄语为母语的人口占乌克兰总人口的29.3%。然而,在历次乌克兰选举中出现的历史、文化和语言议题,却被乌克兰政治寡头一次又一次地政治化,试图借助这些问题作为动员选民的工具。如果没有民族主义政治家所创造的强迫人们进行两难选择的气氛,大多数人的自我认同很可能选择多样化和完整的认同。同时,乌克兰政府强制推行单一语言政策等举措,扩大了两族之间的认同差距。

三 乌克兰民族事务治理方面的主要教训

（一）国家独立后的"民族建构"没有摆脱族裔民族主义的束缚

独立后，乌克兰即按照现代政治的一般原则，开始进行超越国内各民族身份认同的民族建构，也就是"国家民族"（国族）的建构，希望以此为契机，形成覆盖整个领土范围，超越地区、民族、文化多样性形成标准化的共同文化，把各族居民纳入统一的"国家认同"或"国族"认同方面来。

在这方面，乌克兰独立后进行了不少尝试。比如，1996年乌克兰宪法规定乌克兰民族由全体乌克兰人民组成，不分种族，并赋予少数民族以保留本族文化传统等权利。这里的"乌克兰民族"应该是指境内的各民族。这是乌克兰进行国族建构的具体体现。但在实践中，乌克兰政治精英集团对乌克兰如何建立包括各族居民的"乌克兰民族"缺乏清晰的思路和理论准备，政治精英之间缺乏共识，也没有为此奠定宪法或法律的基础。

从库奇马政府开始，乌克兰现代民族国家建构进程颇为自信地采用了"主体民族国家化"的方略——以宪法确定乌克兰族的主体民族地位，极力推广乌克兰语，大力挖掘与利用乌克兰族历史文化资源。这种以某一个民族为主导，带有鲜明的"一族一国"古典民族主义色彩或者"族裔民族主义"的痕迹，建立的是具有明显的排他性特征的国家文化或"民族文化"，没有把各民族的文化包容进来，而不是建立各民族的"共同文化"。这种国家民族（国族）建构，过于狭隘化，不仅不能被东乌克兰地区的俄罗斯族和其他少数族裔所接受，也无法为现代乌克兰提供包容性的共同文化，无法真正建立起国家民族的同质性或共同性基础。

（二）政治利益集团私利大于国家利益和社会整体利益

乌克兰的政党政治形成较晚，且在发展之初照搬西方民主经验，具有先天不足的缺陷，具体表现为两个方面：一是政党繁多且力小，缺乏有领导性质的全国性政党。据统计，1998年年底，乌克兰已登记的政党数量是 43 个；2002 年议会选举时，这一数字就增长到 83 个；到 2020 年，全国共有 349 个政党在乌司法部注册登记，形成了多党林立的政治局面，其根源是乌克兰尚未形成成熟、稳定的现代政治文化。二是受国家独立和民族情绪的影响，乌克兰政党政治与民主选举习惯炒作与争论民族类议题，政客们对身份政治话语的随意操弄致使乌克兰社会内部加速分裂，他们只关心如何争取到选举支持和诽谤政治对手，但这种操控强化了乌克兰国内各民族的政治与文化边界，而未能有效塑造出整体性、包容性的国族意义上的乌克兰民族理念。

（三）极端民族主义与民粹主义使乌克兰成为西方地缘政治工具

乌克兰独立后国家政治发展方向左右摇摆不定，国家治理功能衰败，国内政治秩序混乱，政治腐败盛行，社会经济长期低迷，使乌克兰沦为后苏联国家中最贫困的国家之一。与此同时，爱沙尼亚、立陶宛等国加入了欧盟之后发展得越来越好，让乌克兰人深觉"去共产主义化"才是正确的选择，因而在政治上始终亲近欧美，特别致力于加入"北约"谋求所谓的安全和发展。通过这种极化政治操作，乌克兰牢牢地将自己锁死在俄罗斯的对立面，特别是 2014 年克里米亚事件之后，乌克兰极端民族主义者更是将乌克兰国内的俄罗斯族与"共产主义者""克里姆林宫"画等号，对乌克兰国内的俄罗斯族进行攻击和迫害，是导致此次俄乌战争爆发的导火索。

四　若干启示与建议

（一）认真总结分析乌克兰民族治理方面的深刻教训

乌克兰危机、俄乌冲突虽然主要不是民族问题，但是，民族因素在其中扮演的角色不可忽视。乌克兰危机背后处理民族问题的错误带来的教训也是十分深刻的。

一是复杂民族问题的简单化处理。乌克兰与俄罗斯在历史、语言、文化、领土等方面具有十分复杂的联系，如何在独立后处理本国与俄罗斯的关系需要大智慧。然而，乌克兰政客恰恰缺乏这种大智慧，而且往往被民族主义和选举政治所左右。乌克兰自独立以来始终将"去共产主义化""去俄罗斯化"作为国家的历史叙事，试图通过割裂乌克兰与苏联、俄罗斯的历史关系，将乌克兰民族形象的形成和存在与拒斥作为"他者"的"俄罗斯人"联系起来完成本国的社会整合。然而，这种历史叙述不是事实，也不具有合法性、合理性，不仅没有积极的社会效果，反而带来更复杂的社会政治后果。乌克兰历届政府不但没有审慎权衡其背后危险性和狭隘性，反而鲁莽地推动一场自上而下强力地重塑民族认同和民族意识的过程，最终不可避免地走向了历史虚无主义，将乌克兰推向族裔偏见刻板化，社会政治加速分裂的深渊。

二是政治集团绑架国家利益导致民族分裂。西式的政党政治，追求的是短期利益，其手法则是撕裂社会，挑拨民族的情绪，最后导致社会撕裂，国家难以整合，政府成为少数几个相互竞争统治的资本主义寡头集团派系谋取利益的工具。在乌克兰的政治转型过程中，始终充满目的论色彩，其制度选择崇拜着一个虚构的对象，即作为国家形式的"自由民主"。这种为了转型而转型的过度和从外部强加的国家形式导致乌克兰国家建设彻底走向失败，少数几个相互竞争统治的资本主义寡头集团派系不惜一切代价进行权力争夺，使国内政治秩序变得不稳定，最终到达引发暴乱和军事冲突的程度；在他们看来，通过身份政治的操控以及制造俄乌之间的对立可以使他们不去应对社会经济条件的恶化、持续的宏观经济危机和腐败问题，以及为进一步推动私有化提供辩护。

三是沿用"一族一国"古典民族国家理论不适应多民族国家建设需要。乌克兰虽然获得了民族国家的独立，但是，对于民族国家认同的问题还远远没有解决，因此要想保护乌克兰的国家利益，必须首先要解决国家认同问题。民族国家认同是新兴民族国家民主转型能否成功的基础性因素。现代民主国家是建立在普通民众参与的基础之上的，而民族主义为普通民众提供了一种身份界定的可能性。民族国家认同对于转型国家的民主巩固来说是至关重要的。在当今世界，奉行本族利益至上原则的民族主义，对于自身和所属国家而言都极具危险性。乌克兰政府一直以来并未建构起民族国家认同，并就应对相关复杂问题给予关注，缺乏可取代以"一族一国"为主旨的古典民族主义观、促进国家发展的理念。在乌克兰，建构民族国家精神文化的各种尝试贯穿于民族建构的复杂历史全过程。民族国家精神文化的建构进程，因乌克兰领土的依附地位以及民族国家建构过程中的客观困难，变得更加举步维艰。例如，在中欧和东欧，各种民族主义一般彼此效仿，建构国家民族实质上成了目的，而不是通向现代国家的手段。乌克兰民族运动很大程度上是走了一条与东欧各民族类似的道路。实践证明，未来的乌克兰国家为求得生存，需要运用新的认同原则对抗固守"陈旧"世界图景的侵略性民族主义。

四是国家治理的公正性和有效性缺失。苏联解体后，全球范围内形成了一种"苏联失败、西方成功"的认知框架。乌克兰从政治精英到民众，沉浸于西方式的"民主迷思"，并在乌克兰付诸实践。政治制度多变和国家寡头化，导致国家认同缺失和民族对立冲突，进一步加剧了国家治理的无效性，无法真正实现国家建构的独立性、人民性、主体性和建设性等历史任务。亨廷顿所言，一个国家首要的问题就是建立一个合法的公共秩序。乌克兰显然忽视了这个问题，同时出现了国家被寡头"俘获"的现象，政治经济利益格局丧失了人民性和共同性，无法为国家打造出各民族共同情感和文化基础。

五是处理国内民族问题缺乏国际视野和驾驭外部冲击的能力。民族因素在俄乌冲突中是诱因而不是根本原因，是乌克兰失败的国家建设的一种折射。民族因素在国家建构中非常重要，各民族在形式上存在多元性，国家理应统合各民族在形式上的差异性进行国族建构，乌克兰受西方"一族一国"古典民族主义理论的影响，放弃建构超越各族裔身份的国族建构模式，采用具有排他性的以主体民族为主导的整合模式，最终因为放任甚至有意扩大各民族的分裂导致民族因素成为乌克兰国家建设的阻碍。失败的民族政策放大了社会内部裂痕，再被外部势力利用，最终导致国家的分裂。

（二）启示与建议

一是坚持民族事务无小事，高度重视民族关系。注重研究分析借鉴历史经验和国际经验教训，是我党一直坚持的优良作风和重要经验，也是中华文化和中华文明的优良传统和深厚积淀。从乌克兰民族治理的失败，我们看到了一个新兴国家独立后国家治理经验的不足，也看到了这种失败带来的严重后果。这不仅导致国际关系紧张甚至国家之间的冲突与战争，而且看到国内外冲突加剧，尤其是战争给人民群众带来的生命财产安全的巨大损失、国家主权、安全和发展利益方面遭受的深重灾难。

二是坚持国家利益高于民族利益，大力培养国家意识、公民意识、法治意识和各民族的共同体意识。我们党历来重视民族团结和各民族共同繁荣发展。进入新时代，进一步提出铸牢中华民族共同体意识来提升各民族干部群众的国家意识、公民意识、法治意识。特别是要长期坚持铸牢中华民族共同体意识这条民族工作的主线，引导民族工作的方向不走偏，措施不失误。同时，要高度警惕境内外敌对势力利用民族因素干扰、破坏民族团结、危害国家主权、安全和发展利益。切实加强民族团结宣传教育工作，抵御各种极端、分裂思想以及外部敌对势力的渗透颠覆。俄乌战争的主要动因是俄罗斯对美西方一再侵夺俄罗斯的势力范围、一再挑战其安全底线的绝地反击。其外因在美，内因则是俄乌历史上的民族积怨不但没有得到和解，反而因为种种原因导致二者的对立更加尖锐，被美西方国家寻找到了可乘之机，破坏了社会稳定进而引发战争。以俄罗斯与乌克兰为镜鉴可知，铸牢中华民族共同体意识的重要目标就是促使百年未有之大变局，继续保持在实现中华民族伟大复兴中国梦的轨迹下演变发展，而有效应对美西方在民族问题上向中国发起的一系列严峻挑战则是其中的重要一环。只有铸牢中华民族共同体意识，树立底线思维，在压倒性的国家安全命题下构建起维护国家统一和民族团结的坚固思想长城，才能有效应对实现中华民族伟大复兴过程中民族领域可能发生的风险挑战。

三是重视并积极推进中华民族共同体意识民族理论体系建设。中国共产党成立一百多年来，高度重视理论建设。作为统一的多民族国家，中国在民族与国家、民族与民族、民族与公民等诸多问题上积累了丰富的实践经验，并且在马克思主义民族理论指导下完成了从古典民族理论向现代民族国家理论的转变。乌克兰的教训也说明理论话语体系建设的极端重要性。显然我们在这方面还有诸多问题，还需要高度重视并积极推进民族学三大体系建设，加快构建自主的中华民族共同体史料体系、话语体系、理论体系建设。

四是注重国际因素对国内民族问题的影响。民族问题历来具有国际性，尤其是跨境民族是很多多民族国家面临的共同问题，也是现代民族国家建设绕不过去的重大挑战。不同地区、不同国家之间人口的大规模快速流动，进一步加快了国内民族问题国际化、国际民族问题国内化的步伐。对待民族问题，特别是外来移民的文化融入、国家认同建设刻不容缓。

五是高举公平正义大旗，推进人类命运共同体建设。冷战结束后，美国的霸权主义及其为首的西方集团为了保持自己的利益，采取了很多威胁世界和平与安全的举措。面对两个大局，中国需要继续高举对外开放旗帜，坚持国际公平正义，坚持推动多极格局、多边协商机制建设，在推进经济循环全球化与国家利益全球化进程中以大国姿态参与全球治理。我们应当在坚持自己立场和判断的前提下，积极介入乌克兰调解进程，以人类命运共同体所彰显的多极格局、多边协商价值观展现全球治理中国方案的建设性。在处理中乌、中俄关系方面要有大智慧，既要按照事件本身的是非曲直说公道话，又要坚持中国自身的国家利益不受损害。坚持公平正义，体现中国的道义与担当。

第五章

法西英三国民族凝聚力建设的理论与实践

现代国家普遍呈现多民族、多族群、多移民的人口结构特点，族际关系以及在这一向度上产生的民族（nation）凝聚力[①]问题必然成为一项重要的政治关切。民族凝聚力是指同一民族共同体内，所有成员（包括差异群体）基于共同的认同，以及彼此的相互认同所产生的聚合力。"凝聚力"是一种客观存在，有强弱之分。而多民族国家在民族凝聚力建设方面的追求则往往表现为对凝聚力强的向往，通常将"团结"设定为目标。

由于国情差异，各国在探索内部差异群体的"团结"之道方面存在思想理念、术语表达、实践路径的差别。法国使用"国民团结"（solidarité nationale）作为增进国民认同、促进公民平等的社会政策总称；西班牙在宪法中规定了"团结"（solidaridad）原则，以促进各民族各地区之间的互助和平衡发展；英国21世纪以来先后使用"共同体凝聚"（community cohesion）和"融合共同体"（integrated community）为整合外来移民、实现族际和谐的政策命名。我国则强调"各民族的团结"和"中华民族大团结"，并将铸牢中华民族共同体意识作为新时代党的民族工作的主线与"纲"。研究总结上述欧洲国家在凝聚力建设方面的理念与实践，有助于我们把握"团结"理论的更多面向，为新时代铸牢中华民族共同体意识，促进中华民族大团结打开视野、提供参考。

[①] "凝聚力"不完全等同于"团结"，但后者是前者必不可少的要素。民族凝聚力也不仅仅在差异群体关系这个单一向度产生。民族成员的政治参与度、制度设计是否公平、国家对差异文化的包容度等方面也是民族凝聚力的影响因素。总之，"民族凝聚力"或"国家凝聚力"仍是一个有待深入研究的领域。参见周少青《中西比较视野下的中国民族交融发展道路》，《民族研究》2019年第3期；杨多贵、周志田、宋瑶瑶、张公嵬、杨国梁《世界主要国家的国家凝聚力评价研究》，《中国科学院院刊》2016年第11期。

一　民族凝聚力的内涵与理念

关涉制度建设的术语向来不是漫无目的地提出和使用，反复出现于国家大政方针中的核心概念更是如此。在国家凝聚力建设方面，理念不同、国情相异往往导致各国的政策术语、实践路径也不尽一致。

（一）法国的"国民团结"

法国常用"solidariténationale"指代总体上的社会政策，[①] 其含义指向"公民之间的团结互助"，而不是"各民族"（族群）之间的"民族团结"之意。法国不是没有"少数民族"，只是大革命以来的两百多年间，资产阶级统治者始终秉持"一个且可不分"（uneetin divisible）的民族理念，"一个"指法国只有一个法兰西民族，"不可分"指法兰西民族之下再无其他少数群体可以分割其权威。这导致少数民族成员被"公民化"为众多"个体人"，由此也被剥夺了集体身份的权利。2020年10月29日，尼斯圣母大教堂遭恐怖袭击之后，总统马克龙（Emmanuel Macron）的声明尤其凝练地诠释了这一原则："法国只有一个共同体，那就是民族共同体（communauté nationale）。"[②]

在法国的理念中，民族共同体之下，再无其他"共同体"，只有一个"公民"。因此，国家的对话者是"公民"个体，而不是某些"中介性"集体，这便导致历届政府不认可内部少数群体的差异和权益，只承认公民个体之间的差异和个体权利。因此，作为社会政策总称的"国民团结"概念，其实是指"公民团结"。而"solidarité"一词除了有"团结"之意，还包含着十分积极的外延含义——权利的获得。正如1981年"国民团结部"（Ministèredela Solidarité nationale）成立时，该部部长指出的，"我们的本意是成立一个社会事务部，选用'团结'是希望用另外的视角看待这些问题。因为谈到团结就会让人想到历史，想起人们获得权利的经

[①] 参见 Pierre Maclouf, "Les Agriculteursetla Solidarité Nationale: Versun Nouveau Modèle?" Économie Rurale, No. 201, 1991。

[②] Déclarationdu Président Emmanue lMacronaprè sl'AttaqueTerroristedeNice, 2020年10月29日。法国爱丽舍宫官方网站，https://www.elysee.fr/emmanuel-macron/2020/10/29/declaration-du-president-emmanuel-macron-apres-lattaque-terroriste-de-nice，浏览时间：2021年9月5日。

历。这些权利只在社会大进步时期才被承认……"① 他所说的这段历史，实际上，既包括 19 世纪末的"团结主义"（solidarisme）思潮与社会运动，又包括"二战"后法国社会保障制度的确立与完善历程。

"solidarité"意味着"权利的获得"，暗示着"社会大进步"，故而今天法国许多政策均沿用该词，指代各种社会政策，其目标群体是处于劣势地位的公民个体，政策目的在于纠正个体公民之间的不平等，并以此作为促进社会平等、增进社会团结的路径。

（二）西班牙的"团结"原则

直到 20 世纪 70 年代弗朗哥独裁统治结束，西班牙才开启现代民主化转型之路。如果从 1978 年《宪法》颁布算起，至今也不过 40 多年的历程。可以说当今西班牙的领土政治整合仍处于"进行时"，尚未步入其邻国法国那样的"稳定"阶段，所以西班牙尤其注重领土各部分之间的团结互助。西班牙领土结构分为三个层级，由高到低分别是"自治共同体"（comunidades autónomas，亦称自治区）、省和市镇。依照宪法规定，全国组建了 17 个自治共同体，其中 3 个享有"民族"（nacionalidades）身份，另外 14 个享有"地区"身份。《宪法》还承认，各自治共同体在遵守宪法的前提下有权制定符合自身情况的自治条例，允许各自实行自我统治（autogobierno），由此形成了西班牙较为独特的统一国家框架内的"自治"模式，② 体现的是统一与自治相结合的制度特点。

除"统一"与"自治"两原则外，《宪法》还多处提及"solidaridad"，③ 即"团结"原则。根据西班牙"律法百科全书网"的解释，"团结"原则是"对统一原则和自治原则的补充"，④ 可见"团结"原则地位之重要。

---

① HenriBoyer, "Solidarité. Fortune Politique, DériveLexicale," Mots, No. 7, 1983.

② ［西班牙］胡安·巴勃罗·福西：《西班牙民族主义问题及民族和地方自治制度的建立》，朱伦译，《民族译丛》1993 年第 2 期。

③ 西班牙《宪法》在第 2 条、第 138 条第 1 款宣布了"团结"原则，在第 45 条第 2 款、第 156 条第 1 款提及了这一原则，在第 158 条第 2 款中规定了落实该原则的方式。实际上，在谈到各地区时，该原则更多指向"互助"，故本文使用"各民族各地区的团结互助"以使意思表达更为精准。

④ PrincipiodeSolidaridad（团结原则），西班牙"律法百科全书"网站，http://www.enciclopedia-juridica.com/d/principio-de-solidaridad/principio-de-solidaridad.htm，浏览时间：2021 年 9 月 2 日。

《宪法》第二条明确宣布:"本宪法建立在所有西班牙人的共同的和不可解体的祖国——西班牙国家的不可分裂的统一基础之上,宪法承认和保障构成西班牙国家(Naciónespañola)的各民族(nacional idades)和各地区(regiones)的自治权和相互间的团结。"① 通过这一规定,"团结"原则的关照对象也一目了然,那就是各民族和各地区。这一点尤其体现在《第 8/1980 号自治共同体筹资组织法》及其后续改革法案对"团结"原则的多次重申上。②

(三) 英国的"共同体凝聚"与"融合共同体"

对英国而言,"共同体"(community,国内亦有译为"社区""社群")是具有特殊重要性的社会单元。英国的"共同体"不是法国意义上代表国家的"民族共同体",也不是西班牙式代表一级领土单位的"自治共同体",而是人们为了共同需求而形成和维持的地方性社会性集体。"'共同体'一词在英国官方出版物中常用来表示来源于不同背景的人群,或用来指代那些来源于不同国家、种族、族群、信仰、社会阶层的群体相邻而居的状态"。③ 这意味着英式"共同体"的大小、规模、成员底色各异,但总体特点是"相邻而居"。并且英国不像法国那样"惧怕"共同体的个数"大于1",并不加以数量上的限制。比如伦敦南部有"多个"而不是"一个"韩裔共同体,而更早来到英国的犹太人在英格兰各郡都组建有自己的共同体。④ 英格兰政府的理念是,"凝聚力是一种只能在地方被理解和构建的东西(cohesion is something that can only be understood and builtlocally)",⑤ 因此"共同体"成了英格兰进行凝聚力建设、促进族际

---

① 该条译文同时参照了朱伦译《〈西班牙 1978 年宪法〉中的民族和地方自治条款》,《世界民族》1997 年第 1 期,以及潘灯译《西班牙宪法》,Centrede Estudios Financieros,2018 年。

② 《第 8/1980 号自治共同体筹资组织法》第 2 条两次提及,第 16 条两次提及,第 19 条一次提及"团结原则"。参见 LeyOrgánica8/1980,de22deseptiembre, de Financiacióndelas Comunidades Autónomas,1980 年 10 月 1 日。西班牙"国家机构国家官方公报"(Agencia Estatal Boletín Oficialdel Estado)网,https://www.boe.es/buscar/pdf/1980/BOE-A-1980-21166-consolidado.pdf,浏览时间:2021 年 9 月 13 日。

③ 韦平:《多元文化主义之后:英国的共同体凝聚政策》,《世界民族》2019 年第 2 期。

④ JewishCommunitesandCongergationsinNgland,"犹太共同体与记录"组织网,https://www.jewishgen.org/jcr-uk/england_geographic.htm,浏览时间:2021 年 9 月 9 日。

⑤ Departmentfor Communitiesand Local Government, The Government's Responsetothecommissionon Integrationand Cohesion, 2008, https://dera.ioe.ac.uk/7608/1/681624.pdf,浏览时间:2021 年 9 月 18 日。

关系和谐的重要着力点。相关工作最早于 2001 年在"副首相办公室"（Office o fthe Deputy Prime Minister）这一组织架构下开展。到 2006 年，这一组织架构被正式命名为"共同体与地方政府部"（Department for Communities and Local Government，简称 DCLG）。① 2018 年特蕾莎·梅（Theresa Mary May）内阁重组时，该部更名为"住房、共同体与地方政府部"（Ministry of Housing Communitiesand Local Government），并延续至今。此外，还有一个设立于 2005 年的"共同体凝聚研究所"（Institute of Community Cohesion）专门从事这方面研究。除了相关机构的设立，旨在加强共同体凝聚力的政策也以"共同体凝聚"和"融合共同体"的命名先后出台。"共同体凝聚"是在 2001 年英格兰北部移民聚居区发生骚乱之后出现的新术语，主要针对不同种族、信仰或文化群体之间的不容忍，甚至冲突问题而言。

2011 年"多元文化主义"政策正式宣告失败后，"共同体凝聚"作为替代政策的地位得到明确，只是新任政府在术语选择上有意避免了前任使用的"凝聚"，改用"融合共同体"的说法，并沿用至今。② 而其他机构和学术研究中，则多见二者并用。无论是"凝聚"还是"融合"，都展示了政府希望建立能让各种背景的人一起生活、工作、学习和社交的和睦、融洽、团结的共同体愿景，所以英格兰政府也称其为"共同体政策"（communities policy）。③ 在整个联合王国，"共同体"建设都是一项带有普遍性特点的政策，虽然威尔士、苏格兰、北爱尔兰在"共同体政策"上并不听命于英格兰，但三地区也配备有类似英格兰的"共同体"部门或机构，施行适合于自身情况的"共同体政策"，比如北爱尔兰 2013 年推出的《在一起：建设团结共同体战略》（Together：Building a United Community Strategy）至今仍在稳步推进中。从全国角度看，"共同体政策"的目标群体虽具有一定广泛性，但重点群体无疑是非英裔的外来移民。

---

① 英国政府网，https：//www.gov.uk/government/organisations/ministry-of-housing-communities-and-local-government，浏览时间：2021 年 9 月 9 日。

② 2018 年 3 月政府发布《融合共同体战略绿皮书》I（ntegrated Communities Strategy GreenPaper）以面向全社会征求意见，2019 年"住房、共同体与地方政府部"根据收集来的意见制订了《融合共同体行动方案》（Integrated Communities ActionPlan）。

③ Ministry of Housing, Communities and Local Government, By Deeds and Their Results：How We Will StrengthenQurCommunitiesand Nation, https：//unitedhf.org/wp-content/uploads/2019/07/MHCLG_Communities_Framework_Accessible.pdf，浏览时间：2021 年 9 月 18 日。

二 法西英三国的政策及其实践

尽管欧洲国家总是强调共同的"欧洲价值观",但上述三个典型国家在凝聚力建设理念上却是千差万别。法国崇尚"只有一个共同体",认为"个体化""公民化"方式才是强化团结与认同的必由之路;西班牙力图构建统一国家框架下各民族各地区的自治和团结互助;英国相信凝聚力只能从基层的"共同体"层面开始构建。

理念不同自然导致相关实践的大相径庭。法国的"团结"政策最早源自19世纪末的"团结主义"运动,产生了《工人与农民退休法》(1910年)以及一批社会保险法。就像当时一本杂志指出的,"团结观念的深入人心,已经成为防范社会风险的保障"。[①] 但这仅仅是开始。两次世界大战期间,法国通过了影响至今的《每周40小时工作制法》(现已变为《每周35小时工作制法》)和《带薪假期法》;而1945年,国家将此前的各项社会保障立法予以条理化和系统化,统一纳入了"社会保障"体系名下,由此确立了法国的社会保障制度。[②] 经过几十年发展,法国社会政策的群体覆盖面和保障范畴不断扩充,从有关保障性住房的《团结与城市更新法》(Loi Solidaritéet Renouvellement Urbain)到"国家团结失能残障老人基金"(Caisse Nationalede Solidaritépourl'Autonomie),再到惠及就业群体的"就业团结补助"(Revenude Solidarité Active)等以"团结"命名的政策不一而足,社会政策越发精细化。

与法国"公民团结"的路径不同,西班牙更关注领土各部分之间的团结互助。1978年《宪法》不仅宣示了"团结"原则,还规定了落实原则的机制——"地区间补偿基金"(Fondode Compensación Interterritorial,简称FCI)。第158条第2款规定:"为调节领土各部分间的经济不平衡和落实团结原则,将设立一项用于投资性支出的补偿基金,该项基金所拥有的资财由国会分给自治共同体,再由自治共同体分给各省。"该基金实际上是国家专门提供的筹资工具,用于支付落后地区的投资性支出。如此一来也落实了宪法第138条第1款规定的"国家保证切实执行宪法第2条确

[①] Sociétéd'AssurancesMutuelle:"NotreProgramme," Solidarité, 1902, No. 1.
[②] 陈玉瑶:《公民民族主义与团结主义——法国"国民团结"概念的内涵与源流》,《西南民族大学学报》(人文社会科学版)2018年第12期。

定的神圣的团结原则,维护西班牙领土各部分之间适当、公正的经济平衡,并且特别考虑到海岛地区的情况"。[①]

西班牙"地区间补偿基金"于1980年正式设立,1984年启动运行并先后经历过两次改革。在最初阶段(1984—1990年),所有自治共同体都是基金的受益者。1990年"第29/1990号地区间补偿基金法"(Ley29/1990, de26 dediciembre, del Fondode Compensación Interterritorial)使"基金"经历了第一次改革:"只有人均收入低于欧洲人均收入75%的自治共同体才能获得资助。这项改革使地区间补偿基金适用标准向欧洲共同体结构基金受益人标准看齐,取消了对下列自治共同体的资助:加泰罗尼亚、巴斯克、马德里、阿拉贡、坎塔布里亚、巴利阿里群岛、拉里奥哈和纳瓦拉。"[②] 2001年的"第22/2001号地区间补偿基金调整法"(Ley22/2001, de27deDiciembre, Reguladorade Los Fondosde Compensación Interterritorial)拉开了第二次改革的序幕。这次改革包括两大方面的变动:一方面重新确定了受益地区的标准,将具有自治地位的城市,特别是休达和梅利利亚包括了进来;另一方面将基金资源本身一分为二,产生了"补偿基金"(Fondode Compensación)和"补充基金"(Fondo Complementario)两个种类。[③]

2001年改革至今已有20年,其间呼吁"地区间补偿基金"改革的声音不绝于耳,[④] 然而通过"地区间补偿基金"减少区域经济不平衡,同时加强团结原则的基本方向并没有改变。

与西班牙和法国通过"再分配"机制实现地区团结互助或公民团结

[①] 第158条和第138条译文同时参照了朱伦译《〈西班牙1978年宪法〉中的民族和地方自治条款》,《世界民族》1997年第1期,以及潘灯译《西班牙宪法》, Madrid: Centrede Estudios-Financieros, 2018年。

[②] LuisángelHIERRORECIO, "Lareformadel Fondode Compensación Interterritorial. Los Costesy Beneficiosdela Solidaridad," Revistade Estudios Andaluces, No. 20, 1994.

[③] Ley22/2001, de27deDiciembre, Reguladorade Los Fondosde Compensación Interterritorial, 西班牙"国家机构国家官方公报"(Agencia Estatal Boletín Oficialdel Estado)网, https://www.boe.es/buscar/act.php?id=BOE-A-2001-24963, 浏览时间: 2021年9月17日。

[④] 参见 RobertoFERNáNDEZLLERA, FranciscoJ. DELGADO RIVERO, "Nuevos Fondosde Convergenciay Nadade Compensación Interterritorial," Estudiosde Economía Aplicada, Vol. 28, No. 1, 2010; Josefa Olga Ogando Canabal, Beatriz Rodríguez Prado, Pilar Zarzosa Espina, Pedro Benito Moyano Pesquera, "ElFCIComoInstrumentode Solidaridad Interterritorial: Una Propuestade Reforma," Estudiosde Economía Aplicada, Vol. 28: No. 1, 2010; Alberto Vaquero García, La Necesaria Reformadel Fondode Compensación Interterritorial, 13Nov2017, https://www.laregion.es/articulo/euro/necesaria-reforma-fondo-compensacion-interterritorial/20171113141604748095.html, 浏览时间: 2021年9月17日。

的方式相比，英国的"共同体凝聚"实践要更加复杂和独特，因为它不仅被寄予实现群体团结的厚望，还要顺带解决其他实际问题，"进入 21 世纪后，英国的社会议题主要包括反移民的言论、极右翼在选举中的成功、关注英国的国家认同、对跨国恐怖主义的焦虑等，这些都是共同体凝聚政策希望调节的领域"。①

在实践中，国家的宏观指导与各部门的联合助力是"共同体政策"的主要运作方式。宏观层面的指导主要是指内政部和"住房、共同体与地方政府部"的指导性文件；中观层面则有"地方政府联合会"（Local Government Association，简称 LGA）② 的相关指南。

在宏观层面，内政部曾出台过：《构建共同体凝聚图景》（Buildinga Picture of Community Cohesion，2003 年），《学校共同体凝聚标准》（Community Cohesion Standards for Schools，2004 年），《共同体凝聚：七步走》（Community Cohesion：Seven Steps，2005 年）等。"共同体与地方政府部"推出过《给资助人的凝聚力方面指导：回应摘要》（Cohesion Guidance for Funders：Summary of Responses，2008 年）和《有意义的互动指导——鼓励人们之间的积极关系如何有助于建设共同体凝聚力》（Guidanceon Meaningful Interaction—How Encouraging Positive Relationships Between People Can Help Build Community Cohesion，2009 年）等。"地方政府联合会"曾发布过《共同体凝聚———一份行动指南》（Community Cohesion—an Action Guide，2004 年）。

内政部 2019 年 2 月发布了《融合共同体行动规划》（Integrated Communities Action Plan）。③ 按照"行动规划"的指示，"住房、共同体与地方政府部"当年 7 月推出《通过行动及其结果：我们将如何加强我们的共同体和民族》（By Deeds and Their Results：How We Will Strengthen Our Communities and Nation）方案；"地方政府联合会"则于当年 3 月发布了

---

① 韦平：《多元文化主义之后：英国的共同体凝聚政策》，《世界民族》2019 年第 2 期。

② "地方政府联合会"是一跨党派政治机构，成员包括众多英格兰议会（councils）和一些威尔士议会。其职责是支持、促进和改进地方政府，并提高全国对地方议会工作的认识，最终目标是支持各议会为全国性问题提供地方解决方案。参见 Aboutthe Local Government Association，2020 年 10 月 29 日，英国"地方政府协会"网，https：//www.local.gov.uk/parliament/briefings-and-responses/lga-submission-ministry-housing-communities-and-local-2，浏览时间：2021 年 9 月 19 日。

③ Ley22/2001，de27deDiciembre，ReguladoradeLosFondosdeCompensaciónInterterritorial，西班牙"国家机构国家官方公报"（Agencia Estatal Boletín Oficialdel Estado）网，https：//www.boe.es/buscar/act.php?id=BOE-A-2001-24963，浏览时间：2021 年 9 月 17 日。

《建设凝聚共同体：地方政府联合会指南》（Building cohesive communities：An LGAguide）。

根据《融合共同体行动规划》，政府的举措将主要集中在以下方面：加强对共同体领导人的支持力度，促进新移民和当地居民的双向融合，打造包容的教育环境，帮助提高英语水平，创造共享空间和共享活动，增加处境不利者的就业机会，支持宗教团体和促进边缘化个人的权利平等，评估工作进展和措施有效性并分享成功经验。[①] 此外，"规划"还以表格形式为每项行动开列了具体任务、负责部门以及期限。

政策的落实过程尤其凸显各部门"联合攻关"特点。这其中，"住房、共同体与地方政府部"自然是行动主力，但还有些任务需要其他部门单独或联合完成。例如教育部门和学校机构在《教育和技能法》（The Education and Skills Act 2006）的规定下，承担了促进共同体凝聚的法定义务，要"确保所有学生能理解和欣赏来自不同背景的人们"。[②] 再如"数字、媒体、体育和文化部"资助了一项"共同体组织者扩展计划"（Community Organisers Expansion Programme），旨在到2020年3月前将训练有素的共同体组织者人数增加到3500人。[③]

"共同体政策"落实到地方层面时，"地方政府联合会"扮演着较为重要的角色。该组织是英格兰和威尔士各地方议会（市镇议会）的联合会，因而尤其注重地方议会和议员作为地方领导者的角色和作用——无论领导者个人的信仰、种族、社会经济背景如何，或来自何种共同体，他们

[①] 参见 Roberto FERNáNDEZ LLERA, Francisco J. DELGADO RIVERO, "Nuevos Fondos de Convergencia y Nada de Compensación Interterritorial," Estudios de Economía Aplicada, Vol. 28, No. 1, 2010; Josefa Olga Ogando Canabal, Beatriz Rodríguez Prado, Pilar Zarzosa Espina, Pedro Benito Moyano Pesquera, "El FCI Como Instrumento de Solidaridad Interterritorial：Una Propuesta de Reforma," Estudios de Economía Aplicada, Vol. 28：No. 1, 2010 ; Alberto Vaquero García, La Necesaria Reforma del Fondo de Compensación Interterritorial, 13 Nov 2017, https：//www.laregion.es/articulo/euro/necesaria-reforma-fondo-compensacion-interterritorial/20171113141604748095.html, 浏览时间：2021年9月17日。

[②] 韦平：《多元文化主义之后：英国的共同体凝聚政策》，《世界民族》2019年第2期。

[③] "地方政府联合会"是一跨党派政治机构，成员包括众多英格兰议会（councils）和一些威尔士议会。其职责是支持、促进和改进地方政府，并提高全国对地方议会工作的认识，最终目标是支持各议会为全国性问题提供地方解决方案。参见 About the Local Government Association, 2020年10月29日，英国"地方政府协会"网，https：//www.local.gov.uk/parliament/briefings-and-responses/lga-submission-ministry-housing-communities-and-local-2, 浏览时间：2021年9月19日。

都应该塑造和支持当地的认同和愿景。① 这意味着领导者要在塑造地方认同上下功夫。

因此，从整个实施方案来看，英国的"共同体凝聚"并不像法国的"国民团结"或西班牙"团结"原则那样，拥有明确而统一的实施路径。在有关"共同体政策"的各种指南、计划、报告中，不强调统一实践路径，注重成功案例的宣传和启发，是其十分明显的地方化特征。

三 "团结"理论的多个面向

法国、西班牙、英国都是多民族、多族群国家，建设团结凝聚的国家、塑造统一的国家认同是三国的共同追求，而地方民族主义和外来移民融入提出双重挑战，恰恰也是它们现阶段的相同处境。所不同的是，各国的"当务之急"各异——比起本土少数民族问题，法国当下更担忧穆斯林群体的认同问题；比起移民融入，西班牙更关切眼下加泰罗尼亚地区民族主义挑起的政治危机；而英国对这两方面问题的关注似乎不分伯仲，但苏格兰公投及近期北爱尔兰独立政党的上台，说明地方分离主义问题更加突出。

但恰恰是因为法国、英国、西班牙三国的具体国情差异，"凝聚力建设"的重点不同，使得我们可以分别从公民团结、各民族各地区的团结互助以及移民与本地居民的团结三个层面，比较全面地归纳团结理论的多个面向。

（一）公民（人民）的团结

公民（人民）的团结是民族共同体"团结"理论中不可或缺的面向。"公民团结"观念的产生，在很大程度上得益于19世纪末期兴起于法国的"团结主义"运动。"团结"政策带来的"保障"和"福利"融入"公民权利"（citizenship）之中，扩展了后者的内涵。而"公民权利"带来的种种福利，反过来也让个体有了主动向国家确认自身"国民"身份的动力，并从此开始对"国民"资格产生了明显关注。"随着公民与公共机构打交道的行为越发显得习以为常，'国民身份'的建构也在诸如申报信息、填写表格等日常行为中得以逐步巩固。所有成员的相同生活经历逐

---

① 该文件根据2018年3月内政部发布的《融合共同体战略绿皮书》（Integrated Communities Strategy Green Paper）所征求来的各方意见而制定。

步催生了一种集体归属感，加强了属于同一世界的印象。对国家的认同感和公民平等团结的氛围正是通过这些微不足道的'常规'逐步培育和养成。"①

当然，在资本主义社会中，以"公民团结"名义施行的各种社会保障和福利政策是劳动阶层争取自身权益的结果。虽然英国和西班牙的社会保障制度没有被印上"团结"标签，但它们的社会保障和福利制度同样在客观上扮演着缓和阶级矛盾的作用。而社会主义中国的社会保障，则更具有"实质平等"的进步意义，正是在实现脱贫攻坚全面胜利的行动中，"人民团结"的作用和意义得到了充分彰显。如果仅就"团结"的理论性内涵而言，无论是资本主义国家，还是社会主义国家，体现个体平等的社会保障和福利政策都起到了巩固国民与国家之间的纽带，增进国民认同的客观作用。

今天，随着人们对现代社会"公民权利"内涵认知的不断深化，有关"公民团结"的讨论已经超越了社会保障这一物质纽带，延伸到了精神层面的探讨。法国学者泽·门多（Gérard Ze Mendo）敏锐地捕捉到了这一点，在《差异的公民身份，美法整合模式的比较研究》一书中，他指出："共和主义者痛斥所有旨在优先考虑集体的、特殊主义的和特别的诉求，倡导众志成城地忠实于自由—平等—博爱的共和信条，认为该信条更有助于将公民团结在共同理想之下。"② 的确，"自由平等博爱"反映了人类反抗专制压迫的普遍追求，因而具备成为共同精神纽带的资质。相反，一些不具备包容性特点的价值观或理想信念，就难以成为公民团结的纽带，比如法国当下力求用以改造穆斯林的"世俗主义"（lacité）原则，正在今天的法兰西充当"区分""规训"而不是"团结"穆斯林的角色。这就是历史上法兰西人能够突破地区认同，团结一致推翻封建专制统治，而今天却因社会分裂而显得灰头土脸的原因。这一前后反差也进一步证明，共同性、包容性价值理念能够对公民（人民）团结产生积极的纽带作用。

---

① 陈玉瑶：《国民团结：法国的理念与实践》，社会科学文献出版社2019年版，第202页。
② Gérard ZeMendo, La Citoyenneté Diffé Renciée, UneApproche Comparéedes Modè Lesd' Inté Gration Amé Ricainet Franais, Paris: é Ditions Connaissanceset Savois, 2011, pp. 27-28.

（二）各民族各地区的团结互助

"公民团结"产生的各种社会政策无论在历史上，还是在当下欧洲，都发挥了增进国民认同的作用。既然如此，又如何解释20世纪六七十年代出现在法国科西嘉、布列塔尼、巴斯克、阿尔萨斯等地的民族主义和分离主义运动呢？

这是因为"公民团结"并不能覆盖和取代国内各民族各地区的团结。各民族各地区团结的关键，则在于各方经济社会发展水平的均衡（即能否"共同繁荣发展"）。法国上述地区民族独立运动爆发的背景，是巴黎与少数民族地区经济发展的严重失衡。为解决危机、纠正失衡，巴黎从20世纪80年代开始推动一系列地方分权改革，对包括少数民族地区在内的落后地区发展给予了应有的关照，上述地区的民族主义情绪和独立运动才由此大幅减缓或消失。然而对于平衡区域发展这件事，法国政府始终着眼于"平等"而不是"团结"，这又为民族独立主义的再度崛起埋下了伏笔。

与法国完全相反，西班牙不仅承认西班牙民族之下还有加泰罗尼亚、巴斯克、加利西亚这些"历史民族"（historicalnationality），而且特别重视这些民族共同体与其他共同体之间的团结。为此，国家设立"地区间补偿基金"致力于各地区各民族之间的均衡发展与团结互助，并在实行过程中不断改革调整使之趋于合理化。

那么是否可以将当下的加泰罗尼亚独立运动作为认定"地区间补偿基金"失败的标志呢？许多关注加泰罗尼亚危机的学者并不这样认为。"少数民族巴斯克人和加泰罗尼亚人的经济发展水平超过整个西班牙平均水平，他们不是需要国家帮助而是需要他们帮助其他地区。"[1] 加泰罗尼亚出于利己主义不愿付出，反而是较为普遍的看法。

西班牙国内的确存在针对"地区间补偿基金"的意见。有学者认为，2009年财税改革与"地区间补偿基金"存在冲突，[2] 还有人指出，资助额度在降低，讨论了受益地区的评判标准确立等问题，但其出发点都是为了使之更加优化，而不是质疑"基金"存在的必要性。至于"地区

---

[1] 陈玉瑶：《国民团结：法国的理念与实践》，社会科学文献出版社2019年版，第13页。

[2] Roberto Fernándezllera, FranciscoJ. DELGADO RIVERO, "Nuevos Fondosde Convergenciay Nadade CompensaciónInterterritorial," Estudiosde Economía Aplicada, Vol. 28, No. 1, 2010.

间补偿基金"到底在多大程度上起到了"团结"的作用,至今虽然没有一个可以量化的指标体系加以评估,却也不妨碍我们通过比较生成大体印象。

我们说不能以加泰罗尼亚分离主义作为衡量"基金"失败的标志,最主要的原因在于,"基金"对同样是"历史民族",但经济发展相对落后的加利西亚的国家认同,有着积极影响。因此,加泰罗尼亚并不是衡量"基金"存在价值的可靠标准。或许将加利西亚与同样是"落后地区"的科西嘉相比,反倒可以说明问题。

科西嘉与加利西亚的领土级别相同,都是各自所在国的最高级领土单位。2019 年,加利西亚人均 GDP 在全国排名第 10 位,[①] 虽然落后于平均水平,但尚不至于"垫底"。而法国科西嘉的人均 GDP 排名通常都处于"垫底"位置——根据法国"数据网"披露的最近的统计排名,2020 年科西嘉在本土 13 个大区中人均 GDP 位列倒数第一。[②] 法国宪法宣示科西嘉是享有特殊地位的领土单元,但是在经济发展方面,政府并未额外给予科西嘉特别的"照顾",也就是没有类似于西班牙"地区间补偿基金"的机制。科西嘉的"特殊地位"实际上主要是指历史上沿袭下来的个别税收"特权",包括生产和消费葡萄酒免征增值税、更低水平的烟草税以及免除道路车辆特别税等。法国审计院认为,这些都属于"基于过时条款的例外做法,没有任何法律依据,无视税收平等的一般原则",[③] 并建议财政部给予废除。

由此可见,如果说西班牙理念中的"团结"原则地位高,那么在法国就是"平等"地位高,并且这种"平等"仅限于"形式平等"。因为对于一个自我发展能力严重不足的地区而言,无视发展起点地让它同发达地区在同一套规则下竞争,必然产生实质上的"不平等"。这也就解释了为何加利西亚 1978 年以来没有出现过激烈的民族主义运动,而法国"科

---

① PIBdelas Comunidades Autónomas 2019, 西班牙"宏观数据"网, https://datosmacro.expansion.com/pib/espana-comunidades-autonomas, 浏览时间:2021 年 9 月 26 日。

② Produitintérieurbrut(PIB)parhabitanten Franceen 2020, selonlesrégions, 法国"数据网", https://fr.statista.com/statistiques/479490/pib-par-habitant-selon-regions-france/, 浏览时间:2022 年 9 月 6 日。

③ Guillaume Poingt, "Cessurprenantsavantagesfiscauxdontbénéficiela Corse",《费加罗报》网, https://www.lefigaro.fr/conjoncture/2017/12/02/20002-20171202ARTFIG00025-ces-surprenants-avantages-fiscaux-dont-beneficie-la-corse.php, 浏览时间:2021 年 9 月 26 日。

西嘉民族解放阵线"（FLNC）在时隔 40 多年后却"重出江湖"，并声明将带着"比过去更强的决心"恢复武装斗争，争取科西嘉独立。①除了这个极端主义地下组织，科西嘉还有自治主义和独立主义党派，并且两派联合执政的局面从 2015 年延续至今。可以说，科西嘉不仅有非法的武装独立组织，还有合法的独立主义政治势力。科西嘉"独立"问题必然在未来成为关注焦点，届时将会更加凸显西班牙"团结"举措的积极性和必要性。

英国与法国、西班牙两国的领土政治背景均不同，法国、西班牙两国领土组织方式由国家宪法加以规制，而苏格兰、北爱尔兰与英格兰的"契约"关系明显，并不受制于共同的上位法，英格兰政府在很多内政事务方面难以对苏格兰和北爱尔兰发号施令。在思想理念上，作为道德义务的"团结"原则不兼容于自由主义的"契约精神"，自然也就不常出现在英格兰的话语体系中。

对比英国、西班牙、法国三国促进国家凝聚力的政策实践及成效，不难发现，各民族各地区的团结互助同样是国家凝聚力建设中不可或缺的一环，事关国家领土完整和主权权威。保障各民族各地区的团结，不能像法国一样恪守"形式平等"，让发展程度不同的地区或民族在同一套规则下竞争，而是要以"公平"和"实质平等"为前提的团结，努力缩小地区差距，保持各民族各地区均衡发展。我国施行的"兴边富民""西部大开发""对口支援"等倾斜性政策可以称得上是典范性实践。

（三）外来移民与本地居民的团结

法国的"国民团结"并不涵盖国内各地区各民族的团结，仅关照全体公民的团结，那么对于已经归化入籍的外来移民及其后代，是否也起到了增进认同的"团结"作用呢？恐怕难以给出斩钉截铁的肯定回答。

体现"公民团结"的各种社会福利可以保障最贫穷的成员也能参与公共生活。然而当外来者成为"定居者"，甚至"法兰西人"后，"公民平等"反而成了怨愤的源头。1976 年法国出台"家庭团聚政策"，允许移民以"家庭生活"权利为由将亲属接到法国生活。大量北非移民成为"定居者"，其子女则依法成为"法国人"。移民融入，由此以

---

① Paul Ortoli, "EnCorse, leFLNC Menaced'un Retouràla Lutte Armée," Le Monde, 5-6septembre, 2021.

"问题"的面目频繁出现于舆论场。国家的"团结"政策让入籍移民享受"福利"的同时,却让本地居民产生"吃亏"和"被剥夺"的不公正感。这是在嫌弃移民贫穷吗?好像不全是。"从反移民思潮的命名——'排外主义'来看,移民之所以遭到排斥和歧视,并不是因为他们的贫穷状态,而是因为他们的'外来者'身份,也就是他们的文化差异。"① 被国家"接收",却不被社会"接纳",这一结果难免令外来者的法兰西认同蒙上阴影。

不被社会"接纳"的很大一部分原因在于官方对移民融合的政策目标及舆论导向是以移民是否认同法国价值观为标准。这就造成了从官方到民间形成了以强调文化差异为主导的思维定式,以至于在法国舆论场竟能制造出"身份证上的法国人"这类贬称。这种政策导向与西班牙自 2007 年以来始终秉持的移民融合观念完全相反。

21 世纪前后,西班牙逐渐由移民流出国、中转国稳定为移民流入国。政府认识到来自不同背景、拥有不同文化特征的移民已经成为西班牙社会的一部分后,于 2006 年制订并发布了《公民战略与融合计划 2007—2010》(Plan Estratégicode Ciudadaníae Integración 2007-2010),其中就强调了"移民在许多方面做出了重大贡献,并为他们自己和他们的家庭以及整个西班牙社会创造了新的机会"。② 该计划周期结束后紧接着又出台了《公民战略与融合计划 2011—2014》,其核心要旨是强调"对移民与本地居民相互适应过程的管理"。③ 如今,强调移民与本地居民相互适应的理念,已经得到不止西班牙一个国家的认可,英国也在几乎同一时期,实现了秉持同样理念的"共同体凝聚"政策对"多元文化主义"的取代。

英国的"共同体凝聚"源自对"多元文化主义"政策的反思和纠正,同样不关照国内地区各民族的团结互助。但与法国"国民团结"政策不同的是,"共同体政策"注重从实际问题出发,不固守形式上的"公民平等",

---

① 陈玉瑶:《国民团结:法国的理念与实践》,社会科学文献出版社 2019 年版,第 203 页。
② Ministeriode Trabajoy AsuntosSociales: Plan Estratégicode Ciudadaníae Integración 2007-2010, Madrid: Ministeriode TrabajoeInmigración, 2006, p.10. https://ec.europa.eu/migrant-integration/library-document/plan-estrategico-de-ciudadania-e-integracion-2007-2010_en,浏览时间:2022 年 9 月 2 日。
③ Ministeriode TrabajoeInmigración: Plan Estratégicode Ciudadaníae Integración 2011-2014, Madrid: Ministeriode TrabajoeInmigración, 2011, p.4. https://ec.europa.eu/migrant-integration/library-document/strategic-plan-citizenship-and-integration-2011-2014_en,浏览时间:2022 年 9 月 2 日。

在强化外来移民公民权利的同时，尤其注重促进本地居民与外来移民的和睦凝聚。无论是 21 世纪初的起步阶段政策，还是 2019 年稳步阶段的行动指南，英国政府的政策制定往往基于深入移民聚居区的实际调查，如 2000 年的《帕雷克报告》（Parekh Report），2001 年的《坎特报告》（Cantle Report），以及 2016 年的《凯西报告》（Casey Review Report）等。所以，英国的报告或官方文件中毫不避讳"黑人和少数族裔共同体"（black and minority ethnic communities）或"多数人共同体"（majority communities）等称谓。

英国的共同体政策并不因为执政党的更替而发生重大转向，这本身就说明其实践成效得到了共识性的认可。但同时也应看到，"共同体政策"仍停留在政策层面，在各地的贯彻落实仍然存在不同程度的差异，这就是为什么《凯西报告》在评价"共同体凝聚"政策时要强调，"问题不在于缺乏知识，而在于缺乏集体的、一贯的和坚持不懈的意愿去为此付诸行动，或在国家和地方一级给予它应有的优先地位"。[1]

全球化时代的人员流动越发便捷，导致无论是国际还是国内的移民迁徙现象遍布世界每个国家。每个国家，区域文化、民族文化的差异在丰富本地文化、激发地区活力方面带来积极影响的同时，也不免为人际交往、民族交流制造短暂性困难。在我国，外来移民的融入问题虽然尚未具备欧洲国家那样的规模和烈度，但是，在全国人口大流动、少数民族人口大融散的背景下，积极推动构建互嵌式社会结构与社区环境的实践，却也与英国的"共同体凝聚"政策具有异曲同工之妙。对比法国和英国的移民融入问题、理念与实践，可以发现，外来移民与本地居民的团结同样是民族凝聚力建设的重要面向，在这方面的政策实践中，积极干预要胜于消极放任，提前作为要好于亡羊补牢。

四 民族共同体建设的几点启示

法国的"国民团结"发展至今已有一百多年的历史，其对处于弱势地位的公民的各种关照，呈现出越发"精细化"的特点。该政策尤其凸显了"国民"身份的重要性，巩固了公民个体与国家之间的纽带，这是

---

[1] DameLouiseCasey, TheCasey Review: A Reviewinto OpportunityandIntegration, London: Departmentfor CommunitiesandLocalGovernment, 2016, p. 148.

"国民团结"政策积极的一面。然而同时也应看到,法国"公民团结"建设既无法解决各地区各民族的"不团结"问题,也难以应对新移民的社会融入问题。西班牙把"团结"上升至宪法层面,并规定了保证各民族各地区之间团结互助的制度性举措——"地区间补偿基金",反映了西班牙对该理念的重视甚于法国。尽管加泰罗尼亚独立危机仍处于"进行时"阶段,但据此认定该机制"失败"却有失公正。"基金"对包括加利西亚地区在内的落后地区的援助,在客观上阻碍了区域发展失衡的进一步扩大,杜绝了"科西嘉现象"在西班牙的出现。与法国、西班牙相比,英国的"共同体政策"可谓名副其实的"21世纪新政",主要致力于新移民与本地居民的凝聚力建设。既然难以形成统一的领土政治架构,那么"将英国塑造成一个由不同的小共同体组成的大共同体(acommunity of communities)"[1] 不失为培育国家认同的另一种途径。"共同体政策"从最开始的局部试点到今天的全国施行不过20年时间,目前对这一新政策的现实成效做出评判似乎为时过早,但从其渐次普及的广度和不因执政党轮替而变化的韧性来看,其政策成效是得到肯定的。

　　国家凝聚力建设是民族建构(nationbuilding)的题中之义,也是当今世界各国的共识性举措。综合法国、英国、西班牙这三个欧洲典型国家的经验可以得出如下结论:关于国家凝聚力建设的理论框架应该至少由三个方面构成——公民(人民)的团结、各地区各民族的团结互助和外来移民与本地居民的团结。在实践层面,国家凝聚力建设应该既着眼于国民个体层面的团结,也应重视国内各地区各民族层面的团结互助,还要关照区域内外来移民与本地居民的团结。在中国,"中华民族大团结"应该包括全体人民的团结、各地区各民族的团结以及少数民族人口大融散背景下地方社区的团结,且三者之间不能互相替代。实际上,中国特色解决民族问题的道路之所以是正确的,恰恰是因为中国共产党在具体实践中对上述三个面向均有关照,"中华民族大团结"才能不断得到巩固,只是在将这些实践进行理论化提炼和总结方面,还有待民族理论界的进一步探索。值得说明的是,以上三个面向只是从族际关系一个向度观察得到的结论,民族凝聚力建设是一个多层次系统性工程,可以

---

[1] 该理念出自2000年问世的《帕雷克报告》(Parekh Report),报告标题为《不列颠多族裔未来》(The Future of Multi-Ethnic Britain),参见韦平《多元文化主义之后:英国的共同体凝聚政策》,《世界民族》2019年第2期。

进一步探索的空间依旧巨大，比如各党派的团结、各阶层的团结同样扮演着重要角色，有待学术界去研究讨论。此外，"多元文化主义"被宣布失败后，欧洲国家普遍认识到了"多元文化主义"政策的弊端在于造成了新移民与本地居民的"隔离"与"孤立"，造成了一个个"平行社会"。因此，强调融合的"相互适应"特点，已经成为多个国家的理念（英国、西班牙、丹麦等）。"团结"（交融）不仅是少数族裔或少数民族的单向度义务，也需要多数人的参与和响应。这一点对于我国新时代加强和改进民族工作同样具有借鉴意义。

第六章

西班牙治理分离主义问题的经验及启示

全球化时代，多民族国家内部民族问题"增多趋强"的态势已不再凸显。但是，民族问题在一些国家里仍然成为引发社会动乱和政治危机的重要因素。在六七十个国家里，还存在民族分裂主义组织，包括当今国际社会严厉打击的恐怖主义组织大多也与民族分裂主义有关。在一些国家的"民主化浪潮"推动下，民族问题不时成为"反对派"举事的缘由。西方一些国家动辄以防止人道主义灾难为名对他国内政进行干涉，借民族问题做文章，甚至故意挑起民族冲突已成为其惯用伎俩。民族问题的重要性和复杂性等特点，仍需为人们所重视。

世界各国为解决民族问题形成了不同的治理模式，主要包括民族联邦方式、民族地方自治方式、民族保留地方式、民族文化自治方式、民族一体化方式、多元文化主义方式等。虽然这些方式都从不同程度上缓和了一定的民族矛盾，但是，自20世纪90年代以来，人们发现它们大都不尽如人意，都存在不同程度的理论与实践问题和争议。由此，从不同角度、采用不同方法、多学科参与，以求深入认识民族问题，提出民族问题治理的新思想、新对策，成为近年来国内外学界共同关注的话题。学界普遍认为，民族分离主义可被视为当今多民族国家民族问题的极端表现。它以分裂主权国家为最终目标，不仅严重影响了有关国家的社会稳定，而且对地区安全、国家关系、世界和平与发展都能够构成重大威胁和挑战。当代国家95%以上是多民族国家，大多面临民族分离主义问题。

反分裂已成为许多国家的当务之急。同时，美国等西方反华势力，动辄挑唆民族分离主义势力，挑战我国的领土主权完整，在国家建设和发展重要的时间节点尤其如此。2021年是"十四五"的开局之年，东京奥运会举办之年，以及中国共产党成立100周年的重要历史节点。国际反华势力,借所谓"新疆问题""西藏问题""台湾问题"等,不断为分离主义势力助威呐喊,企图破坏我国安定团结的大好局面。因此,反分裂的警钟需要保持长鸣状态。西班牙的分离主义活动具有政党领导,甚至武装组织参与等特征,中央政府往往采取"多管齐下"的方式加以处置。西班牙治理分离主义问题的相关举措,可为我国面对新形势下出现的诸多挑战提供一定的启示。

一 西班牙治理分离主义问题的主要举措

西班牙位于欧洲西南部伊比利亚半岛,面积约 50.6 万平方公里,比我国三个江西省的面积略多一些。西班牙人口不到 5000 万,主体民族是卡斯蒂利亚人(即西班牙人),占全国人口 70% 以上,少数民族有加泰罗尼亚人、加利西亚人和巴斯克人等。卡斯蒂利亚人通过联姻等方式与加泰罗尼亚人、加利西亚人和巴斯克人等少数民族建立的王国联合在一起。卡斯蒂利亚人、加泰罗尼亚人、加利西亚人和巴斯克人占西班牙人口的 99% 以上。卡斯蒂利亚语(即西班牙语)是官方语言和全国通用语言,少数民族语言在本地区亦为官方语言。96% 的居民信奉天主教。全国划分为 17 个自治区、50 个省、8000 多个市镇,在摩洛哥境内另有两块"飞地"。民族分离情绪相对较强的自治区主要包括加泰罗尼亚、巴斯克和加利西亚,其中加泰罗尼亚分离主义活动在近年表现得尤为活跃。多年来,中央政府在治理民族分离主义问题上,取得了一定可供借鉴的经验。

1. 坚持依法斗争

长期以来,西班牙中央政府一直坚持通过宪法法院裁定来维护国家安全,不断完善"反分裂"的国家法律法规。1978 年通过并沿用至今的《西班牙宪法》特别强调"西班牙不可破坏的团结",从根本上排除了通过"民族自决"而实现"民族独立"建国的合法性。《西班牙宪法》规定:"如果一个自治区未履行宪法或其他法律规定的义务,或行为严重危害西班牙王国的整体利益,政府可督促自治区主席改正;如果不能获得满意,经参议院绝对多数批准,政府可采取必要措施迫使自治区强制履行上述义务,或保护上述整体利益。根据前款规定措施的执行,政府可向各自治区机构发出指令。" 2017 年 10 月,加泰罗尼亚自治区不顾宪法法院裁定举行了所谓的"独立公投",西班牙中央政府随即收回其自治权。警方在制止相关骚乱中动用了警棍、装甲车等工具，严厉打击了暴力示威者破坏公共设施、攻击警察，致使城市陷入动荡不安的行径。被政府认定危害国家安全的行为，会直接进入刑事程序。犯罪嫌疑人一旦被判有罪，就会被剥夺选举权和被选举权。推动加泰罗尼亚"独立公投"的普伊格蒙特等人，就被中央政府视为违法分子，并指控其涉嫌犯有叛乱、煽动叛乱、欺诈和滥用公共资金罪。相关"分裂势力"代表人物担心被捕纷纷逃亡国外。2019年10月，西班牙最高法院判处逮捕加泰罗尼亚自治区前副主席洪克拉斯等9名"独立派"高官入狱。西班牙的反分裂举措随即获得欧美多国的支持。

　　中央政府对所谓"全民公投"采取了一些有理有节的限制，并注重营造相应的舆论氛围。众所周知，加泰罗尼亚自治区的"独立运动"已持续数百年。2014年，加泰罗尼亚主席马斯宣布举行"独立公投"，但是西班牙众议院依据宪法相关规定立即否决了其公投请求。实际上，国际法中的"民族自决权原则"，在西班牙具有严格的适用条件。尽管宪法法院禁止了加泰罗尼亚举行"独立公投"，但是依然有许多当地政治人物表态支持"公投"。于是，西班牙总检察院向742名来自加泰罗尼亚的市长发出了传唤，要求他们必须配合检方针对"公投"展开的调查。警方随之接到指令，逮捕所有拒不接受传唤的市长。总检察长马萨表示，会对加泰罗尼亚地方官员以及议员提起公诉，指控他们滥用职权、藐视法庭命令。西班牙宪法法院随即否决了加泰罗尼亚意欲举行"独立公投"的计划。马德里的宪法法院法官宣布，撤销加泰罗尼亚议会通过的相关"改革法案"。中央政府为此向宪法法院提出起诉并获得胜利。时任西班牙首相的拉霍伊公开宣称，加泰罗尼亚政府首脑强调的"独立公投"将"绝无可能进行"。

　　中央政府针对从事分裂活动的言行还设定了一套明晰的法规，对分离活动依法治罪、违法即抓。加泰罗尼亚"独立派"在地区议会选举中获胜后，宪法法院向其领导人马斯发出了传唤通知，指责他于2014年年底组织"违抗中央政府的行动"。中央政府随之从法律手段上着手遏制"独立派"的活动。司法部门认为，"公投"之举构成了"公民违抗"行为。首相拉霍伊表示，将动用"一切政治及法律手段"防止加泰罗尼亚"独立"，并谴责加泰罗尼亚"独立"是"一种挑衅行为"。2014年，加泰罗尼亚举行了一次"独立公投"，约80%的人赞成"独立"，但是中央政府依法否决了"公投"结果。其依据是加泰罗尼亚的"独立公投"未能按照《西班牙宪法》第92条规定的程序操作。西班牙12名法官审议后做出裁定：根据西班牙宪法规定，西班牙自治区不可以自行公投决定是否作为西班牙一部分，加泰罗尼亚所做的"行管声明"因此被裁定无效。据西班牙《世界报》披露，中央政府制订了详细计划，如果"独立"势力继续推进其"独立路线图"，中央政府将切断对其资金供应，并着手接管自治区警察部门。

2. 亮明严厉打击"暴力谋独"的底线

中央政府在对付分离势力方面能够坚定国家统一的立场不动摇，视国家主权和领土完整为最高准则和政治底线，将地区分裂定位为违法并依法严厉打击。西班牙一些政党在治理分离主义问题方面，通常会支持中央政府对"暴力谋独"进行围剿和镇压。比如号称"坚定的宪政主义者"的中右翼自由派政党"西班牙公民党"，坚持反对国家分裂，积极倡导推行制度改革以确保福利国家的长期可持续性。

中央政府反分裂的态度坚决、行动果断，在维护国家主权和统一上不做任何让步。比如，严厉打击制造多起暗杀和恐怖活动的"埃塔""加泰罗尼亚分离势力"，跨国抓捕分离势力的头目，以及将反分裂网延伸到国外等。其目的就是让分离势力认识到"闹分裂"的后果非常严重。进入21世纪以来，西班牙警方先后摧毁了极端主义组织"埃塔"的17个突击队，抓获了190多名"埃塔"组织成员，数百名"埃塔"成员被关押。分离主义势力因此难以在中央政府内部得到策应。西班牙经济部长金多斯曾断言，加泰罗尼亚的"独立运动""没有出路"。2015年10月，西班牙首相马里亚诺·拉霍伊·布雷曾表示，西班牙主要政党会携手维护国家团结，阻止分裂企图。依据西班牙在2019年10月发布的"欧洲逮捕令"，西班牙加泰罗尼亚政府前主席普伊格蒙特于2021年9月在意大利撒丁岛被意大利警方逮捕。

3. 采取多元化策略应对和平诉求

中央政府在治理分离主义问题方面，并非将武装镇压作为解决分离主义问题的唯一手段，而是根据实际情况将和平谈判视为打破僵局的现实选择。目前，西班牙分离势力的主张及活动基本趋于缓和、式微。总体上看，在经历了对抗、恐怖和"暴力谋独"后，基本转向对话、协商、法治等和平轨道，从试图建立"独立国家"转向要求"地区自治"。中央政府对采取和平方式谋求自治权的政治力量通常比较宽容，对加泰罗尼亚诉诸法律等非暴力手段谋求"独立"的活动大都通过积极开展谈判和对话加以应对。对曾经的"暴力激进分子"，也没有彻底关闭谈判大门，比如曾数次与"埃塔"组织成员展开对话。

西方一些多民族国家在完善制度化的权力分享机制的同时，采取"下放权力"、扩大区域自治权等措施，以保证各民族对国家政治事务的共同参与，西班牙就是一例。1978年和1979年，中央政府决定对巴斯克、加泰罗尼亚分别下放权力。为平缓巴斯克分离活动，政府在法律上赋予了巴斯克一些特权。需要说明的是，西班牙所有的自治共同体拥有相同机构（立法议会、主席和政府），但是，其权力不尽相同。权力最大的自治共同体是那些根据宪法第151条规定通过自治法规的共同体，比如加纳利群岛和瓦伦西亚自治共同体。根据宪法第150条第二款之"过渡组织法"的相关规定，可执行其最高职能级别权力的共同体，比如纳瓦拉自治共同体。

在开展反分裂的斗争中，中央政府比较注重控制、分化分离主义势力政治精英层，以抑制其开展分裂动员所能造成的影响力。中央政府在治理分离主义问题的过程中，逐步形成了一套控制分化其政治精英、政治组织的做法。比如，采取政治吸纳的方式对分离势力实施"招安"，避免其走向中央政府的对立面；建立开放性政府权力机构，为相关政治精英进入主流政治机构提供机会，减弱其群体与政府对立的情绪。此外，政府对有些地区采取鼓励移民的做法，利用区域内人口力量对比的变化抑制分离主义势力的发展。这些做法在西班牙反分裂的过程中都发挥了一定的作用。

4. 运用经济文化手段动摇分离势力的群众基础

由于私有产权和资本主义制度的制约，如何协调好地方利益与国家利益的关系乃至相互之间的冲突，是西方国家在现有制度框架内很难解决的问题。但是，政府通过促进地方经济的发展，改善相关地区居民的民生福祉的举措，的确是赢得民心的关键。西班牙中央政府治理民族分离主义问题的相关实践表明，适当给予相关地方一定的利益和文化关照，在一定程度上动摇分离主义的社会基础，无疑有利于巩固国家的统一，也不失为一种缓解中央与地方矛盾的治理措施。

根据西班牙相关法律规定，经济资源通常是非中央集权管理的一项重要内容，并可以在各种行政预算中得以体现。自治区通常可操纵的资源约占公共资源的30%。西班牙主要有两种财政体系：一种是在纳瓦拉和巴斯克执行"特定的财政体系"，另一种是在另外15个自治区执行"普通的财政体系"。前者赋予法定成员可以确定大部分税收，并把部分税款上交中央用以补充国家公共服务所需费用的权利。后者赋予国家设定和管理绝大部分税收额度，将部分税收转让给自治区用于其财政支出。近年来，西班牙财政体系主要受到来自"民族党"的批评，将第一种税收形式推广开来的呼声比较高。

中央政府还比较注重通过完善文化政策，增强各族人民对国家的认同感。比如，不断完善巴斯克、加泰罗尼亚等地区的自治政策，在学校实行西班牙语、地方语言双语教学制度，推动相关地区文化的复兴。同时，能够比较客观地认识分离主义势力借谋取"独立"之名索要政策实惠的本质。中央政府和学界都普遍认为，加泰罗尼亚等"闹独"地区并不是真想谋求"独立"，而是借"独立"之名，行向国家索要实惠之实。

5. 积极应对外部干涉

西班牙的分离主义势力普遍与外部势力保持密切联系。相关问题的出现，有的因分离势力主动投靠而生，如联系周边国家，或诉之国际组织，以获得同情帮助、推动问题国际化态势的生成；有的因外部力量插手干预而生。因此积极处置外国势力的插手干预，甚至防患于未然，也成为西班牙反分裂的主要步骤之一。

加强国际合作，争取国际援助共同遏制分离主义势力，在西班牙治理分离主义问题上发挥了重要的作用，已成为中央政府阻遏分裂势力发展的有效手段。比如，西班牙与法国在1978年就签订了联合反恐协议，两国警方随之多次组织联合行动，先后逮捕了"埃塔"的700多名成员。进入21世纪以来，"埃塔"组织在法国和中央政府的合力围剿下屡遭重创，西、法两国警方6次抓捕其高层管理人员，严重削弱了该组织的实力。"9·11"事件发生后，中央政府协同欧盟成员国于2001年共同将"埃塔"列为恐怖组织。在中央政府的积极努力下，欧盟和联合国对加泰罗尼亚"独立公投"就能做出明确回应。欧盟委员会主席巴罗佐表示，任何一个地区从欧盟国家中"独立"出去，都必须重新申请加入欧盟和欧元区，而且必须得到欧元区所有国家的批准，此举意味着加泰罗尼亚如果选择"独立"，很可能会被迫离开欧盟和欧元区。欧洲议会副主席拉卡瑟尔发表声明，谴责加泰罗尼亚"独立公投"是欧洲民主历史上的"第一场政变"。欧盟内部各机构总的态度是，欧盟必须尊重西班牙作为成员国的主权完整和国家统一。联合国秘书长潘基文曾表示，西班牙是得到联合国承认的国家，联合国不认为加泰罗尼亚自治区有权行使民族自决权宣布"独立"。因"独立公投"缺乏合法性和国际支持，加泰罗尼亚的"独立派"已数次被迫宣布取消"公投"活动。

6. 注重在中央政府与自治地方之间建立互进关系

西班牙的自治区享有类似联邦制度下各邦所拥有的权利。有人认为，此种政治权利可等同于"具有特殊性质的国家政治权利"。比如，自治区机构只对自己政府主席负责，在城市建设、教育、环境和卫生等方面拥有重要的立法和执法权力等。

西班牙宪法法院将自治区对中央政府的忠诚，视为双方协作的基本前提，为中央政府与自治地方之间"互进"关系的建立奠定了基础。《西班牙宪法》对于自治共同体之间的协作机制基本未做出相关规定。依据宪法第2条规定的"团结原则"，中央政府与自治共同体之间形成了"彼此互尽义务"。当双方在同一地区行使各自职能时，宪法法院强调中央政府在行使职能的同时，不应忽视自治区的职能，要求两者必须进行协作。在科学研究、环境保护、卫生等中央政府与自治区分享职能的领域，宪法赋予中央政府享有协调双方诉求的权力。规定，中央政府不能将决定强加于自治区。此举不仅有利于中央政府整体的职能运作，也有利于自治区的发展。比如，在推动历史文化产业发展方面，中央政府鼓励大部分自治区联合起来，使其在欧洲经济圈中有所作为。在改善基础设施、环境保护和旅游业经营方式、公共服务水平和自治区机构改革等方面，中央政府积极致力于推动自治区之间的相互协作，并注意避免相关职能出现"中央集权化"倾向。同时，中央政府允许自治区参与西班牙作为欧盟成员代表国家所投身的相关工作，寻找中央政府与自治区、欧盟之间互进关系的建立与发展。

多年来，西班牙中央政府一直坚持实行共同参与和共同承担的财政政策，不断拉紧中央与地方的联系。宪法对通常意义的财政原则做出规定，以求"联合原则""财政自治原则"和"团结原则"相协调。一是中央坚持把不同种类的税收集中，建立中央对税收的转让制度和地方参与税收转让的事务安排。同时，关注自治区负债的可能性和极限，成立相关的地方联合基金会。总体上看，自治区共享有部分国家收入，从而限制了中央在政治上对自治区约束程度，同时又使得自治区在经济需求上很大程度依赖国家供给，自治区政府的自治层级因此受到规范。二是宪法将自治区财政自治，同国家财政部与自治区财政部之间的协作原则联系起来。与通常意义财政税收体制不同，西班牙宪法把上述原则集中体现于自治区的财政组织法之中。2001年7月，中央政府与自治区签署了"财政改革条约"。该条约获得了自治区的普遍认可，修改了之前受到安达卢西亚等自治区质疑的相关规定，比如将医疗财政预算权利推广至欠发达的自治区，进一步推进了中央与自治区法定的共同参与和共同承担的相关事务。

二 西班牙治理分离主义问题的一些教训

虽然我们可以从西班牙治理分离主义问题的举措中获得一些经验启示，但是同时需要认识到相关举措亦有至今解决不了的问题，并包括会威胁到国家安全等方面的诸多隐患，也因此为世人留下了可供吸取的教训。可见，西班牙的自治制度也并非像西班牙人自己所说的那么"进步""科学"。

1. 资本主义价值观成为分离主义理念和实践久存不衰的思想根基

"自由""独立"等所谓的资本主义核心价值观在西班牙社会的长期传承，成为分离主义理念和实践久存不衰的思想根基。作为建立在西班牙经济基础和政治法律制度基础之上的意识形态，以及国家整合多元价值、维护政治统治、规范民众行为的重要工具，资本主义核心价值观所倡导的"个人自由至上""本民族利益至上""本地区利益至上"等理念，在民众之中长期盛行。

在经济相对发达的巴斯克和加泰罗尼亚地区，分离主义势力竭力宣称，没有任何责任和义务"替国家养活贫困人口"，"贫困是贫困人口个人需要解决的问题"；经济发达地区向国家缴纳的税收，是"需要取消的不公正的剥削"，国家如不予取缔相关政策即需要"分离"于现属国家，建立"独立"国家。分离主义势力往往据此不断煽动相关地区与中央政府和经济相对落后地区的冲突，蛊惑民众参与、支持其分裂国家的活动。在加泰罗尼亚分离主义势力看来，加泰罗尼亚的财政收入占西班牙国家财政收入的20%，出口贸易额超过国家出口贸易总额的25%，加泰罗尼亚注册企业约占西班牙注册企业总数的20%，吸引外资的能力也在西班牙所有自治区中遥遥领先，他们为国家做出的贡献有很多，然而从国家获得的关照却十分有限，建立自己"独立的国家"势在必行。为此，加泰罗尼亚分离势力还多次以"苏格兰公投"为据，证明加泰罗尼亚"独立公投"的合理性。

2. 对于非暴力分离主义的实践活动预警不足、缺乏防范

受历史等多种因素的影响，中央政府对于分离主义势力篡改、曲解地方历史，刻意制造中央政府与地方政府、西班牙人与加泰罗尼亚等少数民族之间矛盾等举措，基本不加以干涉。此举在加泰罗尼亚分离主义问题的治理方面表现得尤为凸显。

加泰罗尼亚分离主义势力长期通过"讲述巴塞罗那的故事""编织连接人们历史记忆的纽带"等方式，宣传西班牙人对加泰罗尼亚人的伤害，渲染两者的历史积怨。他们使用夸大事实的说辞，宣传弗朗哥专制政府对当地的残暴统治，将嘲弄、对抗弗朗哥政府的加泰罗尼亚人视作"民族英雄"，将专制政府留下的"证实加泰罗尼亚人饱受欺压"的街道指示牌长期保存，将欧洲神话传说中的"庇护神"演绎为加泰罗尼亚人的"庇护神"，并通过城市建筑雕塑、旅游宣传品、节假日活动等城市符号大加展现，以彰显加泰罗尼亚人的"特质"。他们习惯于通过"放大街区历史记忆"勾画"西班牙人压迫加泰罗尼亚人"等现实问题，建构加泰罗尼亚人对加泰罗尼亚的"国民（nation）认同"，使得原本没有标识的景物，"通过共有记忆赋予其特有的含义"。比如，他们会反复讲述位于加泰罗尼亚自治区首府巴塞罗那圣安德鲁中心区的"老房子故事"：房子曾被西班牙法西斯政党武装分子作为"左翼共和党"的财产没收，该组织领导人也被处决。这种对"不公正历史"的描绘，看似一种关于街区历史的回顾，实为利用"加泰罗尼亚人情结"将圣安德鲁街区、巴塞罗那和"加泰罗尼亚主义者"的政治诉求紧密地联系起来。同时，他们还以保护、恢复地方历史文化为借口开展分裂主义宣传。比如，被"加泰罗尼亚主义者"视为民族象征的"四根柱子"，在1929年被西班牙独裁者普里莫·德里维拉销毁后，于2011年在巴塞罗那市中心复位。加泰罗尼亚主席阿图尔在揭幕仪式上高喊分离主义口号，宣称：加泰罗尼亚人"作为加泰罗尼亚国民的激情不需要任何限制"。据此，分离主义势力不断宣传加泰罗尼亚人与西班牙人的差异，煽动当地民众对中央政府的不满，构建加泰罗尼亚人的地区认同和"国家认同"。

多年来，加泰罗尼亚分离主义势力一直致力将巴塞罗那打造成加泰罗尼亚人的"国都"。他们以中世纪加泰罗尼亚的建筑为依托，利用已被"符号化"的加泰罗尼亚风格建筑的象征性语义，整合人们的社会排他性主张的族属象征符号，不断打造一系列可以体现加泰罗尼亚人特性的政治艺术形式，使之成为"强劲而流行的认同语义"，以向世人证实巴塞罗那是加泰罗尼亚人的"地盘"。比如，将"以社会和谐为傲"的加泰罗尼亚民风，着意反映在城市建筑设计中。在比较典型的加泰罗尼亚风格公寓区，不同社会阶层的人可以共楼（虽然好位置的房产基本为资本家所有，顶楼住户基本为体力劳动者所居），"加泰罗尼亚主义者"、无政府主义者、"无国籍者"等持不同政治取向的人可以同层为邻。加泰罗尼亚人崇尚的"和谐特质"，于是通过建筑设计所能体现的独特视觉得到彰显。分离主义势力借此将城市建筑打造成为当代"加泰罗尼亚主义者"意识形态工具和"加泰罗尼亚国民符号"。在"加泰罗尼亚主义者"看来，加泰罗尼亚人长期被排斥在西班牙政治圈层之外，他们需要开展政治实践来获得"居住和改造城市空间的权力"，其所投身的"分离主义实践是防御性的，旨在反对西班牙人对加泰罗尼亚人的威胁和欺压"，"让巴塞罗那重新成为加泰罗尼亚人的城市"，并以此来标识和重建加泰罗尼亚人的"国民身份"。西班牙中央政府对上述问题的出现和发展，一直采取放任态度，分离主义活动的命脉因此获得了生长的温床。

3. 在处理自治区相关诉求时未能排除简单粗暴方式

从欧洲范围来看，非赢即输的"零和博弈时代"似乎已经成为过去，盲目的政治阵营划分已经行不通了。然而从目前来看，尚难以发现有迹象可显示西班牙政界打算突破这一陋习的羁绊。我们还难以断言当今的西班牙中央政府可以实现这一突破。众所周知，西班牙人目前面临的最大烦恼就是"加泰罗尼亚危机"。这一危机不仅可能让国家陷入分裂，而且还会滋生一种视本族利益至上的"民族主义情绪"。尽管在加泰罗尼亚内部，分离主义势力正在渐渐失去支持，但是分离主义势力依然会以彰显地区利益为鹜，不断煽动"独立"火苗。而马德里的"保守派"和"右翼势力"对此似乎已经形成了"劈头就打"的"条件反射状态"。事实上，要解决加泰罗尼亚问题，理性的出路是以充分的耐心和全局观去寻找政治解决方案。"民族党"等执政加泰罗尼亚自治区的历届政府，都一直要求中央政府修改财政分配制度，减轻加泰罗尼亚的经济负担。中央政府在处理相关诉求时基本未能排除简单粗暴方式，其"闹独"的情绪因此被反复激发。自2013年以来，所谓"加泰罗尼亚独立运动"一直未能销声匿迹。

同时，中央政府在治理民族分离主义问题方面，还存在着一些过于简单化的举措。比如，听凭分离主义势力对所谓"地方视觉形象"进行体系化的呈现。《西班牙宪法》规定："法律规定承认各自治区的区旗、区徽，可与西班牙国旗共同悬挂于各公共建筑和正式场合。"然而值得注意的是，对"地方视觉形象"进行体系化的呈现，可让当地民众在更加深刻地认识本地历史和文化的同时，进一步推动其对当地文化等"独特性"的理解。在城市建筑等区域对"地方视觉形象"的凸显，可促使当地民众在日常生活中不断体会彼此"相互依靠、不可分割的事实"，认知"我者"与"他者"的差异，牢记民族之间的历史积怨等，逐渐提升其对本地区而非所属国家的认同感。在这种过于简单化的治理方式之下，分离主义势力可以通过悬挂象征"独立"的加泰罗尼亚区旗、撕毁西班牙国旗或者四处涂鸦等方式，发泄对中央政府、西班牙人"欺压加泰罗尼亚人"等不满情绪，西班牙国旗等象征国家形象的视觉提示，遂被其视作嘲讽、剔除的对象，取而代之的是着力打造加泰罗尼亚分离主义的城市标识。从某种程度上说，此举意味着中央政府和加泰罗尼亚自治地方都可声称对巴塞罗那拥有所有权，都能以"自然的国家形象"现身充当"城市的代言人"或巴塞罗那居民最合法的代表，事实上，加泰罗尼亚分离主义势力所采取的相关举动，已挑战了主权国家的法律底线。

三 借鉴与启示

作为一个多民族国家，西班牙中央政府长期坚持采取维护国家统一的举措并非易事。在治理分离主义问题上，中央政府从坚决遏制的态度出发，不断健全法制，提升国家对地方事权的介入维度，以及采取刚柔相济、协同推进的政治、经济、文化等多样化举措，的确取得了一定的成效，也为其他多民族国家提供了可资借鉴的相关经验。

"他山之石，可以攻玉"。西班牙治理分离主义问题举措的产生、发展都有难以否认的合理性，其运作的效果有许多值得关注之处。但是，西班牙的相关治理举措,并非包治百病的"灵丹妙药",也存在许多至今解决不了的问题,包括会威胁到国家安全的诸多隐患。

事实上,西班牙在治理分离主义问题方面存在的问题也是不容忽视的。首先,从制度上看,其坚持的"权力下放"原则,虽然从一定程度上缓解了地方和中央的对抗,有利于发挥地方的自主性,促进地方经济的发展,基本保证了大多数地区都能在中央的领导下比较自主地发展,但是这种自治的设置也导致了各自治区过分强调自己地方的文化和民族特点,特别是加泰罗尼亚等与卡斯蒂利亚文化差异比较明显的地区,从而忽视了西班牙文化的统一性,民族分离主义的长期存在遂成为困扰西班牙中央政府的一个大问题。按照《西班牙宪法》和《加泰罗尼亚自治条例》的相关规定,加泰罗尼亚享有高度自治权。比如,宪法第149条规定:"由国家管理的事项,可以根据自治章程归于自治区的权限之下。"近年来,欧洲经济危机四伏,西班牙经济随之一直不景气。相比之下,加泰罗尼亚长期保持了比较平稳的经济发展势头。中央政府希望加泰罗尼亚多出资金支持中央财政,再由中央政府重新分配给经济落后地区以拉动发展。然而,此举显然不符合加泰罗尼亚自治区自身利益。在经济危机依然存在的背景下,这一矛盾更加凸显。其次,从解决问题的方法来看,西班牙的社会治理举措也存在不少问题,至今为止尚未拿出一套可以阻止分离主义势力滋生的措施。现任首相桑切斯虽然在"强硬"和"调解"之间寻找平衡方面做出了一定努力,然而在中央政府中基本未有妥协意愿的"右派势力"也使其在治理分离主义问题方面面临重重困难。加泰罗尼亚分离主义利用"公投"等形式来实现分离,虽然在手段上是"温和的""民主的",既没有像巴斯克地区那样产生"埃塔"的暴力问题,也没有像"革命运动"一般产生疾风骤雨式的震荡,但是它对西班牙国家主权的威胁仍是有目共睹的。加泰罗尼亚"分离公投"引发的一次次街头暴力冲突,严重地影响了社会秩序稳定,不仅伤害了加泰罗尼亚与西班牙政府之间本就和谐性不足的关系,也酿成了西班牙自结束弗朗哥独裁统治后所面临的最严重的主权危机。在2021年9月举行的西班牙大选投票中,桑切斯所领导的"左翼党派""工人社会党"虽然赢得了众议院多数议席,但是未能取得绝对多数。保守派指责桑切斯对于具有"独立"倾向的加泰罗尼亚自治区未能采取足够强硬的措施。为了避免在投票当天发生混乱,大约8000名警员和4500名国民警卫队安全力量出动维持安全秩序。

西班牙治理民族分离主义问题的实践说明，在多民族国家民族事务治理过程中，并不存在放之四海而皆准的"标准答案"或"唯一模式"。西班牙的自治制度并非像西班牙人自己所说的那么"进步""科学"。对于当今世界体系中的多民族国家而言，其他国家的经验需要结合自己的实际加以理解、吸收和借鉴。不能绝对拒绝别国的经验，但也不能盲目照搬照抄。事实上，中国共产党成立百年来已成功地走出了中国特色的解决民族问题的"中国道路"，这是我们的宝贵财富。在今后的民族工作实践中，我们依然要坚持实事求是、具体问题具体分析的原则不动摇，坚持借鉴国外经验但更要从自身国情实际出发、走自己道路的决心不动摇。

第七章

美国国家特性的三重面相及当代困境

21世纪以来,美国政治和社会生态急剧变化,一个引人注目的现象是基督教福音民族主义的崛起①。福音民族主义的高调崛起及其在特朗普主政时期的种种实践不仅导致美国国内政治和社会生活日益极化,而且引发大国关系及区域乃至全球安全形势急转直下。如何认识这一现象已然成为一个全球性的议题。笔者认为,美国基督教福音民族主义的崛起及产生惊人的内外政治效应,固然存在着内外多种向度的成因,但是从根本上说,与美国民族国家构建过程中存在的一系列问题如构建目标的模糊性、价值理念的冲突性以及国家特性②缺乏内在稳定性等密切相关。美国独立

---

① 在美国建国200多年的历史过程中,福音派基督教始终是一股影响美国政治发展的重要社会力量。早在18、19世纪,福音派就以"大觉醒"等形式的社会运动影响和塑造美国社会的价值观。进入20世纪以来,福音派在政治上经历了重要的转型,从相对单一的宗教诉求逐步转向表达白人群体的社会、政治诉求及愿望的民族主义。2016年,在内外多种因素,如非法移民问题、全球化中被遗忘的工人和农民的反抗、民主党政府豪放甚至极端的自由主义实践、沉重的种族问题遗产等的合力下,美国福音派在动员、支持特朗普的政治选战中,开始发展成为福音民族主义。笔者认为,福音民族主义是传统的白人种族主义在新时期的变种:通过基督教保守观念的政治宣示和一定程度的国家动员,美国福音派保守主义由一种宗教保守力量发展成完整形态的民族主义。

② 所谓"国家特性"(national characteristics),是指由国家认同(national identity)范式所决定的国家价值取向及这种价值取向所影响或决定的制度和体制文化。国家特性既是一种主观的认知或感受,也是一种可以通过理念、制度或体制的实践加以测量的客观存在。进入民族国家(nation-state)时代以来,国家认同构建大致存在三种不同范式,第一种是"族裔(种族)民族主义"(ethnic nationalism)范式,该范式强调族裔、文化和血统等"非选择性"因素,认为国家认同的基础,不是抽象的价值原则,而是"血缘""种族"或"出身"。族裔(种族)民族主义模式具有强烈的"返祖性"特征。第二种是"公民民族主义"(civic nationalism)范式,该范式强调"民族(国家)"的政治属性,并将其视为享有平等公民权利和自由的个体的联合体(共同体)。公民民族主义的国家认同建立在全体公民共同的政治信念和价值观之上,即使这些公民有着明显的肤色、种族和宗教差异。第三种范式介于公民民族主义和族裔(种族)民族主义之间,该范式既承认共同的政治信念对国家认同构建的作用,也重视共同的起源等(转下页)

200多年来，在究竟建立一个什么样的国家问题上，美国的政治精英始终缺乏明确一贯的共识。美国不同历史时期的政治精英在建国的价值取向和目标之间不停地摇摆，其现代民族国家呈现出"自由帝国""自由主义公民国家"和"盎格鲁—撒克逊新教国家"三重面相。这种状况，不仅导致美国国家特性长期不稳定，而且在不同历史时期造成程度不同的政治和社会危机。① 面对更加复杂的21世纪的新形势，如何反思并系统地整合充满张力的国家建构目标和价值理念，从根本上解决美国国家建构中存在的种种问题，从而建构统一、连贯、自洽的美国国家特性，是美国政界、学界面临的一项事关全局性的重大议题。就目前的情形而言，这似乎是一个不可企及的目标。

一 "自由帝国"：美国创始时期的国家面相

美国的创建始于英国在北美的13个殖民地之间的联合。特别值得注意的是，北美13个殖民地联合发动独立战争并最终创建美利坚合众国的目的并不是为了建立一个类似后来西欧范式的传统民族国家。相反，它在几乎每一个重要维度上都与这种传统的民族国家相左：它不仅不追求基于族裔、语言、文化或宗教上的身份认同，而且与有着近乎相同身份认同的英国白人殊死较量。为了确保斗争的胜利，这些扎根北美的英国殖民者不惜与"母国"的宿敌法国结盟。同时，美利坚的独立战争也基本上不存在反封建、反神权，为资本主义发展开辟道路的问题。此外，还有一个重要的不同点是，美国革命的目的似乎也不是为了建立一个基于地域认同的强大的中央集权制国家，如此等等。

那么，美国独立革命的目的是什么呢？如果用一句话概括，那就是争取殖民地人民的"权利和自由"。值得注意的是，尽管激发美国革命

(接上页)"非选择性"因素的作用。实践中，绝大部分（多）民族国家都属于这一模式，区别仅在于侧重于公民民族主义和族裔（种族）民族主义的程度。值得注意的是，美国的国家认同构建一开始就具有超民族—国家的特质。在其后的200多年里，其国家认同建设又在公民民族主义及种族（基督教）民族主义之间互搏，这一切使美国国家特性整体上呈现出"自由帝国""自由主义公民国家"及"盎格鲁—撒克逊新教国家"三个既相互冲突又相互依存的特征。相对于世界其他现代民族—国家，美国的国家特性具有非典型性。参见周少青《中西比较视野下的中国民族交融发展道路》，《民族研究》2019年第3期。

① 当下基督教福音民族主义的崛起不过是这类危机的最新表现形式而已。

的主要因素是殖民地人民与宗主国之间的"不平等"①,但实践中斗争的目标日益指向"普遍的自由"。在美国的建国精英看来,"英国对殖民地的征税和其他举措,并非单纯的经济问题,而是对自由的严重威胁",而"独立战争则是一场抗击暴政、决定自由命运的战争"。② 托马斯·潘恩(Thomas Paine)认为"旧世界遍地盛行着压迫。自由到处遭到驱逐"③;他明确指出,独立战争的目的就是捍卫"自由"的"理想",守护"一个国家的自由"。不仅如此,在潘恩看来,美利坚人正在争取的自由事关人类整体的福祉,他甚至断言"没有美利坚,就没有整个世界(Universe)的自由"④。1784 年,政论作家理查德·普赖斯(Richard Price)牧师大力颂扬美国革命,称其为"一场为了普遍自由的革命",开创了人类历史的新纪元,传播了"对人类权利的正当情感",激发了反抗暴政的精神,为世界各地的被压迫者提供了一个"避难所",为创建一个可作为"自由、科学和美德的基地"的国家奠定了基础。⑤

从为争取殖民地民众的平等而斗争到为广袤世界的普遍自由事业而奋进,反映了美国现代民族国家构建的独特历程。宣示美国诞生的《独立宣言》本应是一个殖民地独立并进而创立主权民族国家⑥的寻常政治和法律文本,但其却采取了"人类"本位的普遍主义模式。《独立宣言》宣称"我们认为下述真理是不言而喻的:人人生而平等,造物主赋予他们若干不可让与的权利,其中包括生存权、自由权和追求幸福的权利。为了保障这些权利,人们才在他们中间建立政府,而政府的正当权利,则是经被统治者同意授予的。任何形式的政府一旦对这些目标的实现起破坏作用时,人民便有权予以更换或废除。"从这一闻名寰宇的宣示中,我们至少可以

---

① 在殖民地的革命者看来,这种不平等不仅表现在税收、贸易政策等方面,更表现在英格兰议会与殖民地地方议会之间的统治与被统治的关系之中,为此他们强烈要求作为大英帝国子民的平等地位。

② 李剑鸣:《危机想象与美国革命的特征》,《中国社会科学》2010 年第 3 期。

③ [英]托马斯·潘恩:《潘恩选集》,马清槐等译,商务印书馆 1981 年版,第 37 页。

④ 潘恩还声称,美利坚人所捍卫的自由远胜过古希腊罗马的自由,因为她"摈弃了对他人的奴役"。Thomas Paine, The Political Writings of Thomas Paine (Middletown, N. J.: G. H. Evans, 1837), Vol. 1, pp. 131, 149.

⑤ Richard Price, Observations on the Importance of the American Revolution, and the Means of Making it a Benefit to the World (Boston: Re-printed by Powars and Willis, 1784), pp. 3-5, 转引自李剑鸣《从政治史视角重新审视美国革命的意义》,《史学集刊》2017 年第 6 期。

⑥ 《独立宣言》认为殖民地的独立是"一个民族"(people)解除与另一个民族政治联系的行为。

看出，第一，即将建立的美利坚合众国是一个基于基督教理想的"山巅之城"（City upon a hill）①。在这个国度中，人人在造物主（Creator）面前一律平等，拥有不可剥夺的权利和自由；第二，政府（国家）的设立是为了保护这些权利和自由。换句话说，政府或国家只是手段；第三，政府或国家存在的正当性基础是人民的同意，因此，当政府或国家违背所设立的目的时，人民有权推翻它。《独立宣言》的这三重意涵不仅折射出美利坚合众国构建过程中的"主权在民"、社会契约论等理念，更是反映出基督教普遍主义价值观。从法理上看，这种权利和自由的享有主体，不仅仅局限于美利坚人，它还囊括了自然法或基督教光芒照耀下的每一个个体。

按照上述逻辑，初创时期的美利坚合众国并没有像"旧世界"国家那样将国家建构（nation-building）的重心放在国家认同（national identity）的构建方面。② 相反，为了防范正在建构中的政府的"暴政和专横"，合众国的政治精英和普罗大众将他们的主要精力用在政府体制的具体设置方面。这一时期的国家建构（state-building）实质上停留在制度层面，主要涉及国家制度、体制、机制及效能建设等议题。为了有效保障公民的权利与自由，国家权力最终被分解为立法、行政和司法三个部分，通过这三种权力的制衡，国家能力受到有效限制。

从以上可以看出，初创时期的美利坚合众国并没有因循西欧传统民族国家的构建范式，即在国族建构过程中加强中央国家权力，培育和强化国家认同。为了摆脱来自"旧大陆"英帝国的压迫和剥削，争取殖民地人民的"自由和权利"，美洲的革命者一开始便把反对英国的"暴政"和争取人民的"自由"放在首位。独立后通过的《邦联条例》一方面宣布刚刚组建的联盟是一个"永久性联盟"（Perpetual Union），并将其命名为"美利坚合众国"（The United States of America），另一方面将"主权、自

---

① "山巅之城"源于圣经《马太福音》第5章第14节"你们是世上的光。城造在山上是不能隐藏的"。早在1630年，马萨诸塞海湾殖民地牧师兼总督约翰·温斯罗普（John Winthrop）便在一次著名的演讲中，提醒新英格兰的清教徒殖民者，他们所在的社群（community）将成为世人的楷模。

② 所谓"国家认同"构建，简言之，是指一个国家将不同族裔（种族）、文化、宗教或语言的人锻造成具有共同国民意识的过程。本尼迪克特·安德森认为，国家认同不是与生俱来的，而是经过精心的社会构建形成的。Benedict Anderson, Imagined Communities: Reflections on the Origin and Spread of Nationalism (London and New York: Verso, 1991), Revised Edition, p. 133.

由和独立"留给了各州。随后确立的三权分立体制又将这种经过州分权后的国家权力一分为三，从而使得国家权力同时受到地方和部门分权的双重约束。

从培育和强化国家认同的维度来看，尽管这一时期也出现了将新兴的美利坚合众国称为"国家"（nation）的现象，① 但从总体上来看，初创时期的美利坚合众国并没有形成国族意义上的现代民族国家，其国家特性更多地呈现为一个以追求"自由""平等"为主要诉求的理想的、普遍主义式的帝国面相。在这个"自由帝国"中，人们依据自然权利说、社会契约论和人民主权理论构建着旧世界无法企及的"自由政府"（而不是民族国家）。革命时期的美国，"自由""平等"等话语是如此强劲，它不仅为推翻英帝国的"暴政"、实现美利坚的独立提供了强有力的支撑，也为生活在这片土地上的黑人及印第安人争取自由和平等提供了合法性支持。在《独立宣言》"人人生而平等"话语的激发下，为追求自身的解放和自由，黑人群体或是加入大陆军革命队伍，或是追随"反革命"的英国军队。与此同时，为了捍卫自身的"主权"和"独立"，土著人毫不犹豫地追随对他们的生存权利和自由有所保障的英王②及其军队。可以说，在美利坚合众国初创时期，"自由""平等"等价值理念已然超越族群乃至国家认同，成为各个阶级和族群共同的"圣经"。

当然，必须强调的是，尽管初创时期的美国表现出崇尚"自由、平等"价值理念的情怀，呈现出"自由帝国"的普遍主义面相，但其立国基因中实际上充溢着种族不平等性甚至种族主义价值取向。③ 对于这种历史局限性，虽然我们不能用现代人所普遍具有的种族平等价值观去批评和非难，但其留给美国国家特性基因中的先天不足却值得重视。实际上，正是这种种族不平等性甚至种族主义价值取向，使得世人瞩目的"山巅之城"

---

① 如 1796 年华盛顿在卸任总统的《告别词》演说中称美国"将成为一个伟大的国家（a great nation）"。

② 为了缓和与印第安人的矛盾和冲突，1763 年英王颁布公告令，禁止越过阿巴拉契亚山脉以西开拓土地，但是公告令很快就被独立战争打破。

③ 这不仅表现在当时大规模的黑人奴隶制和对印第安人的驱逐和屠杀等实践维度，也表现在《独立宣言》等相关文件和著述中，如《独立宣言》在历数英王的种种不义和暴行时，将"竭力挑唆残酷无情的印第安野蛮人（Indian savages）来对付我们边疆的居民"作为一条重要罪状。潘恩在其名著《常识》中说："千千万万人认为光荣的是，把煽动印第安人和黑人起来消灭我们的那种野蛮凶恶的势力逐出大陆。"[英] 托马斯·潘恩：《潘恩选集》，马清槐等译，商务印书馆 1981 年版，第 36 页。

和"灯塔之国"自开始成形之时便酝酿着深刻的危机。在此后的 200 多年里,美国的国家特性一直在"人人生而平等"的"自由帝国"和白人实居金字塔上端的盎格鲁—撒克逊人新教国家之间摇摆。不同的政治力量和人群围绕美国国家特性或者说国家认同进行着或明或暗,时而尖锐时而温和的斗争。[①] 这种因国家特性存在的基因性缺陷引起的冲突和斗争几乎伴随了美利坚合众国的整个历史进程,不仅极大地影响和塑造着美国的政治和社会生态,而且已然升级为一种难以回避、难以克服的国家安全问题。

二 "自由主义公民国家"面相的艰难显现

如前所述,尽管有着"自由帝国"的外在面相,但是毫无疑问,初创时期的美利坚合众国的内里是特定群体价值取向的。在建国精英看来,所谓"美利坚人民"是"约定俗成"的:他们是居住在美国的、拥有一定财产并且信奉基督教的成年白人男性,妇女、非公民、没有财产的人、非白人以及非基督徒则因为不能享有选举权,而很难说是"美利坚人民"。对于这一情形,约翰·亚当斯还明确做了辩护,他指出,尽管"人民的同意"是政府唯一的道德基础,但这并不意味着社会上的每一个人都必须不分性别、年龄和财富的对政府的每一项立法表示同意;妇女因不能很好地理解和关心国家大事,"没有财产的人"因易受他人控制、失去自主意识而不能获得投票权和发言权,否则就会"混淆和消灭一切差别,把所有的等级都拉平为一个等级"。[②] 值得注意的是,这里亚当斯并没有直接解释为什么非白人的黑人、印第安人以及非基督教徒也不能享有投票权和发言权。或许在他看来,这是一个不用解释的前提性结论。约翰·亚当斯之后,美国在印第安人的"血泪之路"和黑人的血汗种植园续写着"自由帝国"的神话。

1790 年美国颁布第一部《归化法》,该法明确将美国公民身份获得限

[①] 正如美国历史学家埃里克·方纳(Eric Foner)所言,"对成千上万的美国人来说,自由是一个活生生的真理,但对其他美国人来说,它又是一个充满残酷意味的戏弄;对有的美国人来说,自由是一种理所当然与生俱来的权利,而对其他人来说,自由不是一种礼物,而是争取而来的成就"。[美] 埃里克·方纳:《美国自由的故事》,王希译,商务印书馆 2002 年版,第 18 页。

[②] 李剑鸣:《"人民"的定义与美国早期的国家构建》,《历史研究》2009 年第 1 期;"John Adams to James Sullivan," May 26, 1776, in Robert Taylor ed., The Papers of John Adams (Cambridge, Mass.: The Belknap Press of Harvard University Press, 1979), Vol. 4, pp. 208-212.

定在"外来的品格良好的自由白人"身上①。在此后的70多年中,除了个别州允许自由黑人参加某些投票活动以外,85%以上的黑人不享有任何形式的公民权。② 在1857年联邦最高法院的一个裁决中,黑人被明确剥夺公民权。③

(一) 美国内战后的"自由主义公民国家"幻象

黑人第一次在宪法上获得"平等的"公民权利是在美国内战之后。美国内战耦合了④黑人平等、自由之诉求。战后通过的宪法第十四、十五条修正案确立了不分种族和肤色的公民权。第十四条修正案规定"所有在合众国出生或归化合众国并受其管辖的人,都是合众国的和他们居住州的公民";第十五条修正案则规定"合众国公民的选举权不得因种族和肤色,或者过去的劳役状况(condition of servitude)⑤而被合众国或任何一州否认或缩减(abridged)"。宪法第十四、十五条修正案在美国历史上第一次从"法权"高度确认了美利坚合众国是基于"平等公民权"的多种族所共有的国家,这也是美国自独立以来以宪法形式明确其国家属性的一次重要尝试。它至少从形式和文本上克服了《独立宣言》、1787年《美国宪法》及相关法律的内在冲突和不足,⑥ 自圆了"美利坚人民"的先天不足,从法理上初步完成了美国"自由主义公民国家"之构建。正是在这个意义上,美国内战被视为"第二次美国革命",而包括第十四条修正

---

① See United States Congress, "An Act to Establish an Uniform Rule of Naturalization" (March 26, 1790); United States Congress, "An Act to Establish an Uniform Rule of Naturalization; and to Repeal the Act Heretofore Passed on That Subject" (January 29, 1795), available at: https://kdhist.sitehost.iu.edu/H105-documents-web/week08/naturalization1790.html, 2020.1.19.

② 在宾夕法尼亚州等一些州,由于贵格会(Quakers)宣扬种族宽容,法律赋予自由黑人一定的投票权,但由于畏惧白人报复,这些州的黑人无人敢行使投票权。Christopher Malone, "Rethinking the End of Black Voting Rights in Antebellum Pennsylvania: Racial Ascriptivism, Partisanship and Political Development in the Keystone State," Pennsylvania History: A Journal of Mid-Atlantic Studies, Vol. 72, No. 4, 2005, pp. 466-504.

③ Dred Scott v. Sandford, 60 U.S. 393 (1857).

④ 美国内战是美国社会多重矛盾和冲突不可调和的产物,对于它的起因,国内外学术界存在着诸多不同的观点,但有一点是共识性的,即美国内战的爆发绝对不是单纯地为了"解放"黑人奴隶,这一点也为后来美国的历史发展所证实。

⑤ 意指此前的奴隶制状态。

⑥ 美国内战期间,林肯在与北方的著名政治领袖道格拉斯的辩论中强调,《独立宣言》适用于"任何地方的所有人"。参见颜震《美国早期民族国家与帝国的双重构建》,《北方论丛》2013年第3期。

案在内的重建法案则被誉为"第二次制宪"。

美国内战以激烈的方式将捍卫国家领土、主权完整与争取黑人群体的自由、平等连接在一起。在这场长达数年的战争中，黑人与他们的白人同胞一起，肩并肩战斗，付出了数万人的生命代价。战争挽救了联邦，解放了黑人。战争也使得这两个曾经处于统治与被统治、奴役与被奴役的族群第一次有了共同的命运感。战争的洗礼，也让这个一度被视为"人造国家"或者只是英格兰人的家园的、用一堆契约拼凑的政治共同体，成了一个民族（nation）。① 历史就是这样的机缘巧合，美国内战使得黑人群体的命运与美国国家的国运在特定的历史条件下交织，成为两个难以分割的重要议题，其中前者还在很大程度上为后者提供了正当性。也许正是这种难以分割的勾连性对二次诞生的美利坚合法性的深刻影响，内战后的美国破天荒地通过了黑人、白人"平权的"宪法修正案，并通过一系列法案来巩固这种平权状态。②

然而，随着联邦军队的撤出，不甘与之平等的白人主导群体很快就祭出各种立法及政策手段③来限制乃至剥夺黑人的公民权，这些限制中，首当其冲的是黑人的选举权。在许多南方白人看来，黑人的平权诉求严重威胁着传统的白人优越主义。④ 实践中，白人种族主义者公开推行对黑人的种族隔离、种族歧视乃至种族暴力，美国开始进入长达近一个世纪的臭名昭著的《吉姆·克劳法》（J. Jim Crow Laws）时期。《吉姆·克劳法》坚

---

① Paul Johnson, Civil War America, 1850-1870 (New York: Harper Perennial, 2011), p.1; 战争期间，林肯在著名的葛底斯堡演讲中，一连多次使用"nation"这个强调统一性和共同命运感的词汇。Abraham Lincoln, "The Gettysburg Address," November 19, 1863, available at: http://www.abrahamlincolnonline.org/lincoln/speeches/gettysburg.htm, 2021.1.21. 在此之前，美国绝大部分政客及官方文件都惯以"Union"称呼美利坚联邦。

② 1870—1871年，美国政府连续通过三个法案（the Enforcement Acts），将破坏（黑人）选举权的行为入刑并将其纳入联邦政府的监控下。这些法案导致包括3K党在内的数百名试图干涉黑人投票权的白人保守分子被逮捕、起诉和定罪。在美国陆军和"自由民局"（the Freedmen's Bureau）的帮助下，数百万新释放的黑人第一次获得了财产所有权、教育及政治参与的机会。到所谓"重建"时期结束的1877年，至少有1510名黑人在各级政府中担任从一般职员、学校负责人到国会议员的民选职务。Danyelle Solomon et al., "Systematic Inequality and American Democracy," Center for American Progress, August 2019, available at: https://www.americanprogress.org/issues/race/reports/2019/08/07/472810/systematic-inequality-economic-opportunity/, 2021.1.21.

③ 这些立法及政策手段包括读写能力测试、人头税、"祖父条款"以及白人预选制等。

④ Kwame Anthony Appiah, Henry Louis Gates Jr., Africana: The Encyclopedia of the African and African American Experience (New York: Basic Civitas Books, 1999), p.1211.

持"隔离但平等"原则,在美国社会的几乎所有公共空间——学校、餐馆、剧院、公交车(火车)、咖啡馆、医院、厕所乃至公共住宅区,建立起白人与有色人(黑人)相分离的"平行社会"。至此,美国内战及战后宪法修正案所带来的黑白及其他种族共同的命运感及平等精神,在南方及西部一些州①甚至联邦层面②近乎荡然无存。1896年,在"普莱西诉弗格森案"的裁决中,美国联邦最高法院给《吉姆·克劳法》的"隔离但平等"戴上了"合乎宪法"的光环。此后经过1954年联邦最高法院在"布朗诉托皮卡教育局案"判决中宣布"隔离但平等"违宪,一直到1964年后系列《民权法案》(Civil Rights Act of 1964)的颁行,美国国内公开的、制度性的种族隔离和种族歧视才逐渐告终。

(二)民权运动后"自由主义公民国家"的逐步建立

20世纪50年代后期兴起的民权运动是美国现代民族国家构建的一个极为重要的转折点。经过长达两个世纪的种族压迫(奴隶制)、驱逐和屠杀(西进运动)、隔离和严重的歧视之后,在国内外种种压力下,美国"自由主义公民国家"的幻象开始逐渐向现实转化:1964年影响深远的《民权法案》颁行,该法案明确禁止一切基于种族、肤色、宗教、性别或国籍的就业歧视,禁止在学校、工作场所以及所有公共场所的种族隔离,同时该法还终结了不平等的选民登记适用条件。当年,美国联邦最高法院在"亚特兰大汽车旅馆公司诉联邦"(Heart of Atlanta Motel, Inc. v. United States)一案中通过下达"要求亚特兰大汽车旅馆公司在向其房客或公众提供服务或商品时,不得有种族歧视行为"的永久禁令③,有力地维持了《民权法案》的有效性及合宪性。1965年《投票权法案》(Voting Rights Act of 1965)实施,该法案通过授权联邦监督那些历史上少数族裔代表性不足的地区的选民登记和选举来保护少数族裔的选举权。1968年颁行的

---

① 如俄勒冈州,早在内战之前加入联邦的宪法中就明确规定黑人和华人不得享有选举权。内战之后,该州公然拒绝宪法第十五条修正案,继续推行剥夺绝大部分有色族裔选举权的政策。事实上,直到1959年俄勒冈州才批准宪法第十五条修正案。Oregon Historical Society, "Suffrage Committee Report," available at: https://oregonhistoryproject.org/articles/his-torical-records/suffrage-committee-report/, 2021.1.25.

② 如在联邦层面,1882年美国国会通过了禁止中国移民入境的《排华法案》。

③ See "Heart of Atlanta Motel, Inc. v. United States," 231 F. Supp. 393 (N. D. Ga. 1964), available at: https://law.justia.com/cases/federal/district-courts/FSupp/231/393/1444943/, 2021.1.26.

《公平住房法案》（Fair Housing Act of 1968）则禁止房屋销售和租赁中的一切歧视行为。行政立法领域，1961 年美国总统肯尼迪颁布 10925 号行政命令。该行政命令前言明确指出，"基于种族、信仰、肤色和原籍的歧视违反宪法原则"。为了保证反歧视、促平等目标的实现，该法令创制了以副总统为主席、劳工部长为副主席的"平等就业机会总统委员会"。[①]

肯尼迪是继罗斯福和杜鲁门总统后又一位发布明确促进有色族裔平等权行政命令的总统。在他之后，约翰逊、尼克松、卡特、里根、布什、克林顿总统等均签署过这方面的行政法令。民权运动后，经过 30 多年的立法、司法及行政上的共同努力，到 20 世纪 90 年代后期，有色族裔的政治、经济、社会状况发生了重大变化：他们在政治上、法律上全面进入主流社会，议员、市长、法官、大学校园中各个族裔的学生以及各个行业的有色族裔白领人数等，都已大致符合人口比例。总体上有超过三分之一的有色族裔进入了美国社会的中上层。[②] 至此，经过两个多世纪的斗争、冲突和自我完善，美国由建国初期漫无边际的"自由帝国"，在经历内战后"自由主义公民国家"的虚幻镜像后，最终发展成一个相对真实的自由主义公民国家。在此过程中，两个因素起到重要作用，一个因素无疑是有色族裔尤其是黑人及其左翼同盟者的不懈斗争，另一个则是所谓"美国信条"。

自由主义公民国家的确立，固然是美国政府的政治选择，但选择的历史过程显然带有明显的被动性。事实上，它与民权运动的参与者——有色族裔及其左翼同盟者尤其是黑人的暴力行动密切相关。随着民权运动的不断推进，黑人社区的城市骚乱和暴力抗议浪潮不断蔓延，出现了挑战马丁·路德·金和平斗争派的"黑人权利运动"（Black Power Movement），该派质疑合作、法律主义和非暴力的效果，认为马丁·路德·金的和平抗议路线既没有使黑人在就业、住房、教育等方面得到什么实际改善，也没有使他们摆脱政治和社会层面的受歧视状态。"黑人权利运动"公开号召以暴力对抗白人优越主义，以黑豹党为代表的黑人民族主义（black nationalism）者甚至提出建立"黑人自己的国家"，美国再次面临分裂的危

[①] 周少青：《反歧视："肯定性行动"政策和立法的本位——"肯定性行动"刍议（一）》，《中国民族报（理论周刊·国际）》，2013 年 1 月 18 日。

[②] 周少青：《矫正措施：助力于反歧视的实践——肯定性行动刍议（二）》，《中国民族报（理论周刊·国际）》，2013 年 1 月 25 日。

险，正如肯纳委员会报告指出的那样，美国"正在变成两个国家，隔离且不平等"。① 正是在这种情况下，美国的行政、立法和司法精英都深深地意识到，如果不能真正地推进公民平等政策，切实改进有色族裔，特别是黑人的政治、经济及社会处境，那么美国体制有被颠覆的危险。

从另一个向度来看，自由主义公民国家的最终确立，与"美国信条"的内生性作用密不可分。所谓"美国信条"，是指生发于《独立宣言》的政治宣示，即"我们认为这些真理是不言而喻的：人人生而平等，造物者赋予他们若干不可剥夺的权利，其中包括生命权、自由权和追求幸福的权利。为了保障这些权利，人类才在他们之间建立政府，而政府之正当权力，是经被治理者的同意而产生的"。这一政治宣示经威廉姆·泰勒·佩奇（William Tyler Page）②概括、提炼，表述为：我坚信美利坚合众国是一个民有、民治、民享之国；她的权力来源于被统治者的同意；共和制民主国家；由多个独立自主的州组成的主权国家；一个完美的、不可分割的联邦；建立在自由、平等、正义、人性的原则之上，为了这些原则，美国的爱国者可以牺牲他们的生命和财产。因此，我相信，爱国家，支持它的宪法，遵守法律，尊重它的旗帜，保卫它免受敌人的侵害是我们的责任。③

佩奇的"美国信条"延续了《独立宣言》《美国宪法》以及亚伯拉罕·林肯《葛底斯堡演说》等美国建国以来有关美国国家认同的基本精神，其最大特点是，没有以具体的种族、族裔、语言、宗教或文化传统来定义美国国家特性。包括佩奇在内的许多美国人认为，美国是一个由人民掌控的独立、自由的国家。在这个国家，每个人都独立而不依附于族群、社区甚至家庭；每个公民都生而平等。这种独立和平等构成美国人的自由

---

① 周少青：《矫正措施：助力于反歧视的实践——肯定性行动刍议（二）》，《中国民族报（理论周刊·国际）》，2013年1月25日。

② 佩奇是一位普通的公务员，他曾在美国国会工作61年。美国加入第一次世界大战后，在参战热情的激发下，来自纽约的亨利·斯特林·查平（Henry Sterling Chapin）提议，在全国范围征集可以"完整且扼要"概括美国"政治信条"的宣誓词。1918年3月，佩奇的来信从入围的3000多个宣誓词中脱颖而出，次月3日，美国众议院通过了佩奇提交的"美国信条"宣誓词。William Tyler Page, The American's Creed（Written 1917, Accepted by the United States House of Representatives on April 3, 1918）, available at: https://www.ushistory.org/documents/creed.htm, 2021.1.27.

③ William Tyler Page, The American's Creed, available at: https://www.ushistory.org/documents/creed.htm, 2021.1.27.

精神。美国似乎是一个只有政治认同而没有文化特性的民族（国家）。

最能体现"美国信条"塑造国家认同观点的无疑是塞缪尔·亨廷顿20世纪80年代出版的《失衡的承诺》。亨廷顿认为，美国国家认同的独特基础在于包含着自由主义、个人主义、民主主义和平等主义的"美国信条"；他宣称谁坚信这些自《独立宣言》起就确立的价值原则或"真理"，"谁就是美国人"。亨廷顿强调，正是这些价值原则或真理，才使得原本松散的各个种族和族群凝聚成独一无二的美国人。在谈到政治价值以外的因素对美国国家认同的作用时，亨廷顿基本上采取一律否定的态度：称美国人之所以认同自己的国家，不是基于"人格的、社会的、地理的或文化的因素，而是政治价值与实践"，亨廷顿甚至因此引用一位英国历史学家的话，断言"美国人是政治人"。①

同亨廷顿一样，波士顿大学教授里亚·格林菲尔德（Liah Greenfeld）在其《民族主义：走向现代的五条道路》（Nationalism: Five Roads to Modernity, 1992）中也特别强调"个体主义和公民"价值观在塑造美国国家特性中的重要作用，她结合自己的经历②认为国家认同（民族身份）"本质上是被构建出来的"，个体主义和公民所界定的民族（nation）与那些用"族裔"界定的民族（nation）之间"存在着深刻的差异"③。格林菲尔德称颂公民民族主义，认为它摆脱了血缘和身份的羁绊，真正实现了个人主义与自由主义理想。

以上可以看出，无论是奠定美国国基的《独立宣言》、1787年《美国宪法》④、1791年《权利法案》⑤，还是内战后颁布的宪法修正案（特别是第十四、十五条修正案），抑或是20世纪60年代以来颁行的《民权法案》，或第一次世界大战期间产生的"美国信条"，这些影响乃至塑造美

---

① 参见［美］塞缪尔·亨廷顿《失衡的承诺》，周端译，东方出版社2005年版，第28页。
② 格林菲尔德本人1982年第二次改变国籍，用他自己的话来说就是选择"以美国为家"。
③ ［美］里亚·格林菲尔德：《民族主义：走向现代的五条道路》，王春华、祖国霞、魏万磊、谢虎、胡婷婷译，上海三联书店2010年版，"致谢"第1页。
④ 《美国宪法》序言宣称，"我们美利坚合众国的人民，为了组织一个更完善的联邦，树立正义，保障国内的安宁，建立共同的国防，增进全民福利和确保我们自己及我们后代能安享自由带来的幸福，乃为美利坚合众国制定和确立这一宪法"。
⑤ 所谓《权利法案》，又称《人权法案》，指的是美国《宪法》第一至十条修正案，其全部内容的设定是为了保护"人民的自由和权利"。十条宪法修正案中所列的权利和自由包括言论自由、宗教自由、新闻自由、和平集会自由、持有武器的权利、不受无理搜查和扣押的权利等。特别值得注意的是，第九条和第十条宪法修正案还明确规定，没有列入权清单的权利同样受到保护；未经立法的权利由人民保留。

国国家特性的重要政治法律文件中,没有任何一个像世界许多国家颁行的宪法等法律文本那样从语言、文化(宗教)、种族(族裔)或历史传统等角度去定义美国的国家特性①,或者将这种语言、种族(族裔)文化和传统的因素与某些普世的价值原则结合起来表达美利坚合众国的独特性。相反,所有表达美利坚合众国"特性"的政治和法律语言都采取了诸如"自由""平等""正义""安宁""福祉"等纯粹、抽象、普世的价值范式。最能反映这一点的也许就是美利坚合众国的效忠誓词了。② 与此相适应,不论是美国的开国者,还是20世纪80年代的亨廷顿、20世纪90年代的格林菲尔德等学者,都将自由主义的政治价值观或信条而不是"文化"或"族裔"作为理解和定义美国特性的重要基石。

这样,顺理成章的逻辑就是:既然"美国信条"或美国国家认同建立在纯粹的政治价值观和信条之上,那么便没有任何力量可以阻止有色族裔特别是黑人群体按照这一政治价值观或信条成为"自由主义的平等公民"。马丁·路德·金在其著名的《我有一个梦想》的演讲中满怀激情地说,"梦想这个国家要高举并履行其信条的真正含义",那就是"我们信守这些不言自明的真理:人人生而平等",依据的正是这种普遍主义的自由、平等观。如此,在经历近两百年的"名与实"的博弈后,《独立宣言》、1787年《美国宪法》及其后的多个修正案所宣示的自由、平等终于开启了其"名实相副"的历程,向正式承认黑人等有色族裔在法律和现实中的平等地位过渡,美国自由主义公民国家的理想方案由此部分地得以实现。

三 向"盎格鲁—撒克逊新教国家"的再次转向

冷战结束后,以"美国信条"为代表的自由主义价值体系取得全面

---

① 亨廷顿在《失衡的承诺》中清醒地认识到:"对大多数社会的人民而言,国民认同是历史长期演进的结果,它包含着共同的祖先、共同的经验、共同的种族背景、共同的语言、共同的文化,往往还有共同的宗教。因此,国民认同在性质上是机体性的(Organic),但美国的情况并非如此。"[美]塞缪尔·亨廷顿:《失衡的承诺》,周端译,东方出版社2005年版,第27页。

② 这一经过多次微调、或许最能体现"美国信条"的誓词这样表述对美国的忠诚和认同:"我谨宣誓效忠美利坚合众国国旗及效忠所代表之共和国,上帝之下的国度,不可分裂,自由平等全民皆享。"(I pledge allegiance to the Flag of the United States of America, and to the republic for which it stands, one Nation under God, indivisi-ble, with liberty and justice for all)在这个自1954年沿用至今的效忠誓词中,没有任何一个属性是美国所独有的。事实上,除了"美利坚合众国"一词之外,人们无从断定这就是美利坚合众国。

胜利。一方面，"历史终结"后的西方世界尤其是美国踌躇满志，意欲将其价值观推向全世界；另一方面，随着传统意识形态或价值观体系的崩塌，部族主义、民族主义、族群冲突在世界范围内勃发。与此同时，在美国国内，随着20世纪60年代以来"自由主义公民国家"理念的凯歌奋进，"美国信条"在各族群的政治、经济、文化及生活中都得到彰显。随着少数族群在经济、社会领域实现相当程度的平等权，美国的左翼及进步主义阵营逐渐从传统的以改善包括少数族裔及白人中下层的经济、社会状况为使命转向文化领域，并尤以倡导前者的"文化平等权"为己任。一时间，有关族群、性别及文化多元的叙事成为美国学界的主流。美国进入了前所未有的"多元文化主义时代"。[①]本部分以集"多元文化主义""女性主义"及"平民主义"为一体的所谓"新美国革命史学"[②]为例，阐释这种巨变及影响。

新美国革命史学将以往史学家长期忽视或忽略的边缘群体、少数群体及女性纳入了波澜壮阔的美国革命，城乡平民、妇女、效忠派、黑人、边疆的普通定居者以及印第安人等程度不同地成为美国革命的重要角色。他们对自身权利、自由、机会、财富、独立甚至"主权"的追求被视为美国革命的重要组成部分。[③]

从积极意义上来讲，新美国革命史学意识形态中的"平民主义""多元文化主义"和"女性主义"都以平等为价值基础，都包含强烈的民主诉求，它们既是民主社会的产物，又以推动民主为指向。它们投射到美国革命史研究中，照亮了那些长期被忽视和被边缘化的群体，使他们在革命

[①] 美国从来没有自称是一个"多元文化主义国家"，也从未像欧洲一些国家官宣"多元文化主义失败"。但是从实践层面来看，20世纪60年代无疑是从传统的自由主义向多元文化主义过渡的一个分水岭。多元文化主义对美国的政治、社会、文化和历史产生了重要影响，其中对美国历史尤其是美国革命史的影响和塑造颇为引人关注。

[②] 李剑鸣：《意识形态与美国革命的历史叙事》，《史学集刊》2011年第6期。

[③] 在新美国革命史学家的笔下，城市平民追求广泛的政治参与和全面的"平等和自由"，要求将独立革命的精神扩展到美国社会内部的方方面面，以求实现全面的政治和社会革命；革命中的妇女，在抵制英货、筹措战争款、照顾伤病员、刺探敌情、舆论宣传等方面起到了重要作用。独立战争使女性接受并经历了考验，为她们今后在政治和公共领域争取平等权的斗争打下了重要的历史和政治基础。有论者甚至因此提出"美国革命同时也是一场妇女的革命"；革命中的黑人不论是参加大陆军的革命行动，还是与英军暗通款曲，其目的都是为了追求和实现自身的独立、解放和自由；而印第安人之所以选择加入英军一方，其根本目的也是为了保护自身的独立自主和西部广袤的土地利益，二者在本质上并不违背美国独立革命的精神实质。而效忠派的站位和立场恰好反映了发生在美洲大陆上的这场革命与欧洲传统的泾渭分明的政治斗争不一样的特点。如此等等。

中的经历变得格外醒目。新美国革命史学使得"长期遭到遮蔽和剔除的革命内容得以重见天日",也丰富了革命的内涵,深化了对美国革命复杂性和丰富性的理解。在新美国革命史学中,"美国革命不再仅仅是一场'建国之父'领导的争取独立和创建新国家的革命,它是同时并存的多种革命的复合体,其中有精英的革命,有普通民众的革命,有妇女的革命,有黑人的革命,也有印第安人的革命","美国革命"的英文表述甚至也因此从单数变成了复数。①

从消极意义来看,新美国革命史学继"进步主义"、左派及激进主义史学之后完成了对长期统治美国的辉格主义"正统"史学的全面覆盖。② 为了迎合意识形态斗争和现实的政治需要,新美国革命史学一方面将平民、妇女、黑人、印第安人诉求多样的斗争及抗争行为一律纳入美国革命的范畴,另一方面不遗余力地淡化、贬低甚至刻意丑化"建国精英"的革命中的领导或主导作用。③ 这种将平民与精英、少数族群与白人群体对立的历史叙事方式,深刻地影响着美国国家特性或国家认同建设的过程及效果。

截至20世纪末21世纪初,"新美国革命史学已取得强大的学术和思想优势",相形之下,"传统的美国革命史研究似乎开始退居守势"。任何一部美国革命史,如果不记述普通民众和边缘群体,那么在新美国革命史学者甚至在一般社会公众眼里都是政治不正确,甚至是有缺陷的。如获得"普利策奖"的《美国革命的激进主义》(戈登·伍德著)一书,就因"书中看不到海员、学徒、契约仆、无地农民或贫困化的退伍军人的身影,也听不到争取自由的黑人、妇女和印第安人的声音"而受到批评。④

如何构建和解释民族国家的历史,是一个涉及国家认同、国家特性建

---

① 即由"American Revolution"变成"American Revolutions"。参见李剑鸣《意识形态与美国革命的历史叙事》,《史学集刊》2011年第6期。

② 尽管辉格主义史学存在着白人民族主义和精英主义的历史局限性,但其高举爱国主义、自由主义的大旗,一定程度上历史主义地再现了美国革命的真实本质。

③ 20世纪50年代,美国史学界曾出现试图纠正进步主义史学偏颇的所谓"共识派"史学,但这一学派走得比辉格主义史学还远,它不仅忽略边缘群体、少数族裔及女性在革命中的作用,而且否认殖民地人民反抗暴政、追求自由、平等的进步意义。参见 Robert E. Brown, Middle-Class Democracy and the Revolution in Massa-chusetts, 1691—1780 (Published for the American Historical Association by Cornell University Press, Ithaca: Cor-nell University Press, 1955)。

④ 李剑鸣:《意识形态与美国革命的历史叙事》,《史学集刊》2011年第6期。

设甚至国家自身合法性的一个重要议题。由于历史的局限性，美国国家认同或特性构建一开始就存在着名实不副的先天缺陷：不论是倡导人人生而平等的"自由帝国"时期，还是鼓吹"自由主义公民"时期，大量的非主流族群都处于实际上的严重不平等状态。随着历史的发展和社会的进步，那些处于实际不平等地位的群体奋起抗争，争取他们的经济、社会、文化及政治参与地位从仅仅是名义上的平等向实际上的平等靠近和发展。与此同时，那些长期处于实际主导或支配地位的白人主流群体却千方百计阻止权利与自由普遍平等的政治宣示向实际方向发展。及至 20 世纪 90 年代，以有色族裔为代表的非主流群体不仅在经济、社会及文化层面取得重要进展，而且在进步主义、左翼尤其是新美国革命史学家的助力下，获得清算美国建国历史、重新分配"历史财产"① 的重大胜利。在新美国革命史学的框架下，美国的黑人、印第安人及其他少数群体获得了美国建国史的"追溯性承认"，他们分别被称为"非洲裔美国人""土著美国人"及其他"带有连字符的美国人"。

值得注意的是，新美国革命史学的构建在提升少数群体国家认同的同时，遭遇到白人保守派甚至白人至上主义者的顽强抵抗。在这些白人保守派和白人至上主义者看来，美国是他们的先祖作为定居者（settler）② 一手缔造的，这一点在《独立宣言》《联邦条例》和 1787 年《美国宪法》等重要的建国文件中都有明确的肯认。亨廷顿也认为，盎格鲁—新教定居者的社会这一起源，"比任何其他因素都更加深刻地、更加持久地对美国的文化、体制、历史发展及特性起了定型的作用"。③ 不仅如此，历史上

---

① Gary B. Nash, The Unknown American Revolution: the Unruly Birth of Democracy and the Struggle to Create America (New York: Viking, 2005), p. 28.

② 以亨廷顿为代表的（白人）保守派认为，美国早期的白人群体是"定居者"，而不是"移民"。前者与后者有着"根本的区别"："定居者是离开一个现有的社会，通常是成群出走，以便建立一个新的群体，建立'山巅之城'，其位置是在一个新的、通常是遥远的疆域。他们充满了一种集体目的感，他们或明或暗地恪守一个协约或章程。"相形之下，"移民并不是建立一个新社会，而是从一个社会转移到（另）一个不同的社会。这种人口流动通常是个人采取的行动，涉及的是个人及其家属"。亨廷顿继而指出"在 17 世纪和 18 世纪，定居者来到北美，因为当时那里是一片空白的写字板。除了可以杀掉或向西驱赶的印第安部落以外，这里还没有社会，他们来这里是为了建立能体现和强化他们从原居国带来的文化及其价值观的社会"。亨廷顿的结论是"定居者先创建了美国，然后移民才来到美国"。[美] 塞缪尔·亨廷顿：《谁是美国人？美国国民特性面临的挑战》，程克雄译，新华出版社 2010 年版，第 31 页。

③ [美] 塞缪尔·亨廷顿：《谁是美国人？美国国民特性面临的挑战》，程克雄译，新华出版社 2010 年版，第 31 页。

和现实中不断有白人保守分子精心将"定居者"发展成"本土美国人"（Native American）概念，以期达到抗衡印第安人原住民和反黑人、反天主教徒、反犹太人以及其他"外来移民"和"外国人"的双重目的。① 在他们的话语体系中，黑人、印第安人不是美国的"建国者"，新移民不属于"本土美国人"，只有盎格鲁—新教徒是独一无二的：他们既是美国的创建者，也是本土美国人最有资格的一员，为此他们明确反对将美国人区分为原住民（印第安人）和移民两大类，并将他们划归为后者的做法。在白人保守主义者看来，盎格鲁—新教定居者才是美国真正的主人或缔造者，相应的，盎格鲁—新教文化才是美国国家特性的不二塑造者和国家认同的核心因素。

显然，在新美国革命史学尤其是多元文化主义的持续压力下，以往隐藏在"美国信条"或者说"自由帝国"和"自由主义公民国家"面相下的国家特性或国家认同教条逐渐露出了其第三个面向——盎格鲁—新教国家。实际上，正是在盎格鲁—新教国家的新面相下，亨廷顿开始其影响深远的"谁是美国人"的宏大叙事。②

在对影响和决定美国国家特性的历史情况和现状做出基本评估之后，亨廷顿开始了他对美国国家特性③的系统论说。亨廷顿首先批评了将美国特性仅仅归于"美国信条"的观点，认为这是一个"不完全的真理"④。在"民族属性""种族"失去界定美国特性合法性的历史背景下，亨廷顿开始在"文化"⑤ 要素上发力。他在与劳伦斯·哈里森共同主编的《文化

---

① 这里所谓的"本土美国人"特指美国本土出生的白人新教徒。1860—1925 年期间的"本土主义运动"（nativ-ist movement）及 20 世纪早期 3K 党的卷土重来都借助于"本土美国人"概念。Paula D. McClain and Joseph Stewart Jr., Can We All Get Along? Racial and Ethnic Minorities in American Politics（Colorado: Westview Press, 1995), p. 6.
② ［美］塞缪尔·亨廷顿：《谁是美国人？美国国民特性面临的挑战》，程克雄译，新华出版社 2010 年版，"前言"第 2、8、29—30 页。
③ 值得注意的是，亨廷顿使用的是"国民特性"（national identity）概念，这一概念同时也可以译为"国家认同"。正是在"国家认同"（national identity）这一层面上，"国民特性"与"国家特性"基本可以互换。以下涉及亨廷顿的讨论，主要使用"国家特性"。
④ 按照亨廷顿的观点，文化"是指人们的语言、宗教信仰、社会和政治价值观，是非观念和好坏观念，以及反映出这些主观因素的客观体制及行为规范"。从抽象、普世的价值观到比较具体、特定的文化类型，存在着比较大的鸿沟，但是亨廷顿却通过对文化的定义扩张，将二者统合起来。［美］塞缪尔·亨廷顿：《谁是美国人？美国国民特性面临的挑战》，程克雄译，新华出版社 2010 年版，第 29 页。
⑤ ［美］塞缪尔·亨廷顿：《谁是美国人？美国国民特性面临的挑战》，程克雄译，新华出版社 2010 年版，第 23 页。

的重要作用：价值观如何影响人类进步》一书的序言中指出："关于文化在人世间的地位，最明智的说法或许就是丹尼尔·帕特里克·莫伊尼汉的两句话：'保守地说，真理的中心在于，对一个社会的成功起决定作用的是文化，而不是政治'。"① 这里，亨廷顿明确将"政治"置于"文化"之下。亨廷顿认为，"美国信条"或政治价值观决定于自17—18世纪以来的盎格鲁—新教文化，这一文化包括了"基督教信仰、新教价值观和道德观、工作道德、英语、英国式的法律、司法和限制政府权力的传统以及欧洲的文化、艺术、哲学和音乐传统"。亨廷顿强调，正是在盎格鲁—新教文化的文化基础上，18—19世纪的定居者们建立了"美国信条"。具体而言，亨廷顿认为"新教强调个人良知以及个人直接从圣经学习上帝的真理的责任，这就促使美国人笃信个人主义、平等以及宗教信仰自由和言论自由的权利。新教强调工作道德以及个人对自己的成败负责。新教的教堂组织形式是教区教友齐聚一堂，这就促进了人们反对等级制，认为类似的民主形式应运用于政府之中。新教还促进了从道德出发改造社会以及在国内和全世界争取和平与正义"。为了佐证"美国新教文化生产美国信条"的唯一性，亨廷顿还列举了欧洲大陆各国及其海外殖民地以及伊斯兰教、佛教、东正教、儒教、印度教、天主教甚至新教内部的路德宗、圣公会文化，认为它们都无法产生类似"美国信条"的东西。亨廷顿最后的结论是"美国信条"是"持异议的新教文化的独特创造"，它的"主要思想几乎全部源自持异议的新教"。②

很显然，按着亨廷顿的价值逻辑，美国过去本质上是一个盎格鲁—新教国家，其未来的发展走向亦不能脱离这一本质。亨廷顿申言，写作《谁是美国人？美国国民特性面临的挑战》这本书的目的就是为了"强调盎格鲁—新教文化对于美国国民特性而言始终居于中心地位"。他雄辩地发问，"倘若17世纪和18世纪来这里定居的，不是英国新教徒，而是法国、西班牙或葡萄牙的天主教徒，美国会是今天的美国么？肯定不是。那样就不会是美国，而会是魁北克、墨西哥或巴西"。③ 从盎格鲁—新教国

---

① [美] 塞缪尔·亨廷顿、[美] 劳伦斯·哈里森主编：《文化的重要作用：价值观如何影响人类进步》，程克雄译，新华出版社2010年版，第8页。
② 参见 [美] 塞缪尔·亨廷顿《谁是美国人？美国国民特性面临的挑战》，程克雄译，新华出版社2010年版，第32、51—52页。
③ [美] 塞缪尔·亨廷顿：《谁是美国人？美国国民特性面临的挑战》，程克雄译，新华出版社2010年版，第23、45页。

家本质论出发,亨廷顿为美国未来国家特性发展指出了方向,即为了恢复一个"充满活力的美国",必须"重申其历史性的盎格鲁—新教文化、宗教信仰和价值观"。值得注意的是,亨廷顿还为这种国家特性定位设定了一个外部条件——"一个不友好的外部世界的对峙",他认为只有这样,才能使美国"充实力量"。

至此,在以亨廷顿为代表的保守派在美国国家特性或认同问题上,完成了一个大幅度的急转——在20多年前所著的《失衡的承诺》一书中,亨廷顿明确提出,政治理念或"美国信条"在美国国家特性或国家认同中起着"至关重要的"作用。在这本书中,亨廷顿不仅只是将新教文化作为"美国信条"的思想来源之一,而且将其积极意义限定在道德主义、个人主义及促进共和民主价值方面。[①] 在《谁是美国人?美国国民特性面临的挑战》中,亨廷顿通过将传统的作为政治价值观或意识形态存在的"美国信条"转换成盎格鲁—新教文化生成"美国信条"这一命题,美国国家特性或认同构建在亨廷顿等保守派那里实现了历史性转换,即从"自由帝国"和"自由主义公民国家"再次转向盎格鲁—新教国家。

亨廷顿的盎格鲁—新教国家特性说出炉的直接动因是20世纪60年代以来多元文化主义对美国传统国家特性的冲击;更深远的历史动因是美国建国两百多年来理想与体制、名与实冲突的不可调和的产物:一方面,《独立宣言》宣称"人人生而平等",都有追求自由、平等和幸福的权利;另一方面,现实中大量的黑人沦为奴隶,印第安人遭到驱逐和屠杀,丧失了作为"人"的基本权利;一方面,《美国宪法》尤其是其修正案宣布赋予包括黑人和纳税的印第安人在内的所有居住在美国的人以"平等的公民权";另一方面,黑人等有色族裔却长期被隔离或限制在特定的区域和生活空间。20世纪60年代民权革命后,随着体制与理想、名与实越来越相向而行。也就是说,随着自由主义公民国家的理念越来越付诸实践,"美国信条"越来越成为更多的人尤其是有色族裔群体的真实的信条,美国自建国时就高扬的国家特性和国家认同反而遭受"危机",这种情势正应了亨廷顿40年前的悖论式的预言:即"美国人

[①] 在《失衡的承诺》中,亨廷顿将《独立宣言》所倡导的自由、平等、民主、个人主义等核心政治价值以及洛克和启蒙思想家的思想和观念如自然权利、自由、社会契约、政府的有限作用、政府对社会的依赖等等,作为"美国信条"的重要思想来源。[美]塞缪尔·亨廷顿:《失衡的承诺》,周端译,东方出版社2005年版,第15—17页。

如果不信仰美国信条（念）就不成其为自己，如果信奉美国信条就必定反对自己"①。

正是在"美国信条反对美国国家特性"的历史条件下，亨廷顿的基于新教国家论的国家特性或国家认同危机论登上了历史舞台。为了自圆其说，亨廷顿将具有浓厚普世主义的"美国信条"解释成盎格鲁—新教文化的独生儿；不惜揭开了奉行了两个多世纪的自由主义国家面纱，将美国说成一个自始的盎格鲁—新教国家。② 亨廷顿的论说代表了传统保守主义势力关于美国国家特性的信条或信念，它不仅与具有相当共识性的"美国信条"相冲突，也与其时和当下的美国体制及实践相冲突。亨廷顿国家特性或国家认同危机论的出现，标志着在国家特性问题上"美国反对美国"的斗争发展到一个新阶段。

四　美国国家特性构建的当代困境

在建立一个什么样的国家问题上，美国的政治精英一开始就没有一个清晰的方案。在建国初百年左右的时间里，美国一方面声称"人人生而平等"，另一方面堂而皇之地维持着对黑人及印第安人的奴役、压迫和驱逐。内战后，美国一方面从法律（理）上确立了"自由主义公民国家"，另一方面在实践中，限制甚至剥夺有色族裔的公民权，直至建立起一个"隔离但平等"的种族分离的社会。这种理想与体制（现实）的公开冲突一直持续到20世纪50—60年代的民权革命时期。1965年以后，美国通过在法律上确立平等权（选举、住房等）和在体制上反歧视逐步确立了自由主义的公民国家。到20世纪90年代，美国自由主义公民国家特性建设不论是在法律、制度文本上，还是在实践中均有十分明显的体现。然而，问题也随之出现。

随着自由主义、多元主义和不问身份差别的公民政治的同时崛起，传统的盎格鲁—撒克逊白人新教徒（White Anglo-Sax on Protestant）主导的

---

① ［美］塞缪尔·亨廷顿：《失衡的承诺》，周端译，东方出版社2005年版，第48页。
② 某种程度上可以说，亨廷顿说出了美国国家特性的真实一面，因为恰恰是在奉行"美国信条"的"自由帝国"和"自由主义公民国家"的大部分历史时期，大量印第安人遭到驱逐和屠杀，黑人遭到集体奴役、隔离和系统性的歧视，亚裔人及其他来自西北欧以外的移民、天主教徒等遭到明确针对性的排斥和歧视。美国在大部分历史时期都是一个白人种族主义+基督教新教的国家。

社会，不论是在价值观还是在制度上，抑或是在人口结构方面都发生了重要变化。美国不再是那个公开排斥和歧视有色族裔的"白人国家"。在许多方面，建国 200 多年来倡导的"美国信条"得到前所未有的践行。然而，由于盎格鲁—新教白人国家强大的历史惯性和路径依赖，加上左翼、进步主义力量对历史遗留问题的矫枉过正①，21 世纪以来，美国出现了严重的国家特性或认同危机。

必须指出的是，上述"国家特性或认同危机"并不全然是"国家的"危机。一些危机如白人人口数量的相对下降、有色族裔人口的相对增加，实际上只是白人种族的主体地位的危机；而同性恋的全面平权和堕胎自由损害的主要是基督教价值观和伦理观。从公民—国家关系来看，同性恋和堕胎者权利平等，在一定程度上有利于提升这些群体的国家认同。真正可以划归国家特性或认同危机的，一是英语主导地位受挑战；二是意识形态维度的多元文化主义对美国主流历史叙事及学校教育的持续挑战；三是相对宽松的移民政策明显影响到美国国家特性或认同建设。②

如何应对这些有矛盾或者说存在着内在冲突的国家特性或认同危机？或者说，在新的形势下，应该如何构建美国国家特性或认同？以亨廷顿为代表的保守派精英开出的对策清单是回归盎格鲁—新教文化。从1980 年开始崛起的"新基督教右翼"则主张通过将福音派及其他保守基督教派别的全面政治化使美国回归基督教或重新回到上帝怀抱。政治上他们的主要手段是"使福音派新教徒进入美国社会政治生活""使他们加入到共和党阵营""把保守派人士选进政府部门"；文化上他们决心在美国打一场"激烈而持久的文化战争"。值得注意的是，以福音派为代表的新基督教右翼力量，其关注点已不仅仅限于振兴基督教，而是着眼于对美国的政治、经济、文化及外交事务进行全面的特性改造。新基督教右翼阵营中不仅有基督教福音派及其他保守派别，而且还有大量的天主教徒。早在 1977 年，就有西方学者指出，新基督教右翼选民是

---

① 如从意识形态角度鼓吹几乎不受限制的多元文化主义，对英语地位、美国传统历史史观和学校教育造成冲击。在移民融入问题上，放松美国统一性标准，导致大量移民社群如拉丁裔、亚裔等难以融入。在同性恋及堕胎问题上，全面放弃基督教价值观，导致以福音派为代表的宗教保守力量的激烈反弹，如此等等。

② 大量的拉丁裔及亚裔移民，加上双国籍、多国籍和"世界公民"以及上千万的非法移民等，对美国传统国家特性或认同呈明显冲击。1965 年熔炉式移民政策的废除，是一个分水岭。

美国选举政治中的一头"睡狮"①。显然,在2016年大选中,特朗普唤醒了这头睡狮。2024年的大选,特朗普势头正猛,说明美国国内族群矛盾进一步激化。

在美国国家特性或认同问题上,与新基督教右翼有着千丝万缕的联系但又有着自己独特个性的所谓"另类右翼"②则提出了"重返白人国家"的主张。为实现这一政治狂想,他们甚至提出了隔离和驱逐的极端方案。

上述三个构建美国国家特性或认同方案虽总体上都属于保守主义或右翼阵营,但在价值理念和实际操作规程上各有其特点。亨廷顿侧重于"新教文化"③,他希望通过"复兴"新教文化来拯救美国特性或认同危机。亨廷顿一再声称,他"强调的是盎格鲁—新教的文化重要,而不是说盎格鲁—新教的人重要",如果"一代又一代的美国人致力于发扬盎格鲁—新教文化以及我们的前辈所树立的'美国信念(条)'",那么"即便是创建美国的那些白人盎格鲁—撒克逊新教徒的后裔只占很小的、无足轻重的少数,美国仍会长久地保持其为美国"。④显然,亨廷顿的侧重点在于文化和价值观。反观新基督教右翼,他们虽然也强调"文化"甚至诉诸"文化战争",但其关于美国特性或认同的诉求则主要在于恢复美国的"(福音)基督教特性",而不是亨廷顿所说的文化或某些价值观或准则。相形之下,另类右翼关于美国国家特性或认同的追求则要明确得多,他们直接将美国界定为一个"白人国家"⑤,认为恢复或重建美国国家特性就是要"找回白人美国"。

如果简单地概括上述三个有关美国国家特性或认同构建方案,那就是亨廷顿侧重于"文化"和价值观,新基督教右翼则侧重于基督教尤其是福音基督教本身,而另类右翼则关注美国的白人种族属性。从兼容或接纳种族(族裔)或文化多元性的角度来看,主流保守主义最为包容,另类右翼最狭隘,新基督教右翼则居于两者之间。

---

① 参见董小川《20世纪美国宗教与政治》,人民出版社2002年版,第62—64页。

② 另类右翼(Alt-right)是一个相对宽泛的概念,其主要使命在于反对主流保守主义。本文侧重于从主张白人至上主义或白人种族(民族)主义角度界定这一概念。另类右翼属于极右翼的一种,其意识形态往往具有一定的暴力色彩。

③ 虽然他常常在"新教"之前加上"盎格鲁"的限定词,但也不得不承认,"种族属性"界定美国特性的时代已经一去不复返了。

④ [美]塞缪尔·亨廷顿:《失衡的承诺》,周端译,东方出版社2005年版,"前言"第3页。

⑤ 必要的时候,他们也借助于"文化"或"基督教"这些具有动员效果的词汇。

需要说明的是，三者尽管存在明显差别，但在实践中它们往往是一股统一行动的力量。这在 2016 年及 2020 年大选中表现得极为明显：在特朗普的支持者中，不仅有主流派保守主义者和新基督教右翼分子，还有大量狂热的另类右翼分子。① 从结构上看，美国保守主义阵营呈现出"中间大，两头小"的格局，即新基督教右翼构成保守主义力量的主要部分，主流保守主义因发生严重分化而与属于极右翼的另类右翼构成两端。

相形之下，与保守主义阵营对峙的自由主义、进步主义和左翼阵营（以下简称"自由主义阵营"）② 在国家特性或认同问题上观点要一致得多。自由主义阵营执着于"人人生而平等"的"美国信条"，追求彻底的无种族（族裔）、文化差异的"美国梦"。在自由主义者眼里，美国是一个无"色差"甚至无具体文化特性的"自由帝国"或"自由主义公民国家"。值得注意的是，为了打破体制化和结构化的种族不平等状况，建设一个完全真实的各种族"一律平等"的美国。自由主义阵营中的激进主义者还诉诸重塑历史叙事和多元文化主义，积极推进经济社会平等的平权行动。在激进自由主义者的话语中，黑人自始就是"非洲裔美国人"、印第安人是"土著美国人"，后来的新移民则是各种各样的"连字符美国人"，他们的文化、语言和价值观与主流社会的文化、语言和价值观一样值得尊重。

从以上可以看出，在如何构建或定义美国特性或认同问题上，保守主义阵营与自由主义阵营存在着尖锐的分歧：前者试图以文化（及其价值观）、宗教和人种属性界定美国特性，构建国家认同；后者则以无差别的公民属性及权利自由来重申美国国家特性和认同。前者以特殊主义为本位，辅之以一定限度的普遍主义；后者则以普遍主义为本位，辅之以一定程度的特殊主义。前者在用文化、宗教或种族属性定义美国国家特性或认

---

① 此外，在"铁锈地带"和基层社会，还有不少蓝领及失业工人，他们除了胸怀阶级对抗意识外，还兼有主流派保守主义、新基督教右翼和另类右翼的意识形态。

② 由于研究主旨及篇幅方面的原因，本文在此侧重于这三个流派在美国国家特性方面的一致性，关于三者之间的差别，请参阅表少华《论后危机时代美国左翼思潮的特征及发展趋势》，《毛泽东邓小平理论研究》2020 年第 7 期；魏南枝《美国的文化认同冲突和社会不平等性：种族矛盾的文化与社会源流》，《学术月刊》2021 年第 2 期；赵辉兵《美国进步主义运动研究百年回顾与展望》，《外国问题研究》2021 年第 3 期；林国华、[美] 马克·里拉《破碎的美国身份：一个自由主义者和一个保守主义者的对谈》，《当代美国评论》2020 年第 4 期。

同的同时，表现出明显的本土主义和孤立主义；后者在以自由主义公民价值界定美国国家特性或认同的同时，还表现出鲜明的世界主义色彩，如此等等。保守主义和自由主义的分歧，反映了美国在国家特性问题上自建国伊始就存在的名与实、理想与现实（体制）的深刻冲突。在建国以来两百多年的历史过程中，美国在绝大部分时间里奉行的都是自由主义的"名"和保守主义的"实"，理想与现实（体制）的冲突伴随了美国的整个历史。

进入21世纪，尤其是近些年来，保守主义与自由主义在国家特性或认同问题上的冲突进入白热化阶段。面对美国"国家特性危机"，前者试图以新教文化或福音基督教为抓手，恢复或重建国家认同；后者则继续其普遍主义的自由主义价值范式，试图以"人人生而平等"的"美国信条"重申或夯实美国的国家认同。这种分歧在实践层面，表现为（特朗普）共和党和民主党争夺国家发展方向的斗争。在这场争夺国家发展方向，或者更准确地说定义美国国家特性的斗争中，以福音派为代表的保守主义力量与左派、进步主义及多元文化主义合流的自由主义阵营产生了尖锐的冲突和对立，美国陷入内战以来从未有过的政治极化和文化对立之中。

像历史上每次政治和社会转型时期一样，新教福音派总是率先登上政治和社会舞台。在这场争夺国家发展方向或定义国家特性和认同的斗争中，福音派联合美国社会的宗教和文化保守力量、白人优越论者以及全球化中利益受损的蓝领工人等群体，在共和党的政党竞争中起到举足轻重的作用。在2016年大选中，福音派以高达81%的选票将反全球化、反移民、笃信本土主义的"保守主义的民族主义者"[1] 特朗普推到总统宝座，从而使保守主义在争夺国家发展方向或定义美国特性的竞争中取得阶段性胜利。旋即在四年之后的2020年大选中，自由主义阵营卷土重来，胜利者拜登在随后的内阁成员挑选中，再一次宣示了美国不分种族（族裔）的"自由主义公民国家"的特性。[2]

值得注意的是，不论是以共和党特朗普为代表的保守主义力量，还是

---

[1] 有学者将特朗普在定义美国特性上的价值取向概括为"保守主义的民族主义"。孔元：《美国当代保守主义的民族主义转向》，《国外理论动态》2020年第1期。

[2] 为了回报自由主义阵营，拜登努力打造"美国有史以来最多元化的内阁"，以实现种族（族裔）、性别、性取向等多元群体的平衡和多元文化的公民平等。

以民主党拜登为代表的自由主义阵营,它们获取支配美国发展方向或定义美国特性权力的选民基础都是高度分化的:在2016年大选中,特朗普获得的选民支持数量实际上低于其竞争对手;2020年大选中,虽然拜登获得的选民支持数量及选举人票数都领先特朗普,但两次大选双方倚重的选民数量总体上处于势均力敌的状态。这一情况表明,美国自建国以来就已存在的美国特性或认同之争的名与实、理想与现实(体制)的冲突,不仅没有得到改善或缓和,反而呈现出加剧之势。

种种情况表明,2020年大选后的美国,面临着比以往任何时期[1]更加严峻的挑战。如何妥当地协调并应对保守主义与自由主义势同水火的国家特性或认同建构方案,是包括两党在内的任何政治势力都不能回避的头等大事。对于保守主义尤其是以福音派为代表的宗教右翼来说,如何在"重振"新教文化或"找回"美国基督教特性的同时,避免与之密切关联的白人优越论甚至白人至上主义冲击自由主义公民国家的核心要素,避免宗教民族主义冲击久已确立的世俗主义价值原则,是取得或重获国家特性或认同塑造权的重大前提。对于自由主义阵营来说,如何在政治上打造自由主义公民国家特质的同时,避免国家丧失特性或核心文化特征;如何在争取包括各族群在内的多元群体权利和自由平等的同时,避免身份政治及其带来的文化上的碎片化,则是继续维持自由主义公民国家特性的重要条件。

从现实情况来看,两个阵营面临的形势都不可谓不严峻。从保守主义阵营一方来看,无论是执着于"新教文化"还是"基督教特性",其面临的一个最大问题是,当下的美国基督新教似乎已不再是历史上那个引领主流政治社会文化、时刻矫正国家方向的、充满着世俗主义精神的宗教。在全球化、现代化、多元化特别是世俗化的强有力冲击下,美国的新教徒群体已经严重地"福音化"——其中一个明显的特征是,日益沉湎于宗教信仰本身,僵化固守《圣经》信条(而不是"美国信条")。福音基督徒普遍相信"世界末日"一说。[2] 美国全国福音派协会(National Associa-

---

[1] 即使是在美国内战时期,双方在基本价值取向上也没有今天的分歧大,当时支持南方奴隶制的人更多地出于维护既得经济利益和社会政治地位需要,在价值观问题上,实际上连为南方奴隶制公开辩护的人都不得不承认"我们在文明社会面前是没有听众的"。钱满素:《美国自由主义的历史变迁》,生活·读书·新知三联书店2006年版,第58页。

[2] 参见周少青《美国福音民族主义的形成及发展趋势》,载《二十一世纪》,2021年12月,第40页。

tionof Evangelicals，NAE）在一份有关信仰的声明中称，"我们相信《圣经》是天启的、唯一绝对正确、绝对权威的上帝语言"。面对批评者对《圣经》不谬性的质疑，一些福音教徒坚定不移地认为，"上帝不能有错，《圣经》无有错谬"，大部分福音派新教徒对耶稣基督的再度来临以及他将信徒擢升到天国的预言深信不疑。①

今天的福音派已然不是历史上那个数次通过"大觉醒"引领美国的复兴者及革新者。18 世纪 30—40 年代的"第一次大觉醒"，奠定了美国独立革命的心灵和观念基础；19 世纪 20—30 年代的"第二次大觉醒"则催发了声势浩大的废奴运动，最终导致奴隶制被废除②；19 世纪 90 年代的"第三次大觉醒"，"直接与争取社会改革和政治改革的平民主义和进步党主义运动相联系"，这次运动中的改革派强调"道义上消除体制与理想之间的差距，建立一个公正平等的社会"；20 世纪 50—60 年代的"第四次大觉醒"的焦点之一是"法律和体制上的对黑人的种族隔离"，福音派的"绝对的道德价值观"对新左派和民权运动起到激发作用。"隔离但平等"在这期间被宣布违宪。历史上福音派的四次大觉醒，"每一次都与政治改革的重大努力相联系"进而催生政治改革。③ 如果说历史上的福音派总体上促进了美国的政治与社会进步，那么现实中的福音派则试图让这种进步重新接受基督教福音神学的再次审查。④

新教徒的福音化使得亨廷顿们及其他保守力量所倚重的"新教文化"和"基督教特性"发生了重要转向：现时代的新教文化再也不是那个仅仅强调个人主义和追求世俗幸福和理想的"地上"文化；基督教特性也不仅仅是那个很大程度上已经高度象征化和"文化化"的基督教存在。相反，它们开始强调作为新教徒的集体归属与责任，强调回归圣经并严格

---

① 特朗普的当选及连任选战中，福音社区充斥着有关特朗普是"上帝选中的人"的传言。据调查，美国福音基督徒对以色列的支持甚至超过了美国犹太人，他们相信包括支持以色列迁都耶路撒冷在内的外交政策都是为了迎接基督的复临并建立地上"千年王国"。

② 在响彻北方的《战歌》中有这样的歌词："耶稣为让人们神圣而死，我们则要为让人们自由而死，上帝在前进。"

③ 参见［美］塞缪尔·亨廷顿《谁是美国人？美国国民特性面临的挑战》，程克雄译，新华出版社 2010 年版，第 57—59 页。

④ 随着时代的发展，特别是面对世俗主义潮流的强大冲击，福音派在组织化程度、维护传统婚姻家庭、反堕胎、抑制同性恋群体的权利，特别是在捍卫所谓"宗教自由"方面与天主教的差距越来越小，甚至出现与天主教合流的趋势。经过几个世纪，福音派在很大程度上又轮回到其最初所激烈反对的立场上——将群体的宗教自由置于个人权利之上。

按照圣经的具体内容来工作和生活。"新教文化"和"基督教特性"的价值漂移,不仅使保守主义开出的国家特性建构方案严重偏离"美国信条",而且使美国面临着严重的世俗主义危机。①

从自由主义阵营一方来看,无肤色和族裔差别的自由主义公民国家特性固然是一个值得追求的、与美国梦相一致的价值目标,但是如果在实际操作中,把这种基于公民权利和自由的建国价值理念绝对化甚至僵化,将其理解成一个自始的、非历史的、绝对平等的价值方案则不仅无益于消除与保守派的冲突,而且最终可能适得其反。事实也正是如此,21 世纪 60 年代以来,虽然自由主义阵营在塑造美国国家特性或认同方面取得前所未有的巨大历史进步,但是由于其执拗于消除一切差别或"歧视"的严苛的历史观、文化观和价值观,造成美国历史的高度意识形态化和白人新教文化历史虚无主义。不仅如此,为了实现有色族裔群体"完全平等的"权利和自由,自由派中的左翼还有意无意诉诸身份政治②,最终将争取公民权利自由平等的斗争扭曲为有色族裔与白人群体之间的斗争,进而引发了"谁是美国人"的身份认同斗争和危机。

美国国家特性或认同构建的当代困境,从国家建构的角度来看,源于美国自创始以来就存在的三种相互矛盾和冲突的国家特性定位。从更广阔的视野来看,美国国家特性或认同构建的当代困境则源于基督教国家的现代性危机。作为一个"基督教国家",美国没有经历过西欧国家如法国那样的彻底世俗化历程,其政治和社会过程中存在着浓厚的基督教新教色彩。在向"现代公民国家"发展的历程中,美国社会内部的新教群体逐渐发生分化,其世俗主义、自由主义和左翼力量试图摆脱或超越国家的基督教特性,使之成为一个比较彻底的自由主义公民国家。与此同时,新教内的保守派(福音派)则由于新教革命的"原罪",而始终背负着"背叛上帝"的十字架。面对日益严重的世俗化倾向和自由派主导的同性恋平

---

① 为了对抗自由主义阵营,激进的宗教右翼分子苏赫拉布·阿马里(Sohrab Ahmari)甚至提出了取消政教分离的主张,他认为"自由派敌人将精英机构变成了自由放任主义者和异教徒的大本营,在应对这些敌人时,以德报怨不是正确的应对态度,以直报怨才是更可取的路径"。为此,他呼吁"抛弃国家在宗教事务上的中立态度,积极利用国家力量来击败自由派敌人"。转引自孔元《美国当代保守主义的民族主义转向》,《国外理论动态》2020 年第 1 期。

② "身份政治"是一个复杂的政治、社会和文化现象。笔者曾撰文指出,从历史源头上来看,源于西欧诸国的民族主义是最大的身份政治。从这个意义上来看,自由主义阵营尤其是其左翼及有色族裔的身份政治,实际上是一种"反应性的身份政治"。参见周少青《21 世纪"新民族主义":缘起、特点及发展趋势》,第 11—14 页。

权、堕胎自由等非基督教行为以及各种非基督教文化多元主义的泛滥，福音派基督徒不惜与昔日的"政治异端"①——天主教结盟，共同致力于恢复美国的基督教特性和新教文化的支配地位，其直接后果之一便是原本世俗化倾向很强的新教徒在世俗—宗教问题上开始"福音化"甚至"天主教化"——教义保守、组织化、领袖化程度加强，美国政治和社会领域出现了比较罕见的宗教化价值取向。

特别值得关注的是，不论是致力于建设自由主义公民国家，还是退回基督教福音国家，美国的国家特性都呈现出明显的"自由帝国"之面相：作为一个世俗的自由主义公民国家，美国有将其自由、民主模式推向全世界的冲动；作为一个基督教新教国家，美国同样有将其山巅之城"福音"推广到全世界的神学冲动。事实上，直到今天，在美国国家特性问题上，仍然存在着三种声音，即自由主义公民国家、基督教新教国家和自由帝国②。

如何在三个有冲突的国家特性或国家建构目标之间达成妥协，从而建构一个包含各方共识的、一致性较强的现代民族国家方案？2019年3月，美国一份名为《当务之急》(First Things)的保守派期刊刊发了一篇名为《反对过时的共识》的联名信。该联名信称，2016年的大选结果表明，旧的保守主义已经破产，因此任何旨在恢复前特朗普时期"保守主义共识"的做法都不仅是误导性的，而且是有害的。为此，联名信呼吁"寻找新的共识"。2020年11月2日大选前夜，该期刊又推出一篇名为《美国的未来》的评论。在这篇评论中，作者提出了保守派眼中的"新共识"，即美国的未来取决于健康的、有坚实道德基础的、基于宗教信仰的文化(religiously informed culture)、明智的外交政策和良好的经济举措，其中

---

① 历史上，新教徒对天主教徒可能"侵蚀"新教国家特性的行为始终抱着高度警惕的态度。1928年10月总统大选前夕，美国《基督教世纪》(The Christian Century)杂志上的一篇评论提出："基督新教反对一个天主教徒作为美国总统不是因为基督新教徒想限制宗教信仰自由，不是因为他们是坚定的基督新教徒，不是因为他们不欣赏天主教的崇拜方式，甚至不是因为他们担心史密斯当选总统后会发布命令服从教皇，而是因为天主教与美国制度之间存在着巨大的差距。"天主教在美国政治和社会生活中日益增强的影响力，将使人们再次面临"美国还是不是基督新教和盎格鲁—撒克逊的美国"的问题。1933年，哥伦比亚大学教授西奥多·艾贝尔（Theodore Abel）提出，长老派、浸礼派和循道派应该联合起来，尽最大努力去解决天主教的宗教信仰问题，以"推进美国化进程"。这里"美国人"与新教徒完全对应，天主教徒被视为美国的政治异端。事实上，直到肯尼迪政府时期，天主教仍然是一个有争议的"他者"因素。董小川：《20世纪美国宗教与政治》，人民出版社2002年版，第54、213页。

② Matthew Walther, "America is An Empire, Not A Nation," The Week, May 29, 2019.

"能够帮助美国人过上荣耀的生活并确保他们受到体面和尊重待遇"的文化占有优先地位,作者把这一"新共识"称为具有"共同善的保守主义"。①

"共同善的保守主义"对内主张:(1)确保对胎儿进行充分的法律保护,并捍卫医生、护士和其他提供护理的人的良心自由;(2)禁止基于身份的配额,让国家重回对所有个人而不是群体权利(及特权)平等的承诺;(3)促进婚姻并保护家庭;(4)鼓励美国人的宗教生活,摒弃那种认为信仰纯属私人事务的激进和错误政教分离观点;(5)保护并珍视国家的历史遗产(不必对历史上发生过的事件道歉),禁止国家支持破坏性的反美活动。对外政策方面:(1)塑造和捍卫有利于美国中产阶级和工人阶级的国际经济秩序;(2)防止一些国家主导对全球经济和美国人利益至关重要的地区的能力;(3)建立并维持公平的伙伴关系,以实现我们美国的安全与繁荣目标;(4)促进西方文明的蓬勃发展,这是我们美国共和制政府和自由文化赖以生存的基础。

显然,这一所谓的共同善的保守主义"共识"在很大程度上继续了其新基督教右翼观点,即捍卫美国的基督教国家特性。然而,值得注意的是,该共识也汲取了自由主义公民国家特性的某些要素,如坚持公民个体权利平等,反对对少数族裔的"平权行动";同时,共同善的保守主义"共识"在坚持美国国民利益最大化的同时,也看到了在世界范围内推广"西方文明"的必要性,并将其视为美国政治和文化赖以生存的基础。总体上看,新共识有条件地融通了"自由帝国""自由主义公民国家"及"盎格鲁—新教国家"三种国家特性。可视为保守主义在新的历史条件下,为促进美国国家特性或认同重构开出的新药方。②

相对于保守主义阵营积极致力于美国国家特性或认同重构的情形,自由主义阵营在美国特性或认同重构方面表现得并不积极。面对日益极化的国内政治和社会形势,自由主义总体上仍坚守于自由主义公民国家和自由帝国的国家特性:对内坚持不分族裔的公民权利自由、一律平等的政治和

---

① R. R. Reno, "America's Future, First Things," November 2, 2020, available at: https://www.firstthings.com/web-exclusives/2020/11/americas-future.
② 在这之前即2019年7月召开的埃德蒙·伯克基金会(Edmund Burke Foundation)资助的保守主义政客和评论家的会议上,这种新共识也被称为"民族保守主义"(National Conservatism)。Yoram Hazony Spoke on the Topic: "Why National Conservatism?", available at: https://nationalconservatism.org/natcon-dc-2019/present-ers/yoram-hazony/。

法律策略（仅在"平权行动"尤其是种族配额方面有所松动），对外仍然痴迷于美国自由民主模式的推广和张扬（面对海外军事行动和扩张导致的世界乱象没有更大的作为）。之所以如此，也许是自由主义者已经深刻认识到，美国从源头和本质上就是一个没有"民族"的现代"民族国家"。在这个国家里，维系国家凝聚力和社会团结的最好办法是不要照搬西欧及第三世界国家的民族国家构建模式，不要将美国国家特性或认同建设系于某种单一的族裔、文化或价值认同。因此，在实践层面，自由主义在将其主要精力用于维护美国特性（"美国信条"）或认同发展现状的同时，试图进一步推进各族群（种族）之间的实际平等，如积极参与"黑人的命也是命"运动，在移民的引进和社会融入方面继续推行传统的自由主义路线，等等。这些努力，在保守主义阵营的激烈抵抗下，不仅没有取得什么明显的进展，反而让美国社会陷入更大的分裂或撕裂。

当前美国正困厄于各种内外矛盾和冲突：政治参与上的精英与民粹的对立，社会领域中的贫困者与富有阶层的对立，文化、观念领域的现代主义与传统主义、世俗主义与宗教保守主义的斗争，对外关系中的世界主义与孤立主义的斗争，等等。更加复杂的是，这些本来可能因相互重叠和交叉而消耗或减轻部分动能的对立和冲突，在两党制的催化下产生了空前的截然对立的效应：几乎来自所有种族、族裔、宗教和文化的群体和个人都选边站队，尖锐对立。在这种情况下，重构美国国家特性或认同几乎成了一件不可能完成的任务。

美国国家特性或认同问题，是一个与美利坚合众国相伴相生的世纪性、原发性问题。早在美国初创时，有关美利坚共和国是不是一个"民族"（nation）的问题就被提了出来。在独立后的很长一段时期内，大多数美国人都不认为美国是一个民族（nation），而正如其名是一个各州的联盟（confederation of states），这也是为什么促使各州批准《宪法》的过程是如此艰难，而那些建国者自称联邦主义者（federalists）而非民族主义者（nationalists）。[①] 在此后长达两个世纪中，这一问题不时地出现在美国重要的政治议题中。[②] 21 世纪初，亨廷顿再提美国特性或认同问题，并

[①] Jill Lepore, "A New Americanism, Why a Nation Needs a National Story," Foreign Affairs, March / April 2019.

[②] "Shall We be an American Nation," Once a Week: An Illustrated Weekly Newspaper (1889-1895), December 31, 1892; Nicholas Murray Butler, "Have We an American Nation?" The Journal of Education, Vol. 85, No. 3, 1917.

将其提升到美国国家安全的高度。在《谁是美国人？美国国民特性面临的挑战》一书中，亨廷顿引用卢梭的话说："既然斯巴达和罗马都灭亡了，还有什么国家能希望永世长存呢？"他认为即使是最成功的社会（国家），也会在某个时候遭遇内部的衰落与解体。苏联的解体让亨廷顿印象深刻，他深深地意识到"在缺乏人种、民族和文化共性的情况下，意识形态的黏合力是弱的"，亨廷顿甚至发出了这样的悲观预言"倘若到了2025年美国还是跟2000年的美国一个样子，而不是成了另一个国家或几个国家，它的自我意识和国民身份意识也还是跟25年前没有什么区别，那倒会是最大不过的意外了"。为遏制美国的"衰亡"或"解体"，亨廷顿提出了"重新振作国民特性意识，振奋国家的目标感以及国民共有的文化价值观"①。

亨廷顿之问深刻地揭示了美国民族国家建构的先天性不足问题，即美国并不是一个有着共同祖先、共同历史、共同文化、共同神话的自然演进之国。因此，正如亨廷顿所指出的那样，在法国或德国这样的国家，价值观的激烈变动或去留并不会导致这些国家出现存亡之险，而对于主要靠"美国信条"价值观而黏合在一起的美国来说，价值观的崩溃之日可能就是国家崩溃之时。

当前美国国家面临的一个重大威胁正是（"美国信条"）价值观的撕裂。由于全球化、新自由主义及政党制度的交相作用，长期以来大体平衡的三种有关美国国家特性的观点，出现了势不两立的冲突：以新宗教右翼尤其是福音派为代表的保守主义势力试图以盎格鲁—新教（基督教+白人）重新定义或"恢复"美国的国家特性；而自由主义和左翼则想继续其自由主义公民国家的方略。如果用获得选民支持的数量来显示两派力量对比的话，则是7400万对8000万，这既是一个势均力敌的斗争，也是一个对半撕裂的政治较量。美国未来究竟沿着哪个方向前进？从近几年和未来几年的情况来看，特朗普大致代表了保守主义的政治意愿，而拜登无疑代表着自由主义阵营的价值取向。目前的情况是拜登领衔的自由主义阵营暂时主导美国国家方向，其团队正在着力于恢复被特朗普政府侵蚀了的美国特性观。那么，拜登之后呢？

笔者认为，正确定位美国国家发展方向，或者说，准确界定美国国家

---

① ［美］塞缪尔·亨廷顿：《谁是美国人？美国国民特性面临的挑战》，程克雄译，新华出版社2010年版，第9—10页。

特性或认同的一个重要前提是，正确认识美国国家的发展历程及特质形成过程。必须看到，美国国家特性的形成和发展不同于世界上绝大多数国家，作为一个"人造国家"，美国的领土不是"固有的"，而是通过殖民和不断兼并获得的；美国的"人民"构成多元且处于不断变迁之中[①]；美国的主流文化与基本价值观整体上是新教徒从欧洲带来的[②]；美国经历过残酷的内战并从中获得统一性的力量，等等。这些差异意味着美国在很大程度上是"独特的"，其他国家包括西方国家在国家特性或认同构建问题上，难以为美国提供现成的模式或经验。

然而，国家特性或认同构建并非没有规律可循，通观世界范围内比较成熟的现代民族国家，其国家特性或认同构建方略无一不是有效平衡族裔—文化和公民—政治两大因素。就族裔—文化来说，在族裔属性已基本失去界定美国特性的形势下，所谓族裔—文化实际上只剩"基督教特性"了。从公民—政治的角度来看，美国特性则包含了一系列与公民基本权利和自由相关的"美国信条"。为了平衡这两大因素，亨廷顿曾试图将"美国信条"解释成基督教新教文化的特定产物。但是这一尝试不仅没能调和或平衡保守主义与自由主义在定义美国国家特性问题上的内在冲突，反而使冲突更加激化。笔者认为，新教文化并不足以解释"美国信条"，尤其是在当前新教不断福音化的情况下更是如此。正确的平衡路径或许是，一方面承认美国特性或认同自始至终包含着新教因素或者今天语境下的"基督教特性"，另一方面承认美国特性或认同也确实包含了大量的世俗主义或非基督教的因素。承认前者既是尊重历史，也可以安抚以新基督教右翼为代表的保守主义政治势力；承认后者则既是直面现实，也可以满足占人口近三分之一的非基督教徒、世俗主义者的诉求。

承认美国特性或认同的基督教特性，不仅是因为"美国信条"中"天然地"契合着基督新教的因子，如《独立宣言》中的"人人生（created 而不是 born）而平等"，更重要的是，在当前的美国，基督教特

[①] 先是英国人（主要是英格兰人），后是西北欧人，再后来是东南欧人，直到近几十年来的亚裔和拉丁裔人，这些不断涌进的移民，加上土著的印第安人和被贩卖的黑人，构成了极为复杂的人口结构。

[②] 尽管其白人先祖在生活乃至建国理念上不可避免地受到印第安人的影响，但美国的主流叙事却只强调其文化的欧洲及基督（新）教性。

性已经渗透到政治和社会生活的方方面面。① 21世纪以来，伴随着新自由主义、世俗化、全球化以及资本主义、物质主义、科技主义和"新历史虚无主义"②的叠加性影响，美国国内政治和社会生活陷入一片混乱：贫富分化、种族冲突、精英分化、民粹肆虐、政府威信受损、家庭及婚姻不受重视、传统的道德和宗教共同体对社会的影响和塑造力下降。正是在这种情况下，福音民族主义或者说"民族保守主义"破土而出。福音民族主义或者说"民族保守主义"运动的复兴，"反映的是美国乃至西方文化所面临的一场生存危机"，"它最深刻的地方是期待一场灵魂救赎，从而将西方从物质主义和科技主义的精神荒漠中拯救出来，从资本主义的平庸生活中拯救出来，从历史终结的'末人'世代中拯救出来"，③而"基督教特性"或者将美国拉回传统基督教保守主义者所向往的"上帝的国度"是这场运动的一个核心命题，当前美国面临的最大危机之一是，自由主义及左派阵营试图以"个人自由""国家中立"的名义剥离"基督教特性"这一本质性的美国特性。④

承认美国特性或认同也确然包含了大量的世俗主义或非基督教的因素在于表明，美国虽然是一个基督教新教国家，但是在其两百年的发展历程

---

① 从显性的角度来看，美国国家的政治生活和实践中，充满着宗教的因子：国旗效忠词中有"上帝之下的国家"；总统宣誓需要手按《圣经》；总统演说中"上帝保佑美利坚"不绝于耳；军队中有随军牧师等神职人员；国会的每一届会议都以牧师主持的祈祷开启；白宫有早餐祈祷会；美元上印有"我们信仰上帝"的字眼；等等。从身份等比较隐性的角度看，基督宗教尤其是新教在美国政治生活中占有极为重要的地位，表现在：美国历任总统都是基督徒，国会议员绝大部分都是基督徒。据皮尤研究中心最新调查报告显示，新一届美国国会的535名成员中，基督徒的占比接近90%。在63名非基督教议员中，犹太教徒占比最多，为34人。其余分别是：穆斯林3人，印度教徒3人，佛教徒2人，一神论者2人，没有宗教信仰的1人，18人拒绝透露信仰某个特定宗教。特别值得注意的是，在美国，尽管无神论者、不可知论者以及"没有什么特定信仰"的人口占比高达23%，但是在国会中，只有1位议员公开声称"没有宗教信仰"。这说明，以民主自诩的美国并没有给无神论者等群体以应有的民主和政治参与权。美国实质上是一个基督教徒治理的国家。周少青：《政教分离在当代世界的困境》，《中国民族报》2019年2月12日第7版。

② 最为典型的是"黑人的命也是命"运动中的极端左翼，他们超越时空地引证"自由""平等"理念，大肆诋毁建国先辈、破坏雕像、碑文等历史符号，非历史地看待和评价美国的历史人物和传统文化符号，严重地动摇了美国的国基。笔者将其称为"新历史虚无主义"。

③ 孔元：《美国当代保守主义的民族主义转向》，《国外理论动态》2020年第1期。

④ 2002年6月，第九联邦上诉法院以2:1的表决结果裁定，向国旗效忠誓词中的"under God"二词违反了政教分离原则，因为它构成了"赞成宗教"。这一裁决引起了许多美国人的反对，美国参议院遂以99:0通过决议要求撤销该裁决；许多众议员集合在国会大厦台阶上宣读誓词，高唱《上帝佑我美利坚》。参见[美]塞缪尔·亨廷顿《谁是美国人？美国国民特性面临的挑战》，程克雄译，新华出版社2010年版，第61—62页。

中，基督教以外的其他宗教徒、无神论者、不可知论者以及"没有什么特定信仰"的人无疑做出了巨大贡献。只有承认这些非基督教或者世俗主义因素在界定美国特性时的地位和作用，并继而以自由主义公民的理念去协调、统合"基督教特性"，才能形成一个无论是保守派还是自由派都能接受的美国国家特性观。

特别需要强调的是，除了"基督教特性"和"世俗主义的或非基督教"因素在定义美国特性或认同方面的作用外，还有一个极为重要的第三种因素，那就是"世界主义"。不论是从基督教神学的普世主义理想出发，还是从世俗主义的自由、民主理念出发，美国国家特性的形成都离不开一个充满冲突和苦难、等着美国去"拯救"的外部世界的存在——亨廷顿把这一条件描述为"与一个不友好的外部世界的对峙"。21世纪的今天，美国已深度融入全球化，其"全球角色"已然成为定义美国特性不容忽视的要素。[①] 作为美国人，不论愿意与否，维护自第二次世界大战以来形成的世界格局和秩序已成为维护美国国家利益和价值观的有机组成部分[②]。如此，美国又回到"自由帝国""自由主义公民国家"和"新教国家"或"基督教特性国家""三合一"的历史路径之上。

某种程度上可以说，美国可能注定是一个"超民族国家"的现代民族国家。任何试图打破这一美国特性的做法，都可能危害到美国自身的国家利益及安全。然而，情况不妙的是，21世纪以来，福音民族主义的崛起及美国政治的日益极化，可能使美国再也难以回到历史上三重面相大体平衡的国家特性状态——随着白人主体族群人口的持续下降，这种平衡状态将进一步被打破，美国可能因此长期陷入内部纷争状态。

---

① 甚至可以这样说，如果不能在全球范围内找到一个可以继续维护美国全球角色的对立面，美国的国家特性便会"魂飞魄散"。这一点也可以部分地解释中美关系的现状，中国政府对此须高度警惕。

② Robert Kagan, "A Superpower, Like It or Not: Why Americans Must Accept Their Global Role," Foreign Affairs, March / April 2021.

第八章

印度现代民族国家建设的理论及实践

　　印度是仅有的在人口规模方面能和中国相比较的发展中大国，宗教结构复杂，民族、种姓矛盾尖锐。印度自独立以来，历届政府均高度重视印度的国民身份认同塑造和国族意识建设问题，积累了一定的经验，但也始终受到根深蒂固的宗教、民族和种姓矛盾的困扰，社会稳定和国家统一面临长期遭遇挑战。民族宗教种姓问题对印度国族建设的影响，是印度问题研究领域长期受到关注的问题，印度国族建设过程中遇到的挑战以及印度政府采取的对策，对同为发展中多民族人口的中国，具有一定的借鉴和启发意义。

　　学术界在研究印度民族国家建构和国族身份认同实践时，往往强调印度的先天不足，更看重印度在民族国家建构方面存在的困难，以及这种先天困难对印度国族身份认同方面产生的负面影响。的确，现代印度建立在印度纷繁复杂的文化多样性基础上，继承的是英国殖民者分而治之的殖民地治理遗产，构建现代民族国家的困难显著超过许多亚非拉新兴民族国家。不仅如此，印度获得独立以来，长期执政的国大党政府试图套用西方的政治理念，并混合学习自苏联的多民族国家理论建设印度的国家认同，历史负担的沉重、政治指导思想的苍白和实践的乏力，使得印度的民族国家建构始终面临严峻挑战，存在诸多理论上的悖论和实践中的困境。在国内学术界多数学者看来，印度民族国家建构的实践主要提供的是教训而不是经验。

　　然而，必须看到，自莫迪的印度人民党（BJP）政府上台以来，印度民族国家建构的努力获得了令人瞩目的成绩。印度教民族主义旗帜下的国家认同建设进展明显，印度人的国族意识和国家凝聚力、民族自豪感都显著上升，莫迪在短短数年内取得的国内整合成就是以往历届政府无法比拟的。印度人民党成功取消了印控克什米尔自治地位并没有遭到印控克区强烈反弹就是一个典型的案例。对于印人党的政治实践，国际学术界普遍给予高度评价。但是，国际学术界的评价往往更强调莫迪的强人色彩和 RSS 以及印人党的执行能力，将印度国族认同的增强归因为莫迪现象。这种解释一方面缺乏对印度近年来社会经济政治环境变化的宏观认识，另一方面对莫迪政策隐含的政治安全隐忧认识不足，存在一定的认识偏颇。

一 种姓与印度的民族、宗教和语言问题

印度现代民族国家建设的基础之差是学术界公认的。印度独立前 30 年，英国学者约翰·西里曾对当时仍然处在殖民统治之下的印度作如下评论，印度不是一个政治名称，只是一个像欧洲或非洲这样的地理概念。更早时候的一位英国人则说：没有也绝不曾有过印度，不存在印度民族，也不存在印度人民。这些论述，经常让独立后的印度政治家和学者感到愤恨不已，但至少在尼赫鲁出任印度首任总理的时候，一个碎片化的印度如何进行现代意义上的民族国家构建，是一个无法依靠否认殖民者的刻薄评论就能解决的问题。独立之初的印度，背负着沉重的历史负担，三千年来的种姓不平等、一千年来穆斯林入侵造成的教派矛盾以及英国殖民者蓄意为之的分而治之政策，导致印度呈现严重的碎片化状态。地域、语言、种姓、宗教矛盾无处不在，严重威胁着印度的民族国家建构进程。

虽然自尼赫鲁以来的历届印度政府都非常重视民族国家建设，消除群体差异和基于差异形成的少数群体歧视，但印度的国家安全和社会稳定始终面临族群矛盾的困扰。民族林立、语言众多、教派复杂、种姓桎梏难以消除，即使是立场最强硬的印度民族主义者也不得不承认，建国之初的印度远并不是一个现代意义上的民族国家。而让那些对印度教强硬分子非常郁闷的是，印度社会矛盾特别复杂，很大程度上就是源自让印度教徒倍感自豪的藏红花色。

法国经济学家托马·皮凯蒂（Thomas Piketty）曾经对印度作如下评论：作为 20 世纪中叶以来'世界上最大的民主政体'、未来的全球第一人口大国，印度在不平等制度的历史中扮演着中心角色。皮凯蒂认为，作为一种严苛和极端的不平等制度的形势，种姓制度与印度紧密相连。该制度在当代印度社会留下的痕迹，比源自欧洲中世纪等级社会的法定不平等

更加深刻。尽管皮凯蒂对印度独立以后历届政府为纠正社会不平等和反歧视所采取的政策及其效果的评估存在一定争议，然而在揭示印度社会形形色色的族群、教群、社群不平等的起源方面，皮凯蒂的观察结论是富有洞察力的。印度社会所有的不平等现象，从宗教歧视、妇女歧视到少数民族歧视，都和根植于印度教的种姓制度密切相关。换句话说，印度的宗教和民族问题其实质与根源就是印度的种姓问题。理解了种姓制度特别是种姓传统在现代印度社会的留存原因及其作用方式，就能够理解印度的宗教和民族问题为什么长期无法消除。

公元前1500年前后，雅利安人征服印度次大陆，古代印度文明进入吠陀时代。晚期吠陀时期，雅利安人内部出现分化，形成了婆罗门、罗阇尼亚（后来的刹帝利）和吠舍三大种姓，再加上主要由被征服的达罗毗荼人组成的首陀罗种姓，印度教的基本社会结构确立下来，并主宰了此后2000多年的印度社会发展史。公元前2世纪到2世纪形成的摩奴法典明确规定了不同社会阶层的权利和义务，形成了一套在理论上非常严密的等级秩序。这套等级秩序的社会意义是将众多的印度人划分成彼此隔绝的社会集团，以确保他们对各自获得的社会资源感到满意，尤其是让那些社会资源获得比例严重低于其人口占比的社会集团"安贫乐道"或者说"听天由命"。这原本就是雅利安人成为古代印度社会的主宰后创立婆罗门教的初衷。印度教是世界主要宗教中，唯一以人的天然不平等为基本教义的。印度教的强大之处恰恰就在于此，它依靠精神力量在印度建立了牢固的等级体系。其他文明，不论是印度次大陆产生的佛教，还是外来的依靠剑与火传播的伊斯兰教以及依托坚船利炮的基督教文明，都无法从根本上动摇印度教在次大陆文明谱系中的统治地位。主张众生平等的佛教在东亚大行其道，在印度次大陆最终却被压缩到斯里兰卡一个弹丸小岛上；而伊斯兰教，不但没有消除印度基于种姓的不平等，而且带来了新的宗教歧视，加剧了印度的社会矛盾。

新生的伊斯兰教在确立了对阿拉伯半岛以及波斯高原的统治权后，沿海岸线开始入侵印度次大陆。在新德里，最早皈依伊斯兰教的苏姆罗部落原本就是印度教的低级种姓。当然不可否认，不是所有的南亚早期皈依穆斯林都是为了躲避种姓制度的压迫，但伊斯兰教能迅速在印度次大陆西北部传播开，是与这个地方原有的印度教等级秩序下的严重不平等密切相关的。穆斯林来到印度后，为印度次大陆的文明版图注入了新的元素。南亚的穆斯林主要来自三个部分,一是经海路或者翻越开伯尔山口而来的外来征服者,以突厥—蒙古世系的莫卧儿人为主,混杂着大量的阿富汗人,他们并不在原有的印度教体系之内,也不认同印度本土宗教对人类的划分标准。他们是征服者和统治者,是对印度教婆罗门和刹帝利阶层的最直接挑战,双方之间存在着尖锐的利益矛盾。二是穆斯林入侵后改宗皈依的印度次大陆本土居民,多数来自印度教的低等种姓,改宗就是为了提高社会地位。但是,改宗并不为他们赢得坚持信仰的印度教徒的尊敬,也不可能使得他们从此脱离种姓制度的束缚。实际上,这些改宗的穆斯林恰恰是印度教徒强硬派宗教歧视的主要针对对象以及此后不时发生的印度教派冲突的主要受害者。三是随着南亚社会的部分伊斯兰化,陆陆续续迁移来的其他地区的穆斯林,他们中的上层很快与莫卧儿帝国的统治阶层融合,而下层就发现自己面临着类似于南亚低种姓改宗穆斯林的境遇,差别在于他们的到来使得南亚的教派和语言格局变得更加复杂,更容易引发不同族群之间的矛盾。

莫卧儿帝国的强大并没有维持太久,英国殖民者在帝国江河日下的时候来到了印度,他们是唯一在印度次大陆建立了稳定的统治秩序的外来文明。至少在理论上,英国人有机会修正印度根深蒂固的社会不平等,事实上,出于统治便利的需要,殖民者也的确在印度次大陆建立了一套具有近代文明特征的治理体系及其物质支撑。但同样是基于统治便利的考虑,英国人从未将消除印度社会不平等的历史传统作为英国对印殖民任何政策的目标。恰恰相反,在1857年血腥镇压了以穆斯林为主体的印度反英大起义后,英国人开始刻意地扶持印度教势力,并挑唆他们与穆斯林之间的矛盾,从而为自己的"间接统治"策略创造有利条件。

英国人对南亚穆斯林的打压,受到了相当一部分印度教社会上层的欢迎甚至支持。在双重压力下,南亚穆斯林的分离主义逐步抬头,穆斯林的集体身份认同也从莫卧儿帝国时期的印度次大陆统治者变成了英国殖民统治下受到不公正待遇的少数臣民,进而催生了伊克巴尔(Muhammad Iqbal)为代表的"两个民族"理论。1940年,全印穆斯林联盟拉合尔年会通过《拉合尔宣言》,提出脱离印度独立建国的主张。7年以后,巴基斯坦独立,印度次大陆分治,为印度的民族国家建构留下了一个持久的难题,即印度穆斯林的身份到底是什么,他们和信奉印度教的主体民众之间是什么关系。这个问题不仅考验着印度穆斯林的认同,更是测试印度主流民众和政治精英对印度教族关系道路选择的重要标准。很大程度上，如何处理与穆斯林的关系，成为印度独立后民族国家构建的头号难题和决定性因素。

1947年，印巴分治，印度和巴基斯坦分别成为英国的两个自治领，并相继宣布建立共和国。英国殖民者经略整个南亚次大陆的历史从此终结，虽然英国人以其近现代的治理手段实现了此前绝大多数印度次大陆统治者都未能实现的任务，在南亚建立了一套相对有效的治理体系，为日后印度的民族国家建设奠定了一定的基础。然而，人们不能简单地认为所谓"没有英国就没有现代印度"的西方中心论观点。正如皮凯蒂所指出的那样，英国殖民者对印度的入侵非但没有弱化原有的种姓制度，反而使得这一制度更加固化，更富有行政效率。中国学术界在讨论英国殖民者在印度宗教和民族关系问题中的作用时，往往更强调英国对印度原有社会矛盾的利用，近些年来也有一些学者开始强调英国在印度次大陆建立近现代社会治理体系的"意义"和"价值"，然而，皮凯蒂的观察角度与众不同，他提醒人们要更加注意英国殖民统治时期对印度种姓区隔的识别、强化乃至塑造作用。换句话说，在看待英国殖民统治与印度民族国家关系建构关系的时候，必须承认，影响印度民族国家构建的有些问题并不是英国人没有注意到，而是他们根本就不想解决，甚至还有些问题是他们为了便利统治而刻意培育出来的。印度民族、语言和宗教之间错综复杂的关系，是英国人不愿意解决的，而印度数千个种姓的被识别和确定，则来自英国以近现代管理能力对古老社会的干预——在英国人对印度进行大规模的种姓识别之前，很多印度的乡村，人们对自己属于哪一个种姓，原本也并不清楚。

印度民族构成异常复杂，所谓的主体民族印度斯坦族（HINDUSTA-NI）仅占印度总人口的46.3%，主要分布在印度北方邦、中央邦、哈利亚纳邦、比哈尔邦和拉贾斯坦邦等地。印度斯坦族和印度教徒不能混为一谈，印度斯坦族中多数人信奉印度教，但信奉伊斯兰教、佛教、基督教和耆那教也大有人在。大部分操印地语，穆斯林则主要说乌尔都语。其他民族包括泰卢固族（TELUGU），该族占印度总人口的8.6%，主要分布在安得拉邦。大多信仰印度教，其次是伊斯兰教和基督教。孟加拉族（BENGALI）占印度总人口的7.7%，主要分布在西孟加拉邦、比哈尔邦和奥里萨邦等，操孟加拉语，大多数人信仰印度教，印度的孟加拉族和孟加拉国的孟加拉人之间的关系，类似于印度旁遮普邦的锡克族与巴基斯坦旁遮普省的旁遮普人，属于同一种族不同信仰形成的不同民族。马拉地族（MARATI）占印度总人口的7.6%，主要分布在马哈拉施特拉邦，信奉印度教和佛教。古吉拉特族（GUJARATHI）占印度总人口的4.6%，主要分布在古吉拉特邦。操古吉拉特语，多数人信仰印度教，少数人信仰伊斯兰教和耆那教。旁遮普族（PUNJABI）占印度总人口的2.3%，主要分布在印度旁遮普邦，大部分人操旁遮普语，少数操印地语和乌尔都语。信奉锡克教和印度教。在教派方面，82%的印度人是印度教徒，12%是穆斯林，其他教派虽然没有一个能超过总人口的3%，但由于这些少数教派往往集中居住，考虑到印度的人口规模，在任何少数教派集中的地方，印度主流社会都要应对数百万人乃至上千万人的特殊利益集团。而在语言方面，印度共有1652种语言和方言。其中使用人数超过百万的达33种，极端碎片化的语言状态使得印度不得不将殖民者的语言作为维持社会运转的主要工具，任何一种本土语言，都无法实现在印度受教育阶层之间的普遍交流，能够成为全国性的无障碍交流工具就更不现实了。透过印度主要民族、语言和教派的关系就可以看出印度民族国家构建的形势之复杂、挑战之艰巨。印度教是印度的主要文化支柱，但印地语并不是，印度斯坦族是印度的主体民族，却不占据人口的压倒性优势，属于相对多数民族。宗教、语言和民族之间的复杂对应关系使得印度政府很难找到一套简单有效的区分标准以应对各个族群之间的差异化甚至对抗性的需求。而英国人费尽心机对印度种姓的识别与其说使得独立后的印度政府能够更有依据地应对种姓问题，减缓社会不平等，还不如说英国人的工作强化了印度人的种姓意识，使得在独立后的印度，种姓要素在民族和宗教问题上的投射及其后果更加严重。

二　印度独立以来的民族理论和民族政策

自独立以来，面对国内复杂的人种、宗教、语言等差异，印度主要从以下两个方面处理国内的民族问题：一是在理论上否认印度是多民族国家的事实，强调"印度民族"（Indian Nation）的整体性；二是在实践中，以宗教、语言、种姓划分少数群体，代之以"少数民族"概念，并采取一定程度上的"肯定性行动"（Affirmative Action），将其纳入印度国家建构的过程中。

强调作为一个整体的"印度民族",独立后的印度共和国不承认印度是一个多民族的国家。国大党早期的领导人认为西方式的民族(Nation)概念并不符合印度国内的情况。第一任印度总理尼赫鲁是"印度民族"的主要提出者,目的是淡化"少数民族"等任何能与国家分裂相联系的西方式民族概念。国大党领导印度民族主义运动的历史,限定了nation这一概念的引进和使用:它的主流用法,是面对外来殖民者的共同体"印度民族"。

印度现代民族政策中,印度政府一直以来坚持的"印度民族"(Indian Nation)思想,很大程度上来源于印度近代的历史经验,而非人种、血缘等客观条件。一方面,"印度民族"概念是通过印度在摆脱殖民统治的民族独立运动历史中形成的。此种国民运动之本质为印度精神之复活运动及印度文化理想之发扬。此种印度文化与印度精神实为超越宗教之倾轧及阶级之偏见而潜藏于印度大众心底之民族联系。故今日之印度可称为一国家,同时种族复杂之三万五千万人亦可称为一统一之民族。另一方面,1947年印巴分裂的历史伤痛使印度避而不谈其作为多民族国家的事实。印度统治阶级总是把民族与分裂连在一起,因而极力否认印度是多民族国家。历史教训记忆犹新,印巴1947年分治与全印穆斯林联盟提出的两个民族理论有直接联系。因此印度政府领导人或者避而不谈民族问题,或者强调印度情况特殊,国外民族理论完全不适合印度。

不论从理论阐释还是政治实践角度来看,从建国初期直到莫迪上台,印度的"民族政策"都不承认印度存在多个民族,坚持"印度民族"的单一性。民族(Nation)、种族(Ethnicity)这样的字眼很少出现在印度政府的政策文件中,代之以少数群体(Minority)、表列部落(Scheduled Tribes)、社群(Community),以此来替代或淡化印度的民族观念。由此,印度的"民族政策"就变成了关于印度多样性群体的政策。建国之初,百废待兴,为了使统一的印度民族国家建设过程和印度多元社会结构相适应,印度政府在原则和现实之间进行了折中。在国家立法层面,印度政府在坚持所谓印度民族理论的原则立场的同时,以宗教、语言、种姓划分少数民族/族群(Minority Community)。在印度宪法中,并没有规定确切的印度民族政策,但是宪法中包含了数条关于少数群体(Minorities)的条款,如禁止基于宗教、种族、种姓、性别或出生地对公民的歧视,保障少数群体的就业机会平等、宗教自由等权利。印度执行了被皮凯蒂形容为

"积极歧视"（Discrimination Positive）的"肯定性行动"政策，为少数民族和低级种姓在联邦议会、各邦立法会议保留一定比例的席位，让他们参与国家事务。为发展少数民族地区的经济和文化，印度政府也采取了一系列措施，如支援少数民族发展经济、促进少数民族教育和就业等，取得了一定效果，但实际情况并不理想。为了进一步确保少数群体的权益，印度1992年成立了"全国少数群体委员会"（National Commission for Minorities），1993年10月23日该委员会认定五个宗教团体，即穆斯林、基督教徒、锡克教徒、佛教徒和帕西人为少数群体，2014年进一步将耆那教徒划定为少数群体。

  影响更为深远的问题涉及印度中央与地方以及地方各组成单元之间的关系，这就是对印度民族国家架构产生了巨大影响的语言问题。建国之初，印度的地方民族主义矛盾突出。地方性的民族矛盾不但体现在教派关系上，也体现在语言问题上。印度次大陆南部与中北部之间的地形地貌差距很大，南部多山，交通不便，自古以来和中北部地区的交往与交流就比较有限。虽然在宗教结构上，发源于北方的印度教同样是南方的主体宗教，但在政治和经济上，特别是在语言上，南北方却始终保持着较大差距。即使在莫卧儿帝国的强盛时期，南方也存在着众多桀骜不驯的地方力量，西南部的马拉塔人对帝国旷日持久的反抗是莫卧儿帝国由盛转衰的重要原因，而东南部的各地方虽然没有能够发育出足以在印度次大陆争霸的军事强权，但也始终保留了自己的语言，如生活在濒临孟加拉湾的马德拉斯北部的安得拉人，操泰卢固语，起源于达罗毗荼语，与印地语存在较大差异。英国殖民时期，英语是社会管理的通用语言，殖民者对印度出现另一种便利使用的语言毫无兴趣，甚至有意将不同语言的族群划分在同一个行政地方，以便培养英语的通用性。这种政策的结果之一是独立后的印度行政版图和语言使用版图差异极大，严重阻碍了国家行政管理。语言问题早在印度独立以前就引起了尼赫鲁等国大党领袖的重视，20世纪20年代国大党曾经提出以语言建邦的要求。但在印度独立后，执政的国大党，包括尼赫鲁总理在内，又担心语言邦的出现会刺激地方分离主义，拒绝按语言调整邦建制。直到1953年，印度中央政府才在现实面前妥协，建立了印度第一个语言邦，即安得拉邦。此后，又有一些语言邦陆续从其他邦划出。对语言邦的出现，国际学术界一般持积极认可的评价，北京大学的林承杰教授就认为语言邦的出现是保证印度统一的重要举措。

虽然意识到了地方民族主义转化为民族分离主义的风险，但在现实面前，当时的国大党政府仍然不得不作出妥协，分邦成为印度政府缓和民族矛盾、稳定国内局势的重要手段。分邦的依据并非只有语言差异，1966年，印度中央政府同意将原来的旁遮普邦分为锡克人居住的旁遮普邦和印度教徒居住的哈里亚纳邦；1970 年梅加拉亚从阿萨姆邦分离出来，成为第一个自治邦，该邦的主要居民是使用汉藏语系噶罗语的噶罗族以及使用南亚语系卡西语的卡西族，该邦的许多地方仍然保留着母系社会的文化传统，是印度妇女地位较高的少数地方之一。梅邦的设立不只是语言问题，也是对当地民族文化特征的一种政治认可。

尽管在对待不同民族的语言和文化差异上，印度中央政府采取了务实的政策，然而在涉及国家统一的重大问题面前，印度政府和任何多民族国家政府一样，采取了毫不退让的强硬态度。这其中，最能体现印度人对国家统一问题的真实态度的就是克什米尔（Kashimir）问题。

克什米尔，全称查谟和克什米尔（Jammu and Kashmir），位于南亚次大陆西北部，曾是古印度思想的交汇场所，佛教和印度教都在此地得到发展。14 世纪伊斯兰教传播至克什米尔，穆斯林逐步成为克什米尔人的主体。19 世纪克什米尔保持着一定的独立性，但先后置于杜兰尼王朝、莫卧儿帝国、锡克帝国的统治之下，1947 年，印、巴分治时，其归属未明确规定，克什米尔的王公希望加入印度，而多数居民则希望成为新生的巴基斯坦的一分子，实际上，巴基斯坦国名英文中的字母"K"指的就是克什米尔。1948 年第一次印巴战争因克什米尔而起，此后围绕着克什米尔控制线，双方渗透与反渗透作战交火不断。印度军警常年大量驻扎在克什米尔以镇压当地民众的反抗。克什米尔问题不仅仅涉及印度的民族关系，也是印巴关系的症结问题，对印度来说，与一般的地方民族主义运动在性质上迥异、在威胁程度上也不可同日而语。印度通过军事手段控制克什米尔的大部分地区后，为稳定当地形势、缓和民族关系、争取国际支持，给予了克什米尔一定的自治权，印度宪法第 370 条赋予克什米尔"特殊地位"，可拥有自己的宪法，单独的旗帜，可拥有除外交、国防以及通信领域外的自治权。这一地位类似于巴基斯坦在巴控克什米尔建立的"自由克什米尔"（AZK）。虽然宪法做了如是规定，但显然印度政府和社会各界并不愿意真正接受对克什米尔的特殊地位，彻底吞并克区，并将其纳入印度联邦体系范围内实现"一个国家、一个制度"才是印度政府对克什米尔问题的真正意图。在克什米尔问题上，印度并不愿意将自己的"肯定性行动"政策落到实处。当然，由于克什米尔问题的复杂性和对抗的激烈程度，莫迪上台之前的历届印度政府也不愿意在克什米尔问题上下决心采取断然措施，特别是对克什米尔地区的民族融合方面，印度政府多年来一直态度摇摆，采取机会主义策略，既不愿意真正落实地方自治，也不愿意采取强力推动印度民族国家建构进程在克什米尔地区的落实。虚弱的政府和同样虚弱的政策，使得克什米尔问题无法从印度的政治日程中消失，但与此同时，伴随着印度在克什米尔问题上主要对手巴基斯坦的国运日蹙，巴方也无力在克什米尔制造足以震动印度的社会抗争。随着时间的推移，克什米尔问题逐步从印度和巴基斯坦与克什米尔人民之间的对立演化成为印巴矛盾和印度与克什米尔人民之间矛盾的复合体，为克什米尔问题的演化设定了新的约束条件。

三　莫迪时代印度教民族主义的强化及其影响

对印度现代政治有兴趣的外国观察者们往往很难理解"莫迪现象"。如果从执政绩效看，莫迪政府不论从经济发展还是从国际地位提升方面，都没有取得特别令人信服的成就。印度经济发展速度在莫迪执政初期的确不同凡响，但在疫情冲击下跌落神坛的速度也令人印象非常深刻。印度在边界上对宿敌巴基斯坦和主要对手中国采取了空前强硬的政策，但换来的却是飞行员阿比南丹（Abhinandan）的耻辱被俘和巴布上校（Col. Santosh Babu）的悲剧性结局。在国内政策方面，鲁莽的废除大额现钞政策和摇摇摆摆的土地法案改革都成了印度政坛的笑柄。但是，所有这一切都没能对莫迪政治地位的牢不可破和他本人在印度公众心目中神明般的地位带来理应产生的负面影响。莫迪堪称印度现代政治史上的一个奇迹。

然而，对印度文化传统和历史进程有所了解的人们却不会对此过度惊讶。实际上，"莫迪现象"或者说"莫迪奇迹"在印度的出现和长久不衰是和印度民族国家建构过程中的当前阶段密不可分的，不是莫迪创造了莫迪时代，而是时代需要一个莫迪这样的偶像去满足印度民族国家构建过程中关键阶段所必需的英雄想象。自穆斯林入侵以来，印度的本土文明就失去了对本土政治进程的控制，但从未失去过对主体民众精神世界的把控。一个又一个的外来文明塑造着印度的外表，而印度教始终牢牢主导着印度多数民众的内心。这种反差一方面造成了印度人在面对外部强权时隐忍、顺从的能力，另一方面也为印度教在机遇来临时迅速反弹不断累积着柴薪。1947年印度独立，印度教没有等到本土文明复兴的机会，国大党及其领袖尼赫鲁虽然是印度独立运动的领袖，却也是奉西方文明为圭臬的"肤色深一些的英国人"。在强硬的印度教民族主义者特别是在印度拥有广大社会网络的印度教组织"国民志愿服务团"（RSS）看来，国大党政府根本就代表不了印度，更谈不上复兴印度的伟大文化。直到2014年莫迪上台，长期自我感觉被压制的印度教才千年以来第一次有了按照自己的构想复兴古老文明、建立伟大印度的机会。莫迪就是这一梦想的具体化身，就此而言，莫迪一些在当代人看来难以理解的充满个人风格的举动，比如身着绣有自己姓名的衣服以及疫情防控期间冥想和祈祷而不是指挥抗疫，是符合印度教复兴背景下的印度政治潮流的。

在莫迪政府上台前，印度的民族矛盾依旧比较突出。具有代表性的研究结论认为，印度还远没有完成民族国家建构，印度的民族国家意识仅仅是基于反对外来殖民的历史，而非统一的民族认同。"维持印度联邦统一和领土完整在很大程度上依赖于宪法条款，而不是人民的民族意识。国家的统一还取决于一个强大的中央政府，而这个政府必须对人民的需求作出回应。"在政策的实践层面，印度对少数族群和落后群体"自觉采取"的"优惠政策"也被认为是民主政治下持续不断的政治压力的结果。"促进少数群体的平等并非是政策制定者的目的，相反，他们更关注这种政策优惠所产生的政治支持或政治反对。"一个简单的例证，印度1950年宪法取消了种姓的所有特权，宪法也规定了国家非宗教化的原则，首先在印度的社会运行过程中，政府几乎不去对上等种姓事实上的特权进行任何削弱，而只满足于为表列种姓和表列部落提供新的社会福利。这种政策所含有的政治取向是非常明显的——印度政府不愿意解决问题，只愿意通过增加福利来讨好特定人群，而不愿意推进真正的平权行动得罪在平权过程中可能会受到损失的任何群体。但是，社会福利和资源总是有限的，不削弱上层、只给底层增加福利的结果是挤压了社会中间层。多年以来，印度种姓结构中不高不低的夹心层越来越感觉他们受到了不公正对待，2016年2月，哈里亚纳邦的高种姓人群贾特人（JAT）因为不满低级种姓获得过多福利而发动骚乱，造成大量人员伤亡。这一现象的背后正是印度政府消除不平等现象时头疼医头脚疼医脚的作风，其教训和启发都是非常深刻的。

不过，不能将哈里亚纳邦的骚乱完全归结为印度人民党的缺乏远见和政治手段不成熟。实际上，印度人民党和莫迪在民族问题上的态度要比以前的国大党鲜明得多、意志要坚决得多，相应地，政策也要激进得多。自上台以来，莫迪政府的民族政策宗教色彩更加浓厚。相较于国大党政府总体上致力于保障少数民族权益的政策，印度人民党的民族政策重点是推行少数民族的"印度教化"，目的是建立一个真正的"印度教国家"（Hindu Rashtra）。

印度人民党是当今印度政坛上民族主义势力的代表，该党成立于1980年。自成立到现在，曾经三次执政，但1996年的首次执政只维持了短短一个月。印度人民党在1999年印度第13届国会选举中胜出，瓦杰帕伊（Atal Bihari Vajpayee）出任总理，2004年大选中出人意料地遭到失败，印度人民党下台。2014年印度人民党席卷大选，以悬殊选票击败国大党，莫迪（Narendra Modi）出任印度第14任总理，2019年连任。印度人民党的基本意识形态是对"印度教特性"（Hindutva）的强调，具有明显的宗教政党色彩，但并不是一个常规意义上宗教极端政党或者宗教保守政党。印度人民党的价值观是古老印度宗教和现代社会意识的结合，历经40年的发展，已经形成了一整套逻辑自洽的话语体系。

1980年到1985年，印度人民党草创阶段，政治口号相对比较温和，表示"致力于推进民族融合、民主、积极的世俗主义、甘地式社会主义"。印度人民党的民族融合理念和国大党并没有本质差别，指的也是"印度是一个国家，印度人民属于一个民族"。可以看出，这一时期的印度人民党，虽然已经在党纲中包藏了"积极的世俗主义"（positive secularism）的表述，为日后对印度教民族主义的推崇预留了伏笔。1984年印度人民党参加第10届议会选举，只获得了区区两个议席。面对令人尴尬的选举成就，副主席夏尔马（K. L. Sharma）等人问题出在党的思想路线不够鲜明上面，提出要将更具宗教色彩的"达摩之治"（Dharma Rajya）写入党纲并最终获得成功。所谓"达摩之治"作为印度教思想家乌帕德雅亚（D. Upadhyaya）"整体人本主义"（Integral Humanism）的组成部分，强调国家作为达摩守护者，其目的仅在于创造与维持必要的条件，将民族的理想化为现实。这一理论暴露了印度人民党的宗教政党实质，表明在印度人民党看来，国家和政权是实现（宗教）信仰的工具和道路，而不是世俗主义主张的那样，国家和政权要高于宗教理念。印度教民族主义由此成为了印度人民党的核心意识形态。迅速激进化的印度人民党果然在 1996 年异军突起，成为印度议会第一大党。但在印度，仅仅赢得多数选票并不足以保证获得执政的权力和实践理念的机会，深受阿约迪亚事件拖累的印度人民党很快又丢掉了政权，让瓦杰帕伊的首个总理任期只维持了不到一个月。再次遭遇挫折的印度人民党重新反思自己的纲领，修正了对印度教民族主义理念的阐释方式，试图将印度教和印度教民族主义定性为印度社会的普遍文化认同，并开始强调印度教民族主义与发展理念的关系。这种灵活的态度，使得印度人民党在 2014 年的大选中，真正赢得了胜利。当然，不可否认，病疴缠身的国大党后继无人、丑闻迭曝也在很大程度上成就了印度人民党和莫迪本人。

莫迪上台以后，印度人民党的民族政策虽然在阐释上未做大的调整，但在具体实践过程中却产生了较大的变化，强调建立一个宗教色彩更浓厚的"印度教国家"（Hindu Rashtra）。"印度教国家"这一概念源自印度教民族主义组织"印度教大斋会"领袖萨尔瓦卡于 1923 年所著的《印度教特性："谁是印度教徒？"》（*Hindutva: Who is a Hindu?*）一书。在非印度人民党政府执政时期，宗教的作用就超过语言成了民族划分或民族识别的头等重要的标志，而莫迪上台后，宗教这一因素成为判定少数族群是否属于印度民族的唯一标识。

在这样的"印度教国家"概念下，印度少数群体面临着不可能有第三种选择的命运——被印度教同化或是被排除在国家之外。印度教民族主义的核心思想是建立一个印度教国家，它提出所有印度人都应当属于一种印度文明，这种印度文明是基于普遍的泛印度主义的民族认同之上的。穆斯林成为了构成印度教国家结构的外围，他们作为印度教国家的敌人，要么是被排除在外，要么被印度民族文化所同化。作为一种威权民粹主义，印度教不断地构建内部边界，以明确政治主体。在印度，没有一个社会身份是在印度教的范围之外的。在这种区分逻辑中，印度教将穆斯林建构为外部的他者（将被切除），将达利特建构为内部的他者（将被合并）。

在印度教民族主义的旗帜指引下，不出意外地，莫迪政府的民族政策调整首先指向了穆斯林和达利特种姓。2016 年，印度安全部队在印控克什米尔突袭并杀死了著名的反印活动人士布尔汗·瓦尼（Burhan Wani）。2017 年 9 月，印度最高法院发布了一项关于禁止屠宰牛的行政命令，这一命令被看作是印度司法机构对"护牛者"（Gau Rakshaks）武装组织施加压力的妥协。这类组织处于印度教遵奉牛的宗教传统，攻击那些被怀疑吃牛肉、杀牛或运送牛去屠宰的人，而后者主要是穆斯林和达利特种姓。在莫迪的第一个任期，印度人民党在民族政策的动向主要是试探性的，但到了第二个任期，印度人民党在推动以印度教统合全国、建立印度教作为国家核心意识形态的过程中，步子便越迈越大越走越快。

2019年8月，莫迪政府废除印度宪法第370条款，取消印控克什米尔地区的特殊地位，将唯一一个穆斯林占多数的邦分解为"查谟和克什米尔"以及"拉达克"两个联邦直辖区。此举不但进一步压制了克什米尔人本来就在常年不停的紧急状态下名存实亡的自治权力，也因其在边界问题上的挑衅立场严重恶化了印度与巴基斯坦和中国的关系，但印度政府毫不在意。早在废除相关条款之前，就调集十多万武装人员对印控克区进行严厉的治安管制，甚至派遣军警抢夺病亡的克什米尔当地穆斯林上层代表人物的尸体，以防止葬礼引发穆斯林群众的抗议活动。而在废除第370条款之后数月，印度就在加勒万河谷挑起了和中国严重的边界流血冲突，造成了两国边界争端数十年来首次人员死亡事件。

印度人民党不但在克什米尔问题上大动手脚，也敢于揭历史的伤疤，重新炒作曾经引发世界舆论哗然的阿约迪亚（Ayodhya）"寺—庙"之争。2019年11月，印度最高法院公布裁决，认定原巴布里清真寺所在地址为印度教罗摩大神的出生地，将此地交由政府托管并修建印度教罗摩神庙，另择他地修建一座清真寺。阿约迪亚寺—庙之争在1992年曾经造成上千人死亡，其导火索就是当年在北方邦之争的印度人民党征收清真寺附近土地用以复建印度教神庙的决定。印度最高法院的决定，固然是履行司法程序，但也毫不掩饰地表明了印度人民党在宗教问题上的立场和态度。

2019年12月，通过《公民身份法修正案》，印度政府将有条件地授予从阿富汗、孟加拉国和巴基斯坦抵达印度的印度教徒等以印度公民身份，其中穆斯林被排除在外，该法案第一次使宗教成为印度授予公民身份的基础。

而新冠疫情在印度暴发以来，穆斯林被印度人民党指责为"冠状病毒恐怖分子"（Coronavirus Terrorists），穆斯林举行的伊斯兰教会活动也蔑称为穆斯林发起的"病毒圣战"（Corona Jihad），这类言论在疫情防控期间激起了更多针对穆斯林的仇恨和犯罪。这种歧视所引发的暴力事件甚至波及到了印度前外长萨尔曼·库尔西德（Salman Khurshid）。2021年11

月15日，20名印度教极端主义者闯入前外长库尔西德的宅邸，纵火焚烧。特别值得关注的是，库尔西德并不是穆斯林，他只是在报纸上撰文反对莫迪政府的"印度教至上"（Hindutva）倾向而已。

印度教民族主义是印度人民党价值观和意识形态体系的内核，也是莫迪动员国内民众，营造强人形象的关键工具。客观地说，莫迪利用印度教民族主义强化印度国家认同、建立民族国家的企图并非是无理性的政治盲动或者机会主义的选举策略。印度人民党在政坛上的崛起以及印度教民族主义的勃兴，对于拥有海量年轻人口、经济快速崛起、国际地位明显提升的印度来说，是民族自豪感加强、自信心提振的重要表现方式和实现手段。这是研究莫迪现象和印度人民党在推动印度教民族主义时必须认识到的。莫迪政府组成以来，在内政外交上表现出的咄咄逼人态势，除近年来印度经济发展提速，受到西方国家追捧的原因之外，也与印度的历史文化传统、种姓制度等民族心理因素密切相关。印度教作为印度的本土文明主体，对印度的民族性格和文化特质具有决定性的影响，而印度教本身的一大特征就是其将人与人之间的不平等作为天经地义的真理，而不是需要消除的谬误。尽管在近代以来，印度饱受殖民主义的侵略，并不能以强国自居，但印度在历史上一直处于文化输出的强势地位，南亚次大陆、印度洋周边乃至太平洋沿岸和非洲广大地区，都处在印度文化圈的笼罩之下。而影响印度政治经济生活的外来文明，其发源地与印度远隔千山万水，并非来自邻近地区，因而在文化上印度处于区域唯我独尊的优势地位。这使得印度动辄以"文化母国"自居，傲视周边小国。印度教的等级观念和种姓制度刚好与印度面对外部世界的差序心态相互印证、相互支撑，强化了印度的"曼陀罗"意识。某种意义上，可以说印度在对外关系中的"曼陀罗"和其在国内社会结构中对印度教种姓制度的尊奉实出同源，都是印度以自身为核心的精神内核的外溢。这使得印度几乎不可能对印度教与现代社会之间的逻辑和伦理冲突进行任何有意义的反思，而随着自身实力的增强，印度只会在内外政策上沿着印度教民族主义的道路越走越远。

四 对印度建国以来民族政策的评价

不能脱离一个社会的历史文化传统、经济发展阶段、外部环境等各种要素孤立地评价这个社会在应对自身问题方面所采取政策的效果。对于印度建国以来民族政策的评价，也必须基于印度的社会现实，首先要充分考虑印度独特的历史文化遗产。印度作为深陷种姓制度桎梏的民族、宗教和语言博物馆，在独立建国 70 多年后，印度政府通过语言邦的设立以及"肯定性行动"等政策，使除穆斯林以外的大部分民族矛盾得以调和，实现了社会的基本稳定，有效保持了印度国家版图的完整，并且随着印度经济的发展和综合国力的提高，在全社会形成了较高的国家认同和日益高涨的爱国热情，就以上政策效果而言，整体上可以认为，印度的民族理论和民族政策实践是比较成功的。当然，这绝不是说印度的民族政策完美无缺，实际上，任何硬币都有正反两面，印度应对民族问题的过程，也有许多疏漏和不足，甚至有着重大风险，值得引起人们的注意。

印度建国以来的民族理论和政策实践可以大致分为两个阶段，第一阶段是 1947 年独立到 2014 年莫迪上台的以世俗主义建设印度民族国家的阶段；第二阶段则是莫迪的印度人民党执政时期，是依托印度教民族主义进行国族精神和国家认同再塑造的阶段。这一阶段从 2014 年起到现在，虽然时间不长，但由于印度人民党的民族理论和国大党时期相去甚远，印度人民党的民族政策调整明显，对印度社会产生的冲击巨大，且印度人民党执政基础日渐巩固，其理念和政策将长期对印度民族问题的发展演化产生影响，应该被作为与国大党执政时期相对照的一个新历史阶段看待。对照两个不同的历史阶段，能够发现，印度人民党的政策实践不仅仅是对国大党政策的否定，更是在印度社会经济发展到一定阶段的创新。

在国大党执政时期，印度的民族政策在表述上十分美好，既强调印度国家民族的整体性，鼓吹印度民族，又重视对多元文化的容忍与保护，同时还夹杂着大量的进步主义倾向。尼赫鲁和国大党的精英们一面说西方的民族观和民族理论不适用于印度，另一面却想方设法在政策实践中试图在印度创造出一个符合西方价值观标准的现代社会。尼赫鲁是一个以理想主义著称的国务活动家，这句评语实际上包含着另外一层意义，那就是这位印度首任总理多多少少有些脱离实际。他的这一性格很大程度上要为印度在 1962 年中印边界战争的惨败负责，而在民族问题上，面对美好的"印度民族"愿景和这一愿景无法掩盖的印度社会各集团之间基于种姓、宗教、民族的尖锐矛盾，国大党作为资产阶级政党的软弱性充分暴露出来。国大党执政时期，印度的民族政策既是理想主义的，也是机会主义的。一个简单的例证就可以为人们揭示出国大党民族政策的投机本质。国大党作为印度老牌世俗主义政党，从政治逻辑和伦理上都不可能认同穆斯林社会流传已久的"即刻离婚"陋习，但在国大党执政时期，印度政府面对来自穆斯林妇女越来越高的呼吁声浪却始终无动于衷，躲在宪法尊重宗教的旗帜后面拒绝采取措施终结这项陈规陋习。讽刺的是，这项制度在印度的凤敌，也是印度世俗主义者经常举例对照用以证明印度社会优越性的巴基斯坦，却早已遭到废除。国大党之所以对"即刻离婚"陋习听之任之，就是因为不愿意冒失去穆斯林选票的风险。这项制度直到2019年，才在莫迪总理的亲自推动下，由议会宣布废除。

  国大党执政时期的民族政策，在机会主义的政策动机趋势下，主要表现为对少数群体的利益让渡。这种让渡从政党利益的角度说，或许有其合理性——至少国大党的执政精英们是这么认为的，但从印度民族国家构建的终极目标而论，产生的积极作用却非常有限。首先，国大党不敢触动印度教上等种姓的特权，又要增加底层民众的福利，其结果是社会中间层的利益受到挤压，导致印度的社会矛盾进一步尖锐化，尤其造成了中间阶层对国大党和印度"肯定性行动"政策的厌恶；2016年的贾特人骚乱其起因并不是由于贾特人对印度人民党不满，而是他们对国大党时期的政策感到愤怒。其次，国大党并没有用让渡利益争取到少数民族和少数教派的支持。国大党只是为了捞取他们的选票，其政策实践不追求长期效果，也缺乏起码的真诚。在国大党执政时期，对让渡利益感到不满的不仅仅是中间阶层，还包括政府无法平衡利益矛盾的部分表列种姓和表列部落。1981年，泰米尔纳德邦一个村庄的表列种姓集体改宗伊斯兰教，引起舆论大哗。这虽然只是个案，在印度却勾起了人们对穆斯林刚刚征服西北印度时不少低种姓部落改宗伊斯兰教的回忆，成为当时人们对国大党执政能力质疑的重要标志性事件。最后，国大党的世俗主义主张包含太多对宗教势力的妥协。正如有印度学者对国大党的民族—宗教政策进行评价时指出的那样，虽然政府一直坚持世俗主义原则，但"宗教已经从后门进入了生活"，前面提到的"即刻离婚"问题就是国大党世俗主义理念在现实政治利益面前的妥协，这种妥协是与国大党标榜的进步和开明理念相背离的，既无助于印度现代民族国家的构建，也无助于处于落后状态的少数民族走向进步。

  与国大党相比，印度人民党的民族政策要清晰得多。虽然印度人民党在40年的发展历程中也受制于选举政治不得不对自己的基本意识形态进行过多次调整，但印度人民党从未放弃对印度教民族主义理念的信奉和坚持，这是印度人民党能够带领印度进入一个新的历史时期的关键因素。首先，印度人民党通过其色彩鲜明的意识形态确保了自己在所处的政治联盟中时刻位于中心位置，并凭借这种中心位置逐步成长为印度政坛的核心力量。印度人民党 1984 年参加议会选举时仅获 2 席，此后几乎历届选举（除 2004 年和 2009 年以外）席次稳步上升，到 2019 年历史性地获得了单独执政的优势。印度人民党的意识形态并不僵化，能够顺应政党选举形势的需求进行灵活地调整，但始终坚持强调印度本土文化价值，高举藏红花颜色的旗帜，具有很强的连贯性。而和印度人民党相比，国大党的机会主义色彩过于浓厚，很大程度上失去了选民对政党纲领的信任。其次，印度人民党通过强调本土价值牢牢把握住了印度社会的主体民众和中间选民。印度人操印地语的不到总人口的一半，印度斯坦族也只占总人口的 40%多，只有印度教徒才是印度社会的最大公约数。这在很大程度上解释了印度人民党为什么始终强调印度教对印度国家民族建设的决定性意义。印地语、印度斯坦民族这些观念对于印度的国族认同来说，其功能过于单一，效果也差强人意，而印度教既是印度作为文化强势国家向南亚乃至全世界输出的主要产品，也是印度国内跨族群的共同价值。某种程度上，印度人民党选择印度教作为自己的动员旗帜，是印度社会现实的必然要求。即使印度人民党及其前身印度人民同盟（BJS）没有抓住历史机遇，发现他们的制胜法宝，也会有其他力量发现印度教在政治上的价值。毕竟，再没有能比一个十亿人信奉的宗教在印度更能引起人们的共鸣了。相形之下，国大党的世俗主义不管在理念上多么高尚，在实践中迟早都会在绚烂的藏红花色旗帜面前败下阵来。再次，印度人民党似乎找到了在非印度教民众当中推广"印度教特性"的办法，那就是瑜伽。瑜伽本来是印度教修行的一种方式，其既具有强烈的宗教属性，又不会触动人们脆弱而敏感的宗教情绪。莫迪政府上台以来，大力扶持瑜伽在印度国内外的开展，在推广印度教文化方面取得了不俗的成绩，在印度，很多其他教派的信徒，甚至包括穆斯林在内，都开始修炼瑜伽。而与之相辅相成地，印度人民党也很注意吸引其他教派上的上层参与到政党领导架构中来，以便淡化人们对"印度教特性"导致印度教独大的忧虑。这些吸引、团结其他教派的举措，至少在目前似乎是有效的。在 2019 年的议会选举中，印度人民党选举人在诸多选区击败了地方性政党的候选人，低种姓、穆斯林群体当中投票支持印度人民党的选民不在少数。这说明，印度人民党至少部分有效地实现了其将基本理念"印度教特性"脱敏的意图。有研究者注意到，印度人民党宣扬的"印度教特性"有意淡化了种姓观念成分。当然，这种淡化在多大程度上是真诚的，还需要人们在印度人民党执政施政的过程中进行仔细观察。最后，也是人所共知的，印度人民党和印度影响力巨大的印度教团体国民志愿服务团之间保持着紧密联系，这一点作为印度人民党保持社会影响力和动员能力的关键因素，已经在无数研究成果中得到体现，本章不再赘言。

然而，印度人民党凭借印度教民族主义和"印度教特性"推动印度民族国家构建也存在着天然的风险。印度并不是一个单一信仰、单一民族的共同体，印度斯坦民族很大程度上是印度开国政府生造出来的并由历届政府努力维持的一个美好图景。印度人民党对印度教的强调并将之作为印度斯坦民族的共同信仰和印度共和国的基本价值观，既是对印度国内意识形态体系的整合，也是对印度多元社会的压制。印度人民党挥舞藏红花颜色的旗帜，固然凝聚了国内大部分民众，但也让伊斯兰教等少数民族感到不适。从国家的长治久安角度看，印度人民党试图用印度教民族主义凝聚国内民众的动机无可厚非，其远期影响也应该会有助于印度民族国家的成熟和完善。不过，在印度迫切需要维护社会稳定、保持经济中长期中高速增长的当今，过度强调印度教民族主义将有可能导致社会不稳定，反过来影响经济增长。

更加重要的是，印度教民族主义在印度对外政策中的体现，将使得南亚次大陆其他国家对印度的怀疑乃至恐惧心理进一步增强，影响印度的周边环境。印度教民族主义的差序化伦理结构在印度的外交指导思想上呈现为印度对其南亚独霸地位的追求和认可，印度将自己视作南亚理所当然的核心国家，并按印度教教义将南亚解释为印度居中的环状结构。印度越强调印度教民族主义，其与周边国家的矛盾就越难以调和，越难建立基于主权国家一律平等这一国际准则的地区秩序，周边国家在可能的情况下制衡印度的意愿就会越明显。印度教民族主义的勃兴和"曼陀罗"秩序主张，在刺激印度公众狂热情绪的同时，也有可能导致印度统治阶层出现误判，对外加剧冒险主义策略，恶化印度和周边国家的冲突与对抗，最终威胁到印度的周边安全。

五　结论与启示

　　需要强调的是，印度和中国虽然同属多民族发展中人口大国，但各自的民族关系问题存在着巨大差别，两国各自的经验难以在对方复制，两国处理民族问题过程产生的一些教训也并不具有共通性质。尽管如此，印度民族理论和民族政策的实践，仍然具有一定的启示和借鉴价值。

　　第一，任何民族理论都需要适配的民族政策的有效实施，没有有效的政策实施，再理想的民族理论都没有意义。印度国大党的民族理论以建立统一的印度民族国家为目标，并试图通过世俗主义政策路径实现这一目标。然而在实践结果上，国大党的政策并没有产生预期效果，其根源并不是国大党设定的目标出现了偏差——印度人民党的目标也是要建立一个统一的印度民族国家，两党之间的差别并不显著；国大党的错误也不能归结在其世俗主义路径上。世俗主义即使在宗教情势复杂的印度，也自有其存在的合理性，至少在避免宗教借助国家机器公然推行教派歧视方面能够发挥最低限度的屏障作用。国大党的问题在于政策目标和政策手段之间的不匹配，理想主义动机和机会主义行为的结合，直接导致了国大党时期印度民族国家构建的低效。当然，公正地说，低效并不是无效，国大党执政期间，印度教派矛盾相对可控是一个客观事实。

　　第二，执政党的决心和意志对一国民族关系的走向具有重大影响。在这一方面，印度人民党的表现要比国大党负责。印度人民党对"印度教特性"的坚持，并非源自政党在竞争性选举制度下的生存策略，而是印度人民党自我赋予的历史使命。印度人民党在面对一些复杂而敏感的民族问题时，哪怕明知会遇到空前阻力，也要在认为时机来临的时候强力推进。废除克什米尔自治地位的举动充满争议，但印度人民党利用有利的国际环境采取断然措施，一举改变了印控克什米尔的国内法律地位。这一举动对于南亚地区地缘结构平衡而言，具有强烈的挑衅意味，十分危险，但从长远看，有利于印度消化其占领多年的克什米尔部分地区，并进一步挤压巴基斯坦。敢于冒险的确是莫迪的性格，但废除克区自治地位的举动也反映出印度人民党执政团队对印度民族国家构建所负有的使命感。印度决策者的坚决和果断在整个印度社会并不多见，是与印度打交道的任何国家都需要高度重视的，也是其他国家的执政党在面对历史性难题时可以借鉴的。

　　第三，民族政策要始终以凝聚最大程度共识为出发点。在任何国家，最大公约数都是民众对国家的认同，印度国大党和印度人民党都非常强调印度的国家认同，在爱国主义教育方面从来不遗余力。尽管两党的施政策略差别巨大，然而在加强印度人的民族自豪感方面不谋而合。在印度，对爱国主义情绪的鼓舞历来都是媒体和影视文化作品的主题，印度也非常重视海外印度人对文化母国的认同，对诋毁母国文化的行为绝不姑息。虽然印度式的爱国主义情绪在很多时候会引发外国人特别是周边国家的不适，但在印度，却是高度分化的社会难得的共识。

参考文献

中文版图书

［美］埃里克·方纳：《美国自由的故事》，王希译，商务印书馆2002年版。

［英］埃里克·霍布斯鲍姆：《民族与民族主义》，李金梅译，上海人民出版社2006年版。

［英］安东尼·D. 史密斯：《民族认同》，王娟译，译林出版社2024年版。

［英］安东尼·史密斯：《民族主义：理论，意识形态，历史》，叶江译，上海人民出版社2006年版。

［美］本尼迪克特·安德森：《想象的共同体：民族主义的起源与散布》，吴叡人译，上海人民出版社2016年版。

陈玉瑶：《国民团结：法国的理念与实践》，社会科学文献出版社2019年版。

［日］赤松祐之：《印度民族史》，吴绳海译，正中书局1946年版。

［俄］德米特里·特列宁：《帝国之后：21世纪俄罗斯的国家发展与转型》，韩凝译，新华出版社2015年版。

［美］蒂莫西·斯奈德：《民族的重建：波兰、乌克兰、立陶宛、白俄罗斯（1569—1999）》，潘梦琪译，南京大学出版社2020年版。

董小川：《20世纪美国宗教与政治》，人民出版社2002年版。

［英］厄内斯特·盖尔纳：《民族与民族主义》，韩红译，中央编译出版社2002年版。

［挪威］弗里德里克·巴特：《斯瓦特巴帕坦人的政治过程：一个社

会人类学的研究范例》，黄建生译，上海人民出版社 2005 年版。

［德］哈贝马斯：《在事实与规范之间》，童世骏译，生活·读书·新知三联书店 2003 年版。

［美］里亚·格林菲尔德：《民族主义：走向现代的五条道路》，王春华、祖国霞、魏万磊、谢虎、胡婷婷译，上海三联书店 2010 年版。

［苏］列宁：《列宁全集》第 29 卷，人民出版社 2017 年第 2 版。

［苏］列宁：《列宁全集》第 34 卷，人民出版社 2017 年第 2 版。

［苏］列宁：《列宁全集》第 7 卷，人民出版社 2017 年第 2 版。

林承节：《印度史》，人民出版社 2014 年版。

刘存宽、李玉贞、薛衔天、陈春华等译：《莫洛托夫秘谈录——与莫洛托夫 140 次谈话（菲·丘耶夫日记摘编）》，社会科学文献出版社 1992 年版。

［俄］罗伊·麦德维杰夫：《苏联的最后一年》，王晓玉、姚强译，社会科学文献出版社 2009 年版。

马克思、恩格斯：《马克思恩格斯全集》第 44 卷，人民出版社 2001 年版。

潘灯、单艳芳译：《西班牙宪法典》，中国政法大学出版社 2006 年版。

［美］浦洛基：《欧洲之门：乌克兰 2000 年史》，曾毅译，中信出版社 2019 年版。

钱满素：《美国自由主义的历史变迁》，生活·读书·新知三联书店 2006 年版。

［美］塞缪尔·P. 亨廷顿：《变化社会中的政治秩序》，王冠华、刘为等译，生活·读书·新知三联书店 1989 年版。

［美］塞缪尔·亨廷顿：《失衡的承诺》，周端译，东方出版社 2005 年版。

［美］塞缪尔·亨廷顿、［美］劳伦斯·哈里森主编：《文化的重要作用：价值观如何影响人类进步》，程克雄译，新华出版社 2010 年版。

［苏］斯大林：《斯大林答列宁致加米涅夫的信》，载郑异凡主编《苏联历史档案选编》第 5 卷，社会科学文献出版社 2002 年版。

［美］托马斯·潘恩：《潘恩选集》，马清槐等译，商务印书馆 1981 年版。

王树英：《民族政治学：印度的族裔问题及其治理研究》，中国社会科学出版社 2017 年版。

［加拿大］威尔·金里卡：《少数的权利——民族主义、多元文化主义和公民》，邓红风译，上海世纪出版集团、上海译文出版社 2005 年版。

徐向东编：《全球正义》，浙江大学出版社 2011 年版。

［俄］亚历山大·佩日科夫：《"解冻"的赫鲁晓夫》，刘明等译，新华出版社 2006 年版。

［美］亚历山大·温特：《国际政治的社会理论》，秦亚青译，上海人民出版社 2000 年版。

［以色列］耶尔·塔米尔：《自由主义的民族主义》，陶东风译，上海世纪出版集团、上海译文出版社 2005 年版。

［美］约翰·米尔斯海默：《大幻想：自由主义之梦与国际现实》，李泽译，上海人民出版社 2019 年版。

赵常庆、陈联璧、刘庚岑、董晓阳：《苏联民族问题研究》，社会科学文献出版社 2007 年版。

中国社会科学院民族研究所编：《斯大林论民族问题》，民族出版社 1990 年版。

朱昌利、宋天佑、王士录：《印度民族探索》，云南民族出版社 2013 年版。

期刊论文

陈玉瑶：《公民民族主义与团结主义——法国"国民团结"概念的内涵与源流》，《西南民族大学学报》（人文社会科学版）2018 年第 12 期。

丑则静：《维护践行多边主义破解全球治理之困》，《红旗文稿》2021 年第 10 期。

丁立群：《人类命运共同体：唯物史观时代化的典范——当代全球化的建设性逻辑》，《哲学动态》2018 年第 6 期。

高景柱：《评民族主义与全球正义之争》，《民族研究》2016 年第 3 期。

郭振家：《国际无政府状态的"程度"概念》，《国际关系学院学报》2011 年第 2 期。

郝立新、周康林：《构建人类命运共同体——全球治理的中国方案》，

《马克思主义与现实》2017年第6期。

胡安·巴勃罗·福西：《西班牙民族主义问题及民族和地方自治制度的建立》，朱伦译，《民族译丛》1993年第2期。

黄其松：《民族认同：民族主义、自由民族主义与宪法爱国主义》，《中共浙江省委党校学报》2015年第3期。

贾海涛：《印度民族政策初探》，《世界民族》2005年第6期。

孔元：《美国当代保守主义的民族主义转向》，《国外理论动态》2020年第1期。

李剑鸣：《"人民"的定义与美国早期的国家构建》，《历史研究》2009年第1期。

李剑鸣：《从政治史视角重新审视美国革命的意义》，《史学集刊》2017年第6期。

李剑鸣：《危机想象与美国革命的特征》，《中国社会科学》2010年第3期。

李剑鸣：《意识形态与美国革命的历史叙事》，《史学集刊》2011年第6期。

李孝天：《国家集体认同与人类命运共同体的发展阶段》，《社会主义研究》2020年第3期。

廖凡：《"人类命运共同体"的人权与主权内涵》，《吉林大学社会科学学报》2018年第6期。

林国华、[美]马克·里拉：《破碎的美国身份：一个自由主义者和一个保守主义者的对谈》，《当代美国评论》2020年第4期。

刘博玲：《俄乌教会纷争引发的东正教世界的危机与应对》，《世界宗教文化》2021年第3期。

刘同舫：《构建人类命运共同体对历史唯物主义的原创性贡献》，《中国社会科学》2018年第7期。

刘显忠：《历史与认同碎片化：乌克兰国家建设的困境与镜鉴》，《统一战线学研究》2022年第5期。

马乔恩、马俊峰：《人类命运共同体的历史唯物主义意蕴》，《重庆社会科学》2018年第11期。

门洪华、史璟：《应对全球治理危机与变革的中国方略》，《中国社会科学》2018年第4期。

裴少华：《论后危机时代美国左翼思潮的特征及发展趋势》，《毛泽东邓小平理论研究》2020年第7期。

秦宣、刘鑫鑫：《共同价值：打造人类命运共同体的价值观基础》，《中国特色社会主义研究》2017年第4期。

王千陌：《自由主义框架内民族国家观念的结构困境》，《世界民族》2020年第5期。

王世达：《印度教民族主义强势崛起及其影响》，《现代国际关系》2020年第2期。

王希恩：《当代西方民族理论的主要渊源》，《民族研究》2004年第2期。

韦平：《多元文化主义之后：英国的共同体凝聚政策》，《世界民族》2019年第2期。

魏南枝：《美国的文化认同冲突和社会不平等性：种族矛盾的文化与社会源流》，《学术月刊》2021年第2期。

吴晓黎：《从印度的视角观照印度"民族问题"：官方范畴与制度框架的历史形成》，《民族研究》2019年第3期。

郗戈：《从资本逻辑看"全球现代性"的内在矛盾》，《教学与研究》2011年第7期。

习近平：《共同构建人类命运共同体——在联合国日内瓦总部的演讲》，《人民日报海外版》2017年1月20日。

习近平：《让多边主义的火炬照亮人类前行之路——在世界经济论坛"达沃斯议程"对话会上的特别致辞》，《人民日报》2021年1月26日。

颜震：《美国早期民族国家与帝国的双重构建》，《北方论丛》2013年第3期。

杨新天：《印度人民党意识形态的适应性演变及其成效分析》，《南亚研究》2020年第2期。

于福坚：《从自由到自决：民族主义思想的发展脉络》，《广西民族研究》2011年第2期。

余涛：《分离主义：概念、形式和原因分析》，《社会主义研究》2016年第6期。

张涛华：《民族主义与欧洲一体化研究评析》，《理论月刊》2010年第7期。

张文显：《推进全球治理变革，构建世界新秩序——习近平治国理政的全球思维》，《环球法律评论》2017 年第 4 期。

赵辉兵：《美国进步主义运动研究百年回顾与展望》，《外国问题研究》2021 年第 3 期。

周少青：《美国福音民族主义的形成及发展趋势》，《二十一世纪》2021 年 12 月。

周少青：《政教分离在当代世界的困境》，《中国民族报》2019 年 2 月 12 日第 7 版。

朱伦：《〈西班牙 1978 年宪法〉中的民族和地方自治条款》，《世界民族》1997 年第 1 期。

外文版资料

Bell D., *On Realism and Global Justice*, Columbia: Columbia University Press, 2018.

Paul Ortoli: "En Corse, le FLNC menace d'un retour à la lutte armée", 5-6 septembre 2021, *Le Monde*, p. 12.

Albert Sabater, Andreu Domingo, "A New Immigration Regularization Policy: The Settlement Program in Spain", *International Migration Review*, Vol. 46, No. 1 (Spring 2012).

Alberto Vaquero García, "La necesaria reforma del fondo de compensación interterritorial", 13 Nov 2017.

Alejandro Barranquero, "The State of the Art in Citizens' Communication for Social Change in Spain," *Development in Practice*, Vol. 19 (June, 2009).

Andrew Dowling, *The Rise of Catalan Independence: Spain's Territorial Crisis*, Routledge, 2018.

Angela K. Bourne, "Catalan Independence as an 'Internal Affair'? Europeanization and Secession After the 2017 Unilateral Declaration of Independence in Catalonia", OscaGarcia Agustin (Ed.), *Catalan Independence and the Crisis of Sovereignty*, Palgrave, Macmillan, 2021.

Anna Secor, "There Is an Istanbul That Belongs to Me": Citizenship, Space, and Identity in the City. *Annals of the Association of American Geographers*, Vol. 94 (February, 2004).

A. M. Zaidi ed., The Annual Register of Indian Political Party 1980: Proceedings and Fundamental Texts, New Delhi: S. Chand & Company, 1981.

Balmurli Natrajan: Racialization and ethnicization: Hindutva hegemony and caste, *Ethnic and Racial Studies*, 20 Jul, 2021.

Berdal M., "How 'New' Are 'New Wars'? Global Economic Change and the Study of Civil War", *Global Governance*, Vol. 9, No. 4, 2003.

Billig, Michael, *Banal Nationalism*. London: SAGE Publications, 1995.

Brassett J., Smith W., "Deliberation and global civil society: agency, arena, affect", *Review of International Studies*, Vol. 36, No. 2, 2010.

Constitutional Provisions for Minorities, http://www.ncm.nic.in/homepage/special_report.php.

César Enrique Díaz López, The State of the Autonomic Process in Spain, *Publius*, Vol. 11 (Summer, 1981).

Dame Louise Casey DBE CB, *The Casey Review: A review into opportunity and integration*, 2016

Davenport J. J., "Just War Theory, Humanitarian Intervention, and the Need For A Democratic Federation", *The Journal of Religious Ethics*, Vol. 39, No. 3, 2011.

David Azzolini, Philipp Schinell, John B. Palmer, "Educational Achievement Gaps between Immigrant and Native Students in Two New Immigration Countries: Italy and Spain in Comparison", *Annals of the American Academy of Political and Social Science*, Vol. 643, (September, 2012).

Gary B. Nash, The Unknown American Revolution: the Unruly Birth of Democracy and the Struggle to Create America (New York: Viking, 2005), p. 28.

Giorgio Shan: Towards a Hindu Rashtra: Hindutva, religion, and nationalism in India, *Religion, State & Society*, 2021, Vol: 49, No. 3.

Government of India Ministry of Home Affaris Annual Report (2019 - 2020), https://www.mha.gov.in/documents/annual-reports.

Held David, *Democracy and the Global Order: From the Modern State to Cosmopolitan Governance*, Stanford: Stanford University Press, 1995.

Held David, *Democracy and the Global Order: From the Modern State to Cosmopolitan Governance*, Stanford: Stanford University Press, 1995.

Jill Lepore, "A New Americanism, Why a Nation Needs a National Story," Foreign Affairs, March/ April 2019.

John Seely: the expansion of england, Macmillan and Co., Limited, 1914.

John Strachey: india, Kegan Paul, Trench Trubner & Co., Ltd, 1894.

Josefa Olga Ogando Canabal, Beatriz Rodríguez Prado, Pilar Zarzosa Espina, Pedro Benito Moyano Pesquera, "El FCI como instrumento de solidaridad interterritorial: una propuesta de reforma", *Estudios de Economía Aplicada*, Vol. 28, N°1, 2010.

Juan Oliva – Moreno, Julio López – Bastida, "Angel Luis Montejo – González, Rubén Osuna–Guerrero, Beatriz Duque–González, The Socioeconomic Costs of Mental Illness in Spain", *The European Journal of Health Economics*, Vol. 10 (October, 2009).

Keith H. Basso, *Wisdom Sits in Places: Landscape and Language Among the Western Apache*. Albuquerque: UNM Press 1996.

Kymlicka W., *Liberalism, Community, and Culture*, USA: Oxford University Press, 1989.

Mani R., "From 'dystopia' to 'Ourtopia': charting a future for global governance", *International Affairs (Royal Institute of International Affairs 1944-)*, Vol. 91, No. 6, 2015.

Mari PazBalibrea, Urbanism, Culture and the Post – Industrial City: Challenging the 'Barcelona Model'. *Journal of Spanish Cultural Studies*, Vol. 2 (February, 2001).

Matthew Walther, "America is An Empire, Not A Nation," The Week, May 29, 2019.

Nagel T., "The Problem of Global Justice", *Philosophy & Public Affairs*, Vol. 33, No. 2, 2005.

National Commission for Minorities Annual Report (2019 – 2020), http://www.ncm.nic.in/homepage/annual%20repor.php.

Ouyang K., Liu Y., Zhu L., Globalization and the Contemporary Development of Marxist Philosophy: Precondition, Byrd J A & Mignolo W D & Mezzadra S, *Indigenous Sovereignty & the Antinomies of Empire*, Duke University Press, 2015.

Overbeek H., Dingwerth K., Pattberg P., et al, "Forum: Global Governance: Decline or Maturation of an Academic Concept?", *International Studies Review*, Vol. 12, No. 4, 2010.

Paltiel J. T., "Yan Xuetong and the Pre-Qin Response to International Anarchy", *The Chinese Journal of International Politics*, Vol. 4, No. 4, 2011.

Paolo Cossarini, "Banal Populism: Nationalism and Everyday Victimhood in the Spanish-Catalan Clash", OscaGarcia Agustin (Ed.), *Catalan Independence and the Crisis of Sovereignty*, Palgrave, Macmillan, 2021.

Paolo Cossarini, "*Banal Populism*: *Nationalism and Everyday Victimhood in the Spanish-Catalan Clash*", OscaGarcia Agustin (Ed.), *Catalan Independence and the Crisis of Sovereignty*, Palgrave Macmillan, 2021.

Patrick S., "The Unruled World: The Case for Good Enough Global Governance", *Foreign Affairs*, Vol. 93, No. 1, 2014.

Paul Wallace: India's Preferential Policies: Migrants, the Middle Classes, and Ethnic Equality, *The Journal of Asian Studies*, 1984, Vol. 43, No. 4.

Peter Lowe, *The Causes and Consequences of the Basque Separatist Conflict in Spain: ETA, Terrorism & the Basque Conflict*, Kindle Edition, 2014.

Peter Lowe, *The Causes and Consequences of the Basque Separatist Conflict in Spain: ETA, Terrorism & the Basque Conflict*, Kindle Edition, 2014.

Pierre Maclouf, "Les agriculteurs et la solidarité nationale: vers un nouveau modèle?" [J]. *Économie Rurale*, Janvier-Février 1991 (201).

Problem Domain and Research Outline, *Frontiers of Philosophy in China*, Vol. 1, No. 4, 2006.

Rajeev Bhargava, Secularism and Its Critics, Oxford University Press (New Delhi), 1998.

Ram R., "From the Anarchy to Anarchy: State and Governance Problematique", *The Indian Journal of Political Science*, Vol. 62, No. 4, 2001.

Raphael Minder, *The Struggle for Catalonia: rebell politics in Spain*, London: Hurst & Company, 2017.

Ray Cashman, "Visions of Irish Nationalism". *Journal of Folklore Research*, Vol. 45 (Marvh, 2008).

Robert E. Brown, Middle-Class Democracy and the Revolution in Massachusetts, 1691-1780 (Published for the American Historical Association by Cornell University Press, Ithaca: Cor-nell University Press, 1955).

Robert Kagan, "A Superpower, Like It or Not: Why Americans Must Accept Their Global Role," Foreign Affairs, March / April 2021.

Roberto Fernández llera, Francisco J. Delgado rivero, "Nuevos fondos de convergencia y nada de compensación interterritorial", *Estudios de Economía Aplicada*, Vol. 28, N°1, 2010.

Roberto Fernández llera, Francisco J. Delgado rivero, "Nuevos fondos de convergencia y nada de compensación interterritorial", *Estudios de Economía Aplicada*, Vol. 28-1, 2010.

Rosenau J. N., "Governance in the Twenty-first Century", *Global Governance*, Vol. 1, No. 1, 1995.

Rousseau J, *A Lasting Peace through the Federation of Europe and The State of War*, C. E. Vaughan (trans), London: Constable and Co, 1917.

Sabrina Ragone, "The Catalan Issue from a Comparative Constitutional Perspective", OscaGarcia Agustin (Ed.), *Catalan Independence and the Crisis of Sovereignty*, Palgrave, Macmillan, 2021.

Sagarika Dutt: Identities and the Indian State: an Overview, *Third World Quarterly*, 1998, Vol 19, No 3.

Thomas Conefrey, John Fitz Gerald, "AKing Housing Bubbles in Regional Economies under EMU: Ireland and Spain", *National Institute Economic Review*, Vol. 211 (January, 2010).

Thomas Piketty: capital and ideology, The Belknap Press of Harvard University Press, 2020.

Thomas Pogge, "Cosmopolitanism", inRobert Goodin, Philip Pettit, and Thomas Pogge (eds), *A Companion to Contemporary Political Philosophy*, Oxford: blackwell, 2007.

Thomas Pogge, "Moral Progress", in Steven Luper – Foy (eds.), *Problems of International Justice*, Boulder: Westview, 1988.

Umbach, Maiken, A Tale of Second Cities: Autonomy, Culture, and the Law in Hamburg and Barcelona in the Late Nineteenth Century. *The American Historical Review*, Vol. 110 (November, 2005).

Wayne Anderson, *The ETA: Spain s Basque Terrorists*, The Rosen Publishing GroupInc, 2002.

Weiss T. G., Wilkinson R., "Rethinking Global Governance? Complexity, Authority, Power, Change", *International Studies Quarterly*, Vol. 58, No. 1, 2014.

Woods N., "Good Governance in International Organizations", *Global Governance*, Vol. 5, No. 1, 1999.

Óscar García Agustín, "Moving Towards the Future, Returning to the Past: Catalan Collective Memories in Times of Unstable Hegemony", OscaGarcia Agustin (Ed.), *Catalan Independence and the Crisis of Sovereignty*, Palgrave, Macmillan, 2021.

Абдулина А. Т., 2016, История Казахстана. В вопросах и ответах. Алматы.

Агаджанов С. Г., Мухамедьяров Ш. Ф., Трепавлов В. В. и др., 1997, Национальные окраины Российской империи: становление и развитие системы управления, М.: Слав. диалог.

Ачкасов В. А., 2018, 《Национальная революция》 большевиков и 《национальная политика》 современной России, Вестник СПбГУ. Политология. Международные отношения. Т. 11. Вып. 1.

Барсенков А. С., 1991, Русский народ в межнациональных отношениях (к преодолению стереотипов). Вестн. Моск. Ун-та. серия. 8, история. №5.

Борисов Ю. С. и др., 1992, Национальный вопрос на перекрестке мнений. 20-е годы. Документы и материалы. М.: Наука.

Бурмистрова Т. Ю., 1993, Зерна и плевелы: Национальная политика в СССР 1917–1984гг. СПб.

Вишневский А. Г. 2005, Русский или прусский? Размышления

переходного времении. М.: ГУ ВШЭ.

Осипов Ю. С., Кравец С. Л., 2004, Большая российская энциклопедия, Москва.

Тишков В. А., 2013, Российский народ. История и смысл национального самосознания. М.: Наука.

Торкунова А. В., 2016, История России. 10 класс. Учеб. для общеобразоват. М.: Просвещение.

Трепавлов В. В., Бекмаханова Н. Е., Исмаил-Заде Д. И. и др., 2003, Российская многонациональная цивилизация: Единство и противоречия. Москва.

Черняев А. С. и др., 2007, Союз можно было сохранить. Белая книга: документы и факты о политике М. С. Горбачева по реформированию и сохранению многонационального государства. Москва.

Шейнис В. Л., 2010, Образование СССР и его первая конституция. Российская история, №1.

Щагина Э. М., Лубкова А. В., 2004, Новейшая отечественная история ХХ век. Книга. 1. Москва. Яковлева А. Н., 2002, Россия в начале ХХ века. Москва.

Яник А. А., 2012, История современной России. Истоки и уроки последней Российской модернизации (1985-1999).

后 记

本书是中国社会科学院重大创新项目"铸牢中华民族共同体意识重大问题研究""铸牢中华民族共同体意识与维护国家主权、安全和发展利益关系研究"涉及区域与国别研究的相关成果的辑录,共收录8篇成果,其中多篇成果已在报刊发表。各篇成果作者如下:第一章:王延中、周少青;第二章:刘显忠、马强;第三章:马强、刘显忠;第四章:王延中、刘泓、张育瑄;第五章:陈玉瑶;第六章:刘泓、张育瑄、刘晓丹;第七章:周少青;第八章:叶海林。

中国社会科学院党组高度重视"铸牢中华民族共同体意识研究基地建设工作",高翔院长等多位院领导对基地工作及重大事项做出指示批示。院重大科研专项规划项目与出版资金的支持,院内相关单位各位课题组成员尤其是各章作者的艰苦努力与全力配合,中国社会科学出版社尤其是责任编辑宫京蕾女士在出版发行方面给予了大力支持与帮助,在此一并深表感谢。不足之处,敬请批评指正!

王延中
2024 年 11 月 1 日